AF523906

Claire Avalon

Die 12 universellen Strahlen

CLAIRE AVALON

Die 12 universellen Strahlen

SCHÖPFERISCHE KRÄFTE, DIE DIE WELT GESTALTEN

SILBERSCHNUR VERLAG

ISBN: 978-3-89845-526-8

1. Auflage 2016

Gestaltung & Satz: XPresentation, Güllesheim
Umschlaggestaltung: XPresentation, Güllesheim; unter Verwendung verschiedener Motive von © Pavelk, www.shutterstock.com
Druck: Finidr, s.r.o. Cesky Tesin

Verlag »Die Silberschnur« GmbH · Steinstr. 1 · 56593 Güllesheim
www.silberschnur.de · E-Mail: info@silberschnur.de

Inhaltsverzeichnis

Vorwort

Liebe Leserinnen und Leser

Seit über zwanzig Jahren studiere ich nun die kosmischen, geistigen Gesetze, die als zeitlose Weisheit bezeichnet werden. Zwanzig Jahre arbeite ich intensiv mit Menschen zusammen, die sich um ihr spirituelles Wachstum bemühen. Ich habe gelernt, dass man jedes Wesen loslassen muss, damit es seinen korrekten Weg im Sinne der Erfüllung seines Plans finden und gehen kann. Gleichzeitig durfte ich aber auch erfahren, dass sich jeder von uns irgendwann auf das Wesentliche besinnt und wie durch eine unsichtbare Macht auf den rechten Weg gelenkt wird. Meine eigene Erfahrung ist die, dass unser sogenannter und immer wieder verteidigter freier Wille eine reine Illusion ist, denn er orientiert sich an der Materie, die ebenfalls Illusion ist, damit wir unser Karma bearbeiten und unsere neuen Ziele in diesem Leben verfolgen können. Unser Leben gleicht einem Drehbuch, in dessen Verfilmung wir die Hauptrolle spielen. Wir treffen dort jede Menge Statisten an, aber auch gute Schauspieler, die uns mehr oder weniger bei den Dreharbeiten unterstützen. Die Regisseure allerdings sind unsichtbar. Sie befinden sich im Geistigen.

Dennoch, alles folgt einem einzigartigen Prinzip der Schöpfung. Für alles gibt es ein Ziel und die erforderliche Weisheit, und dann muss man zur Tat schreiten, denn nur so kommt es zu einem Resultat. Das ist ein ganz einfaches System, in dem wir alle unsere

Rolle spielen. Sie werden jetzt sagen: Dann ist ja alles ganz einfach. Mag sein, doch es kommt immer darauf an, womit wir gerade beschäftigt sind. Mal gelingt es uns leicht, mal müssen wir entmutigt aufgeben. Dazwischen gibt es dann die sogenannten Interimslösungen, die Kompromisse, Enttäuschungen und die »kleinen Brötchen«.

Man lernt im Laufe der Jahre, alles mit mehr Abstand zu betrachten und sich zu arrangieren. Doch sind wir mal ehrlich: Wie oft fragen wir uns, weshalb jemand anderem das Projekt, das wir gerade »versiebt« haben, federleicht von der Hand ging? »Kismet« ist dann oftmals die Erklärung. Wir sollten uns jedoch nicht so schnell einschüchtern lassen. In unserer Welt ergeht es uns wie den Tieren, wir haben natürliche Feinde, die uns seit Zeitaltern begegnen und bekämpfen wollen. Sie haben nicht verstanden, dass man auch anders miteinander auskommen kann. Zwar fressen sie uns nicht auf, aber sie haben andere Waffen, um uns zur Strecke zu bringen. Andererseits treffen wir auch auf Freunde und Helfer. Letztlich ist es eine gesunde Mischung, die wir aber verdauen müssen. Lebensweisheit gemäß unserem Alter und eine gehörige Portion Mut sind wichtige Zutaten für den Erfolg.

Wir sollten uns aber auch die geistigen Gesetze zu Gemüte führen, denn der Schöpfungsprozess ist uralt. Sie wissen ja, was einmal erprobt zum Erfolg geführt hat, etabliert sich in unserem Gehirn. Wir sind irgendwann erfolgreich gestartet, also haben wir diesen Schöpfungsprozess auch irgendwo als patentiertes Muster gespeichert. Den kosmischen Schöpfungsprozess nennt man auch »Präzipitation«. Übersetzt bedeutet das: Erschaffen aus der Urmaterie. Wir sind die Schöpfer unserer Welt. Begleiten Sie mich auf diesem Weg!

Ihre Claire Avalon

Einführung

Ich habe festgestellt, dass sich eine Vielzahl von Menschen jederzeit und überall den »rettenden Engel« wünscht, der immer dann zur Stelle ist, wenn wieder einmal zur Attacke geblasen wird. Man kann es mit dem plötzlichen Gebet in der Not vergleichen, das einem dann aus den Kindertagen wieder einfällt. Doch ist der Qualm verraucht und die Krawatte wieder geradegerückt, gehen wir zur Tagesordnung über, bis sich die nächsten dunklen Wolken am Horizont des Egos auftürmen. Und seien Sie mal ehrlich: Ist Ihnen schon aufgefallen, dass Ihnen irgendwie immer geholfen wird, auch wenn Sie mal wieder vergessen haben, sich zu bedanken? Mancher wird nun sagen: Dafür sind Engel ja schließlich da. Aber wieso sind wir dann an anderen Tagen unseres Glückes Schmied und liegen so, wie wir uns betten?

Der Mensch darf verstehen lernen, dass alles, was geschieht, in seiner Hand liegt und nur durch den selbst erstellten Plan seiner Seele gelenkt wird. Dabei gibt es Helfer, die an seiner Seite stehen. Aber gerade diese Helfer werden den eigenen Willen immer respektieren, selbst wenn er in den momentanen Abstieg führt. Unser eigener Wille und die Fähigkeit zur Selbstbestimmung sind unsere größten Geschenke, die uns niemand nehmen darf und kann. Lernen wir aber unseren eigentlichen Plan zu verstehen und die uns angebotenen Hilfestellungen bewusst zu nutzen, werden wir feststellen, dass wir alle ein unverzichtbares Teilchen im Zahnrad des gesamten Geschehens in der Welt und im Universum sind. Betrachten Sie das große Ganze wie ein riesiges Puzzle, das sich aus Milliarden von Teilchen zusammensetzt. Jedes Teilchen muss seinen Platz finden und seine schillernde Existenz zum Zustandekommen eines wunderschönen Bildes beitragen. Diese Arbeit kann Ihnen niemand abnehmen. Sie müssen Ihre eigenen Ecken und Kanten schleifen, Ihre wunderschöne Farbe entwickeln und dort, wo es passt und gewünscht ist, verbindend zu den anderen Teilchen Ihre Arme ausstrecken. Trotzdem bleibt jedes Teilchen ein einzigartiges Individuum für sich. Es kann das gesamte Gebilde wieder zum Wanken bringen. Nur wenn es sich selbstbewusst und produktiv in das Puzzlespiel des Weltgeschehens einklinkt, können alle anderen Fortschritte machen und im Frieden miteinander marschieren, um irgendwann als vollendetes Projekt vom obersten Chef anerkannt zu werden. Es ist **sein** inszeniertes Kunstwerk, **sein** Unternehmen und **sein** *Business of the world*. Ob er sich der Auswirkungen dieser Maschinerie bewusst war, als er damals sämtliche Schrauben und weitere Bestandteile ins Risiko geschickt hat? Darüber habe ich schon oft nachgedacht, aber dann wurde mir immer wieder klar, dass jeder Unternehmer es genauso macht - im Grunde genommen ein jeder von uns, der etwas aufbaut. Und wenn der oberste Chef uns mit Sack und Pack hat ziehen lassen, dann wird er sicherlich auch darauf warten, dass wir nach erfüllter Mission zurückkehren. Das bedeutet wiederum, dass er ganz genau weiß, was jeder Einzelne von uns zu erledigen hat, um das Projekt erfolgreich abzuschließen. Wenn wir einen Konkurs inszenieren, muss er eine Auffanggesellschaft gründen oder von vorne anfangen. Es wäre übrigens nicht das erste Mal, denn verkaufen kann er uns nicht, weil uns keiner haben will. Die anderen sind selbst marode genug. Sie würden sich höchstens die Rosinen herauspicken, und außerdem hätten wir nicht viel dazugelernt. Dieses Buch erweitert und vertieft eines meiner früheren Bücher: *Die zwölf göttlichen Strahlen und die Priester aus Atlantis*. Dort beschreibe ich ausführlich am Beispiel »Paul«, wie ein Mensch in der Lage ist, alles zu verändern und zu (er)schaffen, was er braucht, um seinem Lebensplan zu folgen. Man nennt dieses Prinzip des Erschaffens »Präzipitation«. Dahinter verbirgt sich ein ausgeklügeltes System des Erfolgs. Wir alle können uns ein ganzes Leben lang im Kreis drehen, Wünsche äußern, bitten, betteln, beten, schimpfen, versagen und andere wegen ihres Erfolgs beneiden. Einer der größten Fehler besteht darin, dass viele Menschen grundsätzlich das wollen, was sie nicht besitzen oder was andere haben. Ob es für sie überhaupt sinnvoll ist, spielt keine Rolle. Sie wollen und können nicht, und das ärgert sie am meisten. Kleine Brötchen backen wir nicht, es müssen gleich »Zweipfünder« sein. Gerade der westliche, erfolgsorientierte Erdenbürger peilt grundsätzlich erst einmal dieses Ziel an, ob er es verdauen kann oder nicht. Das hat im Kleinen und im Großen nachweislich ins Chaos geführt. Wir wollen hier nicht unterstellen, dass es nicht auch irgendwo einen Funken guten Willens gab, aber wie soll das Ergebnis aussehen, wenn wir gar nicht wissen, ob und wie wir es erfolgreich und nachhaltig (er)schaffen können?

Wollen Sie ein Unternehmen zum Erfolg führen, können Sie sich nicht einfach eine Zahl X am Jahresende als Gewinn vorstellen und sie für das kommende Jahr beantragen. Sie müssen etwas dafür tun, denn davon hängt nicht nur Ihr eigenes Schicksal, sondern auch das vieler Menschen ab. Selbst Entscheidungen in kleinen Familien begründen ein weit verzweigtes Netz von Folgeerscheinungen. Sind wir uns der Tragweite unserer Entscheidungen und Schritte bewusst, können wir global verantwortlich am Weltgeschehen teilnehmen. Nicht nur Politiker und große Persönlichkeiten tragen diese Verantwortung, jedes Wesen muss sich dieser elementaren Funktionen bewusst werden. Es beginnt bei der Entscheidung einer Seele, den Schritt in die Inkarnation und die Materie zu unternehmen, um an diesem so interessanten Spiel teilzunehmen, und es endet manchmal mit der tragischen Entscheidung eines Menschen, sich das Leben wieder zu nehmen. Dazwischen spielt sich das ab, was man Leben nennt. Die Skala beinhaltet sämtliche Varianten der positiven und negativen Begleiterscheinungen der menschlichen Existenz. Viele Menschen nehmen sich die Freiheit, andere an ihren selbst geschusterten Spielregeln zu messen und zu beurteilen. Sie glauben sie formen und manipulieren zu dürfen. Ihre anerzogenen und erlernten Denkweisen berechtigen sie vermeintlich zur Führung und Behandlung von Menschen, zur Verurteilung und sogar zu ihrer Schöpfung. Das alles gab es schon einmal - in Atlantis.

Kein Mensch ist in der Lage, einem anderen Menschen die Zukunft vorauszusagen. Ein jeder von uns gestaltet seine Zukunft selbst, indem er entweder von seinem einst gefassten Lebensplan bewusst abweicht und ins vorprogrammierte Chaos rennt oder indem er sich seines Plans bewusst wird und so den Weg auch bewusst geht, obwohl dieser manchmal steinig zu sein scheint. Ist er erst einmal auf diesem Weg angekommen und hat er die ersten Kurven und Steigungen erfolgreich genommen, kann er auch die Steine genauer untersuchen und aus dem Weg räumen. Manchmal können wir diese Steine mit einem Schubs oder nur mit leichtem Antippen ein Stück nach vorne poltern lassen, oder wir können raffiniert und überlegen über sie hinweg steigen. Nach zehn Metern fallen wir vielleicht über den nächsten, oder wir finden immer wieder exakt den gleichen Stein, der unseren

Weg behindert. Andere haben diese Steine erstaunlicherweise nicht auf ihrem Weg gefunden, dafür tappen sie in Schlaglöcher oder stehen ständig vor Umleitungen. Irgendwann jedoch muss einem logisch denkenden Menschen auffallen, dass diese Steine, Schlaglöcher und Umleitungen nicht immer da waren. Sie müssen irgendwann und irgendwie entstanden sein, und wenn sie uns stören, sollten wir versuchen, sie zu beseitigen. Leider können sich viele Menschen nicht daran erinnern, wo und wann sie zum ersten Mal in ein Schlagloch getreten sind. Es gibt in ihrem Erinnerungsvermögen gar keines. Dennoch ärgert es sie, weil es immer wieder auftaucht und Unbehagen verursacht. Dann sollte man sich endlich die Genehmigung erteilen, nachzuforschen, wie lange man sich eigentlich schon auf diesem Weg befindet. Glauben Sie mir, Sie werden regelrechte Krater auf dem alten Weg finden, da sind Ihre Schlaglöcher mit Mauselöchern vergleichbar.

Heute genügen oftmals symbolische Schlaglöcher, denn wir sollen ja etwas lernen und nicht gleich wieder versinken. Meine jahrelange Erfahrung hat gezeigt, dass sich der Mensch im Vorfeld immer wieder selbst die Löcher präpariert - wie ein Architekt, der ein Haus plant -, um all das vorzufinden, was er endgültig überwinden und bereinigen möchte. Ich kann nur jeden ermuntern, sich selbst mehr als diese eine Existenz zu genehmigen. So entwickeln wir eine gesunde Neugier bezüglich all unserer Fähigkeiten und Talente. Wir alle sind eins und stammen aus einer Einheit, und wir haben alle den gleichen Vater. Noch etwas am Rande: Oft gerate ich mit Menschen in Diskussionen über die Beweisbarkeit all der vergangenen Begebenheiten. Dann kann ich immer nur raten, sich den eigenen Eindrücken zu überlassen, denn sie werden immer wieder das Heute spiegeln, das wir nur selbst kennen, immer nur im Dunstkreis unserer Erfahrungen, denn es gibt keine Schuld. Wieso glauben die Menschen beispielsweise blindlings, dass Jesus in der überlieferten Form existiert hat? Waren sie alle dabei? Wir alle wissen vermeintlich Bescheid über die Inquisition. Es wurde vieles geschrieben und überliefert, aber das, was tatsächlich geschah, hat sich in unserer Seele, in der alten Erinnerung manifestiert. Nur deshalb können wir es auch akzeptieren. Wir wissen, dass es so war, wenn auch nur unbewusst. Und so werden Sie auch mehr und mehr die Richtigkeit von Überlieferungen hinterfragen, wenn es Sie selbst betrifft. Nur das bringt uns die korrekte Wahrheit und birgt unser Potenzial. Würde man Sie heute beschuldigen, vorgestern einen Verkehrsunfall verursacht zu haben, dann **wissen** Sie, dass es nicht so war, weil Sie genau zu diesem Zeitpunkt gemütlich im Bett lagen. Dann fühlen Sie sich sicher und vertrauen auf die Beweiskraft der Recherchen der Polizei. Versucht man dagegen ihnen klarzumachen, dass Sie vor hundert Jahren ein Pionier auf dem Gebiet der Medizin waren, dann **glauben** Sie es wahrscheinlich **nicht**, obwohl Sie heute als gut bezahlter Sachbearbeiter noch immer dem verpassten Medizinstudium nachtrauern. Witzigerweise glauben wir aber sehr vieles, weil es die anderen auch glauben. Wissen wir es? Wissen wiederum ist Macht. Je mehr wir also über uns wissen, umso mächtiger werden wir im positiven Sinne. Macht befähigt uns zum positiven Selbstverständnis, woraus sich ganz natürlich positives Denken ergibt.

Ich erlebe immer wieder, dass Menschen sehr negativ reagieren, sobald man Atlantis erwähnt. Alle reden dann vom Untergang. Sie **wissen**, dass Atlantis untergegangen sein soll. Das haben sie gehört oder gelesen. In diesem Moment glauben sie es. So glauben sie auch, wenn ihr Verstand es zulässt, dass Atlantis seine Selbstzerstörung durch Missbrauch und fragliche Verhältnisse in Gang setzte. Irgendwie scheint dieses Endresultat eine große Akzeptanz zu genießen. Deshalb lässt man die Theorien über Atlantis am besten ruhen. Redet man über Jesus geschieht dies seltsamerweise nicht, obwohl der Ausgang dieser Geschichte doch auch von einer gewissen Tragik gezeichnet ist. Was wir über die Inquisition zu glauben wissen, lässt ebenfalls sehr zu wünschen übrig, obwohl uns diese Zeit doch viel näher ist. Aber es ist vorbei, und wir sind dem Zeitalter ja Gott sei Dank entgangen, glauben wir - was nachweislich sehr fragwürdig ist. Ich denke, es ist wichtiger denn je zu versuchen, durch unsere eigene Erinnerung jedem Zeitalter auch seine positiven Seiten abzugewinnen. In Atlantis gab es Blütezeiten, die unser Vorstellungsvermögen bei Weitem übertreffen. Die Inquisition bestrafte Menschen, die wunderbare Fähigkeiten hatten, und sie tut es immer noch. So mancher wäre heute froh, er könnte die alten Ängste in seinem Unterbewusstsein aus dieser Zeit loslassen und alles wieder nutzen. Mir liegt viel daran, den Menschen zu helfen, sich als unbegrenzt und sehr weise zu betrachten. Und jede Erfahrung, sei sie auch schlimm gewesen, macht die Seele reifer und vorsichtiger, im schlechtesten Falle ängstlich.

Man hört und liest oft, dass man die Vergangenheit ruhen lassen soll, aber ich frage Sie: Kann es der Mensch denn in seinem heutigen Leben? Ja, er kann, aber nur, wenn er sie bewältigt hat. Hätten wir sonst so viele Menschen, die psychologischer Betreuung bedürfen? Selbst in seinem jetzigen Leben baut man so viele Blockaden auf, die man in irgendeiner Weise verarbeiten sollte oder müsste. An die Gründe dafür erinnert man sich wenigstens noch teilweise. Wie oft scheitern Psychologie und Psychotherapie jedoch, wenn Probleme und Themen aus den allerersten Lebenstagen erkennbar sind, geschweige denn aus der pränatalen Phase. Was tun, wenn sich der Betreffende nicht mehr erinnert? Gut, dann hatte er eben in diesem Sinne keine pränatale Phase, er ist vielleicht aus einem Ei gekrochen. Sehr brisant wird es, wenn man bedenkt, dass der Mensch auch gezeugt werden musste. Da wird es dann ganz problematisch, denn ist er dann schon wer oder nicht? Lieber nicht! Dann hat man wenigstens einen Moment, in dem man seine Existenzberechtigung lokalisieren kann. Besser, man schiebt den Moment noch weiter nach hinten, denn dann kann man ihn auch noch im luftleeren Raum beseitigen, ohne sich Gedanken machen zu müssen. Besser noch, wir konstruieren ihn gleich so, dass überhaupt keine Probleme mehr auftauchen können. Atlantis lässt grüßen! Die Vereinfachung des so komplizierten Wesens Mensch erscheint mir manchmal sehr banal.

Und wehe, man kann in diesem Leben wirklich nichts finden, was man für die Misere des Menschen verantwortlich machen kann. Ja, dann kann man ihn nur noch ruhigstellen und darauf warten, dass seine Gehirnzellen irgendwann müde werden und aufgeben.

Ich möchte hier nicht weiter auf das Gesetz von Ursache und Wirkung im Sinne der Reinkarnation eingehen. Näheres dazu finden Sie in meinem Buch *Was ihr sät, das erntet ihr*.

Ich mache Ihnen einen Vorschlag, und zwar setze ich einfach voraus, Sie könnten sich für die Realität der Wiedergeburt erwärmen oder erfreulicherweise selbst davon überzeugen. Wenn Sie es jetzt noch nicht können, ist es nicht so tragisch. Vielleicht werde ich Sie im Verlauf des Buches auf andere Gedanken bringen können. Unternehmen Sie doch einfach den Versuch, sich selbst in einer anderen Gestalt, Kultur und Epoche zu begegnen. Sie werden sehen und mir bestätigen, dass nur unser Verstand Raum und Zeit unterscheidet. Alles wiederholt sich immer wieder, bis wir die Dinge verstanden und maßvoll integriert haben. Dann können wir uns selbst mit allen Schatten, Schwächen und Stärken akzeptieren. Das gibt uns die Kraft, selbst zum Schöpfer unserer Lebensumstände zu werden. Nicht umsonst heißt es: Der Teufel steckt im Detail. Suchen Sie all Ihre Details und besiegen Sie den kleinen Teufel der Bequemlichkeit und Lethargie, der sich des Unterbewusstseins bemächtigt. Dann werden Sie ein Ganzes - ein Manager des *Business of the world.*

Eine der wichtigsten Voraussetzungen auf dem Weg zum Erfolg ist meines Erachtens die Demut - ein Wort, das mir schon viele übel genommen haben, denn es passt irgendwie nicht in unsere Ellbogengesellschaft. Es gibt tatsächlich Menschen, die meinen, Demut sei ein anderer Ausdruck für Unterwürfigkeit oder Erniedrigung der eigenen Persönlichkeit. Könnte es sein, dass wir es hier mit altertümlichen Glaubenssätzen, Gelübden und anderem zu tun haben? Wenn ja, dann drücken wir die Taste »Loslassen«. Wenn nein, klicken wir auf »Ego«.

Vielleicht könnten wir doch dazu übergehen, zunächst bei uns selbst anzufangen, bevor überhaupt draußen im Kampf etwas sichtbar wird. Ich hatte ziemlich zu Anfang erwähnt, dass sich der Mensch immer das wünscht, was er nicht haben kann und was andere besitzen, und sei er vom Leben noch so verwöhnt. Das Leben ist keine Lotterie. Selbst wenn wir noch so viele Lose ziehen, werden wir nur das bekommen, was uns zusteht und wichtig: nur das, was **wir** wollten. Das ist ein Gesetz, das unser oberster Chef im Sinne der Gerechtigkeit erfunden hat. Würden Sie sich auch die Krankheiten und sonstigen negativen Begleiterscheinungen der anderen wünschen? Betrachten wir doch Demut unter dem Begriff der Achtung vor dem, was wir selbst »er-tragen« können. Ich muss hier nochmals auf den Plan eingehen, den wir uns selbst einmal gezeichnet haben, und zwar in einem Zustand, der fürsorglich, weise und vorausschauend war. Werden Sie so »selbst-bewusst«, dass Sie sich zutrauen, vor dem Eintritt in dieses Leben genau gewusst zu haben, was Ihnen guttut und was Sie als Wegzehrung brauchen. Damals wussten Sie aber auch, dass Sie vielleicht ein paar Hürden nehmen müssen, um ein Ergebnis zu erzielen. Es mag sein, dass andere das gleiche Ergebnis schneller erreichen. Dafür kämpfen sie dann woanders mit sich selbst. Es ist durchaus möglich, dass Sie jetzt nicht in der Lage sind zu verstehen, weshalb Ihnen ein Sechser im Lotto nicht guttun würde. Kann es sein, dass Sie sich selbst Ihren Wohlstand erarbeiten wollten, um in diesem Leben wirklich ein für allemal das Gefühl der kontinuierlichen Engpässe oder gar der Armut zu verlieren? Das verlieren Sie nur, wenn Sie es wirklich geschafft haben, und zwar aus eigener Kraft, nicht mit einem Gewinn.

Ein Beispiel: Ihr Kind hat sich etwas ganz Besonderes zum Geburtstag gewünscht. Sie werden ihm dieses Geschenk machen, weil es auch Ihnen Freude bereitet. Das wissen Sie, denn Sie haben es ja schon gekauft und versteckt. Aber Ihr Kind muss dafür noch einiges tun. Da gibt es gewisse schlechte Noten oder Bequemlichkeiten, die vorher noch verbessert werden dürfen. Ihr Kind denkt, wenn es sich nicht ändert, werden Sie das Geschenk nicht kaufen. So wird es nachher das Gefühl haben, sich das Geschenk wirklich erarbeitet und verdient zu haben, obwohl das eine Illusion ist.

Genauso haben wir uns unseren eigenen Lebensplan geschmiedet. Da ist vielleicht kein großer Geldgewinn vorgesehen. Der reiche Ehemann wird nicht gefunden, weil gerade der Genügsame uns begegnen muss und wir uns da viel glücklicher fühlen. Vielleicht führt gerade das Zusammenleben mit ihm uns auf den Weg zum sorgenfreien Leben auf der Insel. Können wir denn alles so planen mit unserem Verstand? Gönnen Sie sich Ihre eigene Demut vor Ihrem sogenannten Überselbst, das genau weiß, was gut für Sie ist. Dennoch können und sollen wir träumen und wünschen. Aber dann ist Demut gerade gefordert, wenn wir einsehen müssen, dass sich ein Traum nicht erfüllen kann. Es ist pure Kraft- und Zeitverschwendung, wenn wir fühlen, dass unser Ego uns auf Irrwege geführt hat. Dann halten Sie immer den Finger auf dem Knopf »Loslassen« bereit. Sofort wird es leichter um Sie herum.

- 1 -
Die kosmischen Gesetze

Lassen Sie sich nicht gleich vom Begriff »Gesetze« abschrecken; wir könnten auch ebenso gut sagen »Gesetzmäßigkeiten«. Außerdem geht es hier nur um die Gesetze für den Erfolg in der Materie. Denken Sie nur nicht, dass unser oberster Chef nicht auch wirtschaftlich ausgerichtet wäre. Der hat sich schon Gedanken darüber gemacht, wie er mit dem geringstmöglichen Aufwand den größtmöglichen Erfolg erzielt. Allerdings erging es ihm bei der Umsetzung wie manchem Unternehmer, der die Rechnung ohne seine Angestellten gemacht hatte, denn immer dort, wo es menschelt, lauern die bösen Fallen.

Es ist durchaus sinnvoll, sich zunächst den Ursprung aller Ideen und Projekte anzuschauen. Sie können jetzt einwenden, eigentlich möchten Sie doch nur ein Unternehmen gründen oder einen neuen Job finden. Doch all das muss irgendwo seine ursprüngliche Idee haben. Ihrem Nachbarn würde es vielleicht niemals einfallen, eine Firma auf die Beine zu stellen. Also warum gerade Ihnen? Die Antwort ist ganz einfach: weil es in Ihrem persönlichen Plan so vorgesehen ist.

Da wir alle so gerne planen, würde es uns vieles leichter machen, wenn wir uns wirklich auf die Theorie einlassen könnten, wir hätten schon vor unserer Geburt gewusst, was wir zu einem bestimmten Zeitpunkt erreichen wollen. Dabei sage ich bewusst

»erreichen wollen«, da mir sonst wieder manche Leute entgegenhalten, dass sie sich ihre Miseren bestimmt nicht gewünscht hätten. Belassen wir es also beim Erreichen. Das bedeutet, dass es irgendwo so etwas wie eine Akte geben muss, die speziell für Sie angelegt wurde und in der all das steht, was auf Sie zukommt - nach dem Motto »Von allem besteht eine Aktennotiz«. Doch wo ist diese Akte? Mit Sicherheit nicht in Ihrer Schublade, denn sonst hätten Sie sie schon längst gefunden. Nehmen wir an, sie wäre irgendwo im Kosmos. Also wurde irgendwann vor langer Zeit eine Akte für Sie angelegt, die Sie als festen Bestandteil oder Mitarbeiter im *Business of the world* registrierte. Die Personalabteilung dort ist sehr genau, auch was die Gehaltsabrechnung angeht. Da heißt es noch: Bezahlung nach Erfolg, und nicht nach Anwesenheit. So seien Sie also versichert, dass es eine zuverlässige Quelle gibt, die über viele Jahrtausende genau über Sie Buch geführt hat. Man nennt diese Quelle auch Akashachronik. So lässt sich alles rekonstruieren, was zu Ihrer heutigen Position geführt hat. In dem Moment, wo Ihnen diese Theorie einleuchtet, kann ich Sie nur dazu ermuntern, einen Blick in diese Akte zu werfen. Es ist höchst interessant, was Ihnen da begegnet. Dann erkennen wir auch das ursprüngliche und eigentliche Ziel, das wir unter Umständen schon zigmal angepeilt haben. Gelegentlich begegnet uns dann auch der eine oder andere Lapsus, der steinalt und doch modern ist. So entwickelt sich dann ein völlig neues Bewusstsein und Interesse an unserer Bedeutung im Weltgeschehen.

Das Faszinierende an den Menschen ist ihre Verschiedenheit. Aus diesem Grund lässt sich auch das Gebilde »Weltgeschehen« so gut aufrechterhalten. Trotz ihrer Verschiedenheit liegt es auf der Hand, dass alle den gleichen Ursprung haben. Jede Religion glaubt an ihren Gott, wie auch immer er aussehen mag. Er hat die Menschen geschaffen, verfolgt ihren Weg, und sie wollen zu ihm zurück. Nun gut, aber wir sollten uns gründlich überlegen, wie das geschehen soll. Ich bin immer dafür, dass wir begreifen, wie wir an einen bestimmten Punkt gekommen sind. Dann können wir auch wieder den Weg zurückfinden.

Nehmen wir also an, unser Gott, oder nennen wir ihn weiterhin »Chef«, hat seinen Sitz irgendwo im Kosmos. Betrachten wir ihn weiterhin nicht als Menschen, sondern als Energie, geistigen Ursprung, Ursonne oder einfach nur als Licht oder großen Geist. Wir alle waren dort einmal als einer seiner Lichtfunken (ist doch denkbar?) vorhanden. Nun musste er eine Idee entwickeln, um allen Funken die Chance zu geben, im Rahmen der Schöpfungsgeschichte irgendwo und irgendwie Fuß zu fassen. Das bedeutet, dass die Energie, die von ihm ausging, in einen Schöpfungsprozess fließen musste, um den Nährboden für all das zu schaffen. Wenn wir von Gott sprechen, meinen wir zunächst einmal Liebe. Also können wir auch die von ihm zunächst ausgehende Energie als Liebe bezeichnen. Sonst gab es nichts in seinem Sein.

Jesus soll seinen Jüngern die Grundlagen der Schöpfung folgendermaßen erklärt haben: Die Liebe als magnetisch anziehende, rosa glühende Energiestrahlung des Lichts löste durch den ständig wachsenden Gedanken der Weiterentwicklung die Geburt der gelb strahlenden, magnetisch sich ausdehnenden Energie der Weisheit aus. Diese neu entstandene Energie sollte jedoch nicht nur ausgesandt, sondern konstruktiv eingesetzt werden. So entstand zwischen der anziehenden und sich ausdehnenden Energie eine Art Rotation oder Schwingung, die dann die blaue Energie als göttlichen Willen, Kraft oder Bewusstsein produzierte. Diese Energie war sowohl anziehend als auch ausdehnend. Nun spürte die Liebe zum ersten Male, dass eine gewisse Ordnung eingeführt werden musste, und so entstand aus Liebe, Weisheit und Willen die weiße Energie der Klarheit und Disziplin. Daraus wiederum resultierte eine gewisse Verantwortung und Wahrheit, damit die Idee aufrechterhalten werden konnte. So entstand durch die gelbe Weisheit und den blauen Willen die grüne Energie der Wahrheit. Damit die Tätigkeit all dieser Energien sich auch harmonisch auswirkte, bedurfte es der ungeborenen gold-rubinroten Energie des Friedens. Da diese Energie jedoch eine sehr große Geduld aufbringt, bestand die Gefahr des übermäßigen Wachstums und möglicher Missstände. So bildete die rosafarbene Energie der Liebe mit der blauen Energie des Willens die violette Energie der transformierenden Flamme. Diese sorgt dafür, dass alles, was nicht perfekt ist, verwandelt und wieder auf die restlichen Energien verteilt wird.

Der Prozess des Schaffens der Materie oblag also diesen sieben verschiedenen ausstrahlenden Energien. Das heißt, alles, was von Gott erschaffen werden sollte, bestand aus der Lichtenergie, man sagt auch Elektronenenergie, dieser sieben starken Energien.

Nochmals: Der Schöpfungsprozess allen Lichtes oder der aus Licht bestehenden Materie wurde durch sieben verschiedene Energiestrahlen eingeleitet und vollzogen.

Etwas Ähnliches findet sich auch in der biblischen Schöpfungsgeschichte. Gott sagt dort: ***»Es werde Licht.«***

Stimmt das oben Ausgeführte, dann besteht alles aus Licht und Energie, und wir sind sogenannte Lichtwesen, die alle von Gott abstammen. Auch die großen spirituellen Lehrer der Menschheit und die meisten Religionen erklären uns: Wir sind göttliche Wesen und Gott ist in uns. Durch unsere jetzt existierende Form haben wir zwar einen bestimmten Körper angenommen, der jedoch, wie wir alle wissen, irgendwann wieder zu Staub zerfällt. Was übrig bleibt, ist unser Lichtkörper, auch

Seele genannt, also das, was immer schon da war. Es ist das, was sich im Moment des Todes vom menschlichen Körper löst und befreit fühlt, da es seine Aufgabe erledigt hat. Und eben das, was immer schon da war, möchte logischerweise zurück zum Ursprung, weil es dort seine eigentliche Heimat hat. (Mehr zur ursprünglichen Entstehung aus spiritueller Sicht finden Sie in meinem Buch *Wesen und Wirken der Weißen Bruderschaft*.) Die Frage ist nur, ob das, was zum Ursprung zurückkehren will, auch tatsächlich all das erledigt hat, was es sich vorgenommen hatte, oder ob bei diesem Unterfangen Fehler gemacht wurden. Genau da kam es dann zum nächsten Bauplan, der eben besagte Steine, Schlaglöcher usw. einskizzierte. So öffnet sich jetzt zwangsläufig wieder das Fenster »Reinkarnationstheorie.« Seien Sie ehrlich, ergibt sich daraus nicht eine gewisse Logik?

Kehren wir zurück zu unserer Schöpfung. Wir hatten gesehen, dass die Liebe die ursprüngliche göttliche Energie der Schöpfung war. So könnten wir diese Liebe auch als aktive Intelligenz bezeichnen, die alles regeln musste und muss, was durch das Zusammenwirken von Wille, Kraft und Weisheit produziert wurde und wird. Nochmals: Als Folgeerscheinungen treten Disziplin, Wahrheit, Frieden und Transformation auf, also Tätigkeiten, die sich aus der Schöpfung ergeben. So könnte man auch sagen, Disziplin, Wahrheit, Frieden und Transformation sind Attribute der aktiven Intelligenz. Überall dort, wo eine Intelligenz aktiv wird, braucht es Kontrollfunktionen und Regulatoren.

Farbbilder der sieben Strahlen finden Sie im Anhang auf den Seiten 305 und 306.

- 2 -
Die sieben Strahlen

Der Lichtkörperprozess 1987 und die Aktivierung der fünf weiteren Lichtstrahlen

Ich betrachte die lange Zeitphase nach Atlantis immer als großes Zeitalter der Bewusstwerdung unseres Egos. Aus den alten Überlieferungen erkennen wir, wie das Wesen Mensch wirklich um sein Dasein kämpfen musste, ohne es selbst so wahrzunehmen. In jeder Epoche, auch in jeder Kultur war das Thema »Krieg und Frieden« allgegenwärtig. Die Lehre der Aufgestiegenen Meister spricht von Zeitaltern, die jeweils zweitausend Jahre, geprägt durch einen der sieben Strahlen, umfassen. So wurde durch das Leben von Jesus das rubinrote Zeitalter des Friedens eingeleitet. Ob die historischen Daten tatsächlich so stimmen, wissen wir nicht genau. Das ist auch nicht so wichtig, da sich sowieso alles vollziehen muss. Nach diesen zweitausend Jahren, in denen die Menschheit das Thema »Frieden« umgesetzt haben sollte, beginnt das sogenannte violette Zeitalter der Transformation, gelenkt durch den Aufgestiegenen Meister Saint Germain.

Unsere selbst gestellte Aufgabe hieß und heißt also Stabilisierung des Friedens. Wenn ich mir jetzt im Jahre 2015, in dem ich dieses Buch schreibe, anschaue, wie erfolgreich wir bisher waren, entstehen bei mir begründete Zweifel, ob wir die Schwingung des nächsten Zeitalters werden aushalten können. Im Jahre

1945 endete der Zweite Weltkrieg. Die Menschen wussten, was es bedeutet, endlich Frieden zu schließen und im Frieden leben zu können. Das war die große Prüfung, denn die daraus gewonnenen Erkenntnisse sollten eigentlich auf die ganze Welt übertragen werden, um so den Weltfrieden zu manifestieren.

In den rund fünfundzwanzig Jahren danach inkarnierten viele Seelen wieder, die durch den Zweiten Weltkrieg umgekommen waren, um sich schnellstmöglich von ihrem im Krieg erworbenen Karma zu befreien. So wurde es mir immer wieder von den Meistern erklärt. Das war und ist eine verantwortungsvolle Aufgabe, sowohl individuell als auch kollektiv. Dadurch dass wir den Frieden aktivieren und ihn leben, müssen wir auch alle karmischen Aspekte transformieren, die durch Unfrieden - wie und wo immer er auftaucht - aktiviert werden. Hier kündigt sich das neue Zeitalter deutlich sichtbar an. Es bedeutet aber auch, dass so gut wie alle Seelen, die nach dem Krieg inkarnierten, einerseits ihr eigenes Kriegskarma lösen und andererseits an der Stabilisierung des Weltfriedens mitarbeiten wollten. Das ist ein hehres, hochgestecktes Ziel, gesellen sich dazu doch noch sowohl andere karmische Aspekte als auch der neue Plan.

1987 wurden durch den sogenannten Lichtkörperprozess im Kausalkörper des Menschen fünf weitere göttliche Strahlen (Tugenden) mit ihren Aspekten aktiviert. Diese fünf Lichtstrahlen wirken verstärkend und unterstützend auf unser Energiesystem ein. Sie werden gelenkt von den Weltenlehrern.

Ihre Farben und Aspekte sehen Sie im Anhang auf S. 307.

Im Laufe unseres Lebens werden wir mit diesen Strahlen konfrontiert und müssen lernen, sie sinnvoll einzusetzen. Hier eine kurze Zusammenfassung (ausführlicher dazu mein Buch *Die Lichtstrahlen der Aufgestiegenen Meister*):

Die erste grundlegende Ebene:
Im Moment der Zeugung beginnen die sieben Grundstrahlen unseren Schöpfungsprozess einzuleiten, das heißt, jedes Chakra verbindet sich mit der Energie eines Strahls, um unsere Lebensenergie zu aktivieren. Um dieses Energiegebilde herum entsteht dann der physische Körper mit all seinen Schichten, auch Aura genannt. Deshalb erübrigt sich die Frage, ab wann ein Mensch existiert.

Die zweite Ebene:
Unmittelbar vor der Geburt legen wir fest, mit welchen Grundenergien der sieben Strahlen wir unsere sogenannten niederen Ebenen des Egos oder der Persönlichkeit ausstatten, um möglichst erfolgreich durch dieses anstehende Leben zu gehen. Wir wissen, wohin wir gehen, in welche Kultur, Familie, Aufgabe, was uns erwartet und wie wir am besten damit fertigwerden. Das betrifft uns physisch, emotional, mental und in der gesamten Persönlichkeit, die sich nach außen darstellt. Unser Seelenstrahl verändert sich nie, sodass wir hier eine grundlegende Entscheidung zu treffen haben. Ich nenne es das »Strahlengebilde« des Individuums, das von uns selbst perfekt ausgeklügelt wurde.

Die dritte Ebene:
Auf dieser Ebene erfolgt die Lichtarbeit, was immer jeder darunter versteht. Bei vielen Menschen geschieht sie unbewusst: durch gezielte Aufnahme von Wissen, aktive Beteiligung am

Wirtschaftsgeschehen, beim Heilungsprozess, durch wissenschaftliches Forschen und Experimentieren, durch Führungsqualität oder Organisieren und gezielte Kollektivthemen. Wir alle versuchen uns, so gut es geht, zu beteiligen. Je intelligenter und gezielter wir hier die Energien aller zwölf Strahlen und der geistigen Ebene anfordern und einsetzen, umso besser gelingen uns alle Prozesse. Das Gebet, die Meditation und die Aufnahme von Impulsen sind sinnvolle Hilfsmittel.

Die vierte Ebene:

Sie beinhaltet den Lichtkörperprozess. Der Einstieg in diesen Prozess wurde 1987 durch die Aktivierung der fünf weiteren Strahlen im Kausalkörper in Gang gesetzt. Wir wissen, die Seele strebt nach dem Aufstieg, also muss sie auch bereit sein, dafür einiges zu leisten. Der Lichtkörperprozess ist mit dem Aufstiegsprozess vergleichbar, den die Meister erfolgreich bewältigt haben. Hier lassen uns die Strahlen und die Energien der geistigen Ebene erkennen, was wir für uns und das Kollektiv leisten dürfen beziehungsweise müssen, um uns endgültig von der Materie zu lösen. Geistiges Wachstum, Karmabearbeitung, Leben und Arbeiten zum Wohle aller, die Manifestation des Friedens mit Mensch, Tier und der gesamten Natur - letztlich die Verinnerlichung des atlantischen Lebensprinzips in seiner reinsten Form - bilden die Grundlagen für den Lichtkörperprozess.

Die fünfte Ebene:

Auf dieser Ebene erfolgt die Präzipitation, das Erschaffen aus der Urmaterie. Unsere größte Präzipitation ist immer wieder unser eigenes Leben. Wir stimmen unserem Schöpfungsprozess zu, indem wir unseren Eltern den Impuls vermitteln, uns an dieser Zeugung beteiligen zu wollen. Das ist unser neues, großes Ziel. Unser Tod ist der Abschluss dieser Präzipitation. Zu diesem Zeitpunkt sollte es so sein, dass wir im Frieden loslassen können, denn dann ist die Präzipitation gut zum Abschluss gebracht worden. Zwischen Geburt und Tod durchlaufen wir Tausende von Schöpfungsprozessen, und sei es nur die Kreation einer guten Mahlzeit, das Backen eines Brots. Ein Telefonat ist eine Präzipitation, wie immer wir es beginnen und abschließen. Können wir uns das bewusst machen, gelingt es uns auch immer besser, sehr aufmerksam durch unser Leben zu gehen. Es ist eine wahre Kunst, zu erkennen, wo wir uns gerade mit all unseren Projekten befinden. Es gibt Präzipitationen, die stehen kurz vor ihrem Abschluss, andere wurden gerade erst begonnen oder auch abgebrochen. Alle müssen wir im Fluss halten, mit neuer Energie versorgen und auch loslassen können. Das ist ein unglaubliches Energiemanagement, wenn man es richtig durchschaut. Die Energie der zwölf Strahlen und der geistigen Ebene steht uns dafür jederzeit und unbegrenzt zur Verfügung. Jede Energiestruktur vollzieht mit uns neue und andere Schritte, zeigt uns auch unsere Probleme, Blockaden, aber auch unser unglaubliches Potenzial, das durch viele Zeitalter gewachsen und in uns verankert ist. Wir sind wirklich die Schöpfer unserer Welt, unseres Daseins, aber auch unserer Probleme, die wiederum gelöst werden wollen und sollen. Ich betone in meinen Seminaren immer wieder: »Wer wirklich an sich arbeitet, seinen Fortschritt, aber auch seine hinderlichen Strukturen ständig beleuchtet und bearbeitet, ist mit sich selbst beschäftigt und hört auf zu pilgern. Indem wir uns mit uns selbst und unseren Projekten ständig auseinandersetzen, bleiben wir in unserer Mitte, und gleichzeitig beziehen wir die Wesen mit ein, die karmisch mit uns verbunden sind, damit wir alles bearbeiten und damit auch andere davon profitieren können. Das ist ein ausgeklügeltes System, das auf jeden Fall den Erfolg verbrieft.«

Jeder der zwölf Strahlen, ihre Lenker, die Erzengel und die auf den Strahlen arbeitenden Aufgestiegenen Meister und atlantischen Priester helfen uns dabei, die Treppe zum Erfolg emporzusteigen. Alle Aufgestiegenen Meister werden ihre Aufgabe auf diesem Weg erklären und uns zeigen, wie wir unseren aktuellen Stand immer wieder prüfen sollen, um den Weg wirklich mit Erfolg zu gehen.

Konfuzius, der Aufgestiegene Meister und Lenker des zweiten, goldgelben Strahls, ist im Tempel der Präzipitation zu Hause. Er wird uns den Weg zum Erfolg beleuchten.

- 3 -
Vorwort von Konfuzius

Liebe Freunde,

in meinem Lichttempel im Norden Amerikas, im Grand-Teton-Gebirge in Wyoming, bin ich in Zusammenarbeit mit allen Aufgestiegenen Meistern der Großen Weißen Bruderschaft ständig bestrebt, allen Menschen dabei zu helfen, ihre Ziele der Existenz zu erreichen. Diese Ziele dienen einerseits dem erfolgreichen Dasein in der Materie, andererseits der Bearbeitung sämtlicher karmischen Strukturen. Wie ein Zahnrad greifen diese Elemente ineinander. Lichtarbeit vollzieht sich ständig, ob im wachenden oder ruhenden Zustand.

Mein Tempel der Präzipitation ist noch physisch vorhanden. Zugänglich wird er nur dem Lichtarbeiter, der gelernt hat, dass alles in der Materie dem Prinzip von Ursache und Wirkung unterliegt. Er wird von uns geprüft, ob er würdig ist, die hohe Schwingung dieses Ortes zu ertragen. Viele Taten und Anstrengungen sind die Zugangsvoraussetzungen.

Ein jeglicher Schöpfungsprozess des Universums ist hier in meinen Hallen vermerkt. So steht es jedem Wesen frei, geistig in der Meditation den Weg zu uns zu suchen. Es erfolgt eine gesunde und intensive Schulung des Geistes. Dieser sucht sich den Weg zum Verstand des inkarnierten Menschen, um ihm all das zu vermitteln, was wir ihm nahelegten. Erst wenn der Verstand gelernt hat, ruhig zu sein und innezuhalten, vernimmt er die wahre Schulung des Geistes. Dennoch muss er wach sein, um die Schulung in der Materie einer Form zu unterwerfen. Die Materie ist verdichtetes Licht. So ist der Schöpfungsprozess Form gewordenes Licht. Ich will damit sagen, dass Geist und Verstand des Menschen eine gezielte Symbiose eingehen müssen, um die wahre Präzipitation zu manifestieren. Das Gleichgewicht wird durch die Konzentration erreicht, damit es überhaupt zum Resultat kommen kann. Die allzu verschwenderische Kraft der Gedanken gewährt nicht immer nur den positiven Zugang zur Energie des Kosmos. Die Materie unterliegt der Versuchung. So kann nur der Verstand wahrlich erschaffen, der dem Geist den Vortritt lässt. Der Geist ist frei. Er bildet die Lichtbrücke zwischen Verstand und kosmischem Geist. Der kosmische Geist beherbergt jegliche Kraft der Schöpfung. Er vermittelt dem materiellen Geist die Fakten des Plans des Individuums. So weist er den Weg und zeigt die Grenzen. Die glasklare Schau des Plans obliegt dem Geist. Der Verstand muss lernen, sich dem wahren Impuls unterzuordnen. Der wahre Impuls folgt der Weisung des kosmischen Lichts, vertreten durch uns, die Meister des Aufstiegs.

Ziele, Weisheit und aktive Intelligenz sind die ewigen Säulen der Schöpfung.

In Liebe
Konfuzius

- 4 -
Präzipitation im Kollektiv

Worte des Aufgestiegenen Meisters Sanat Kumara

Liebe Freunde,

der Schöpfungsprozess vollzieht sich seit Zeitaltern auf die gleiche Art und Weise. Eine jede Schöpfung besteht aus Zielsetzung, Weisheit und aktiver Intelligenz. So ist auch jeder Entschluss zur Inkarnation eines Wesens der Beginn einer Präzipitation, dem Erschaffen aus der Urmaterie. Es ist an der Zeit, dass ihr lernt, diesen Schöpfungsprozess logisch und sinnvoll zu nutzen.

Die gradlinige Verfolgung eurer Ziele ist die Grundlage des Erfolgs. All das habt ihr von Anbeginn an gelernt. Im Laufe der Zeitalter jedoch habt ihr euch verstärkt darauf verlassen, dass andere für euch die Entscheidungen treffen und die Verantwortung übernehmen sollen. Doch wer Macht und Kompetenz überträgt, unterstellt sich dem Willen anderer. Auf der Venus herrscht die kollektive Entscheidungsgewalt, und so übernehmen auch alle die Verantwortung für die Ergebnisse. Ihr aber habt die Entscheidungsgewalt zum großen Teil an Menschen abgegeben, die oft damit überfordert sind. Die Ergebnisse veranlassen euch dann zur Kritik und zum Aufstand. Hier fehlt eindeutig das Gleichgewicht. Durch diese permanente Kritik schafft ihr zudem neues Karma, denn ihr kritisiert Dinge, die ihr selbst nicht verantworten wolltet.

Wir wissen, wie anstrengend es ist, kollektive Entscheidungen zu treffen. Hier ist es gleich, ob es die Familie betrifft, den Erfolg eines Unternehmens oder die gesamte Politik eines Staates. Ihr nennt es Demokratie, indem ihr euch Vertreter wählt, die dann in eurem Interesse handeln sollen. Aber wie soll das jemals funktionieren? Ihr unternehmt eine ständige Übertragung der Verantwortung, anstatt selbst zur Tat zu schreiten. Nun werdet ihr fragen, wie dieses System anders funktionieren kann und soll. Diese Erklärung ist für mich allerdings sehr kompliziert, da euer Verstand sich schwertun wird, meine Darstellung zu akzeptieren.

Zunächst knüpfe ich wieder an das kollektive Bewusstsein an, wir sprachen bereits davon, dass dieses Bewusstsein sowie der globale Frieden die Voraussetzungen für den Erfolg sind. Ihr müsst euch vorstellen können, dass die menschlichen Bewusstseine in diesem Moment andere Bewusstheiten an den Tag legen. Versucht euch vorzustellen, dass es eine kollektive Mentalebene gibt, ihr bezeichnet sie auch als das morphogenetische Feld. Um nun eine kollektive Präzipitation in Gang zu setzen, wäre es nötig, euch alle zum gleichen Zeitpunkt zu treffen und zu beratschlagen, um dann eine Entscheidung zu treffen. Doch das ist für euch Menschen nicht möglich. Ihr wisst aber, dass die Energieströmung aller zwölf kosmischen Strahlen auf die Wochentage verteilt ist. Wenn ihr dies wisst, könnt ihr lernen, die Strahlung an diesen Tagen zu nutzen, ganz wie es Brauch war bei den Atlantern und Essenern. Folglich ist es möglich, an den entsprechenden Tagen äußerst erfolgreich im Kollektiv zu präzipitieren. Grundlage dafür ist die höchste geistige Konzentration und die reine, positive Absicht, denn nur dann kann es gelingen. Konfuzius wird später ein Beispiel dafür kreieren.

Auf diese Art und Weise ist es möglich, über Kontinente hinweg, ja universell zu kommunizieren und Erfolge zu verzeichnen. Es kommt zu einem sich verselbstständigenden System, das kaum noch einer Kontrolle bedarf. In Atlantis herrschte dieses System der Verständigung im Netzwerk aller zwölf Königreiche. Das Volk der Etrusker verfolgte dieses System ebenfalls noch mit besten Ergebnissen, denn das Leben war viel zu wertvoll und angenehm, um sich anstrengenden Reisen und Gesprächen zu unterziehen.

Mir und uns auf der Venus ist das alles mehr als vertraut. Wie glaubt ihr, konnte ich die Venus zeitalterlang sich selbst überlassen, ohne die Verbindung aufzugeben? Ich stand in ständiger, mentaler Kommunikation. Alles, was dort geschah, war mir sofort bewusst. Es war, als existierte ich gleichzeitig auf zwei Planeten. Auf diese Art und Weise konnten auch die Atlanter mit anderen Planeten in Kontakt sein, ohne Atlantis zu verlassen. Doch selbst auf Atlantis gewann die Schwere der Materie immer mehr an Bedeutung, und so kam es dann zu schweren Missverständnissen, zu Missbrauch und kriegerischen Auseinandersetzungen. So verschwand diese Fähigkeit der mentalen Kommunikation mehr und mehr aus dem menschlichen Bewusstsein.

Mir ist bewusst, dass ihr euch nur sehr schwer mit dieser Vorstellung anfreunden könnt, doch seid gewiss, die Zeit wird kommen – und das umso schneller, je intensiver ihr euch bemüht. Manifestiert den Frieden, denn er ist der Türöffner für all diese Annehmlichkeiten.

Sanat Kumara

Worte des Aufgestiegenen Meisters Konfuzius

Verehrte Freunde,

um wahrhaft manifestieren zu können, müssen gewisse Fähigkeiten erlangt und Qualitäten erreicht worden sein. Grundsätzlich gilt das Prinzip der Wahrheit, Ehrlichkeit und des gewachsenen

Bewusstseins. Eine erfolgreiche kollektive Schöpfung setzt ein individuelles Bewusstsein voraus, das frei ist von jeglicher Belastung des niederen Egos. Die physische Belastung des Egos setzt Grenzen in der Handlungsfähigkeit. Ihr müsst bedenken, dass die klare und reine Schöpfung ständige Handlungsfähigkeit erfordert. Ein Mensch, der sich durch körperliche Beeinträchtigungen, beispielsweise die Unterscheidung von Tag und Nacht, weil er meint, nur am Tage handlungsfähig zu sein, und falsche Ernährung selbst belastet, ist nicht in der Lage, unseren Anforderungen gerecht zu werden. Wir verlangen ständige Wachsamkeit, Wendigkeit, permanente Reaktion auf Impulse und schnelles Handeln.

Das emotionale Ego setzt sich selbst die Grenzen durch Gefühle wie Neid, Eifersucht und einen Idealismus, der äußerst besitzergreifend sein kann. Angst, Unsicherheit und Trägheit sind die Folge. Doch das mentale Ego ist die gravierendste Beeinträchtigung, die euch davon abhält, eine kollektive Schöpfung in Gang zu setzen, da der Verstand zu sehr mit dem eigenen Ego beschäftigt ist und es nicht schafft, sich auf das Kollektiv zu konzentrieren. Er muss Emotionen steuern, darauf reagieren, Entschlüsse fassen, ausführen und letztlich den Zustand des physischen Egos bei allem berücksichtigen. So kann man sagen, das Individuum, dessen Ego sehr mächtig in der Materie wandelt, wird sich, wie von Sanat Kumara ausgedrückt, immer auf eine vermeintliche Führung verlassen. Es kritisiert nur, ist ungenau und nur selten zur Selbstverantwortung in der Lage.

Wollt ihr jedoch eine kollektive Schöpfung als Grundlage eines neuen Zeitalters kreieren, ist es notwendig, das Ego zu bemeistern. Dabei wollen wir euch zunächst helfen, indem wir zur Karmabearbeitung schreiten, euch eure Lebensaufgabe vor Augen führen und euch mit allen erdenklichen Impulsen versorgen. Dann erst kommt ein Lichtkörperprozess in Sichtweite, der dazu führen kann, euch in eine kollektive Schöpfung einzubringen. In meinem Tempel der Präzipitation im Grand-Teton-Gebirge in Wyoming verschwinden Zeit und Raum. Alles ist im perfekten Zustand vorhanden. Es gibt dort nicht den Wunsch und seine Erfüllung, sondern nur den tatsächlich vorhandenen Zustand. Es gibt nichts, aber auch gar nichts im menschlichen Vorstellungsvermögen, das dort nicht als Blaupause vorhanden wäre. Dennoch gibt es geistige Gesetze, die eine Verkörperung der Blaupause nur dann erlauben, wenn bestimmte Kriterien erfüllt werden. Diese Kriterien sowie das Gesetz der Präzipitation sollten allen bekannt sein, die sich überhaupt an einer Schöpfung beteiligen möchten.

An jedem Tag der Woche finden in meinem Tempel die erforderlichen Schritte der Präzipitation ihren Ausdruck. Der Sonntag gehört der klaren Zielsetzung und der Schulung des starken Willens. In der Nacht von Sonntag auf Montag schulen wir in meinem Tempel die Klarheit und das Unterscheidungsvermögen. Der Montag gehört der Weisheit und der Erleuchtung. Von Montag auf Dienstag schulen wir nachts die Fähigkeit, im Gleichgewicht und in der Mitte zu bleiben.

Dienstags findet die aktive Intelligenz dort ihre Schulung, unterstützt durch die Qualität des Herzens. Der Mittwoch gehört den Konzepten, der Disziplin und der Standhaftigkeit. Diplomatie, aber auch Harmonie und Ästhetik werden dann zur Schulung angeboten. Der Donnerstag bietet die Schulung der Konzentration, Wahrheit und Heilung. In der Nacht von Donnerstag auf Freitag sind Lebensfreude, Enthusiasmus, aber auch Fülle und Reichtum in meinem Tempel ein Thema. Der Freitag dient den Themen des Idealismus, des Friedens und des Loslassens. In der Nacht von Freitag auf Samstag dürft ihr dort erscheinen, um an euer ursprüngliches und uraltes Wissen herangeführt zu werden; eure geistige Wiedergeburt wird dort unterstützt. Der Samstag bietet die Möglichkeit der Transformation, der Karmabearbeitung, aber auch der Umsetzung des Planes. Ihr seht, kein Tag vergeht in meinem Tempel, ohne dass wir nicht angestrengt zur Tat schreiten.

In der Zeit vom 15. Juni bis 14. Juli eines jeden Erdenjahres trifft sich in meinem Tempel der karmische Rat der Meister, um über das Geschick der Erde für das nächste halbe Jahr zu entscheiden; ebenso vom 15. Dezember bis 14. Januar des darauf folgenden Jahres. In dieser Zeit ziehen wir eine Art Bilanz, wir prüfen, wie die Bevölkerung der Erde reagiert und agiert hat, um zu entscheiden, wie sich der Plan weiter vollziehen kann und muss. In dieser Zeit seid ihr alle aufgefordert, eure kollektiven Petitionen bei uns abzugeben. Ihr habt so die Möglichkeit, konkret und direkt ins Weltgeschehen einzugreifen. Die Petitionen **müssen** von Staatsmännern und führenden Seelen, auch von den Meistern berücksichtigt werden. Sie werden geprüft, für gut befunden oder müssen nochmals überarbeitet werden, um dann umgesetzt zu werden. Wer dort nicht präsent ist, kann wenig ausrichten. Lernt daher, euch einzeln und in Gruppen hier einzufinden, denn so ist ein direkter Zugriff auf das Weltgeschehen möglich. Die Basis dafür ist mein Tempel der Präzipitation.

Allerdings muss ich dazu einschränkend sagen, dass zwar jeder von euch Zutritt erfragen darf und kann, doch müssen wir unterscheiden, indem wir zu beachten haben, wie euer Bewusstsein entwickelt ist. Und hier schließt sich der Kreis, denn dann stellt sich die Frage, wo ihr zugelassen werden könnt. Eine ständige Energieerhöhung in meinem Tempel verhindert, dass ein schwach entwickeltes Bewusstsein in der Lage ist, an hochschwingenden Beratungen und Entscheidungen mitzuwirken. Es gibt Hallen und Beratungsräume, in die ihr nur zugelassen werdet, wenn euer Bewusstsein einen gewissen Stand erreicht hat. Ich kann sagen, dass wir dort keinen großen Andrang verzeichnen. Das führt dazu, dass die Menschen immer wieder das Gefühl entwickeln, nichts Großes ausrichten zu können. In eurem Tagesbewusstsein empfindet ihr eine gewisse Machtlosigkeit. Ihr seht, alles wird geprüft und entsprechend wahrgenommen.

Nun stellt euch also vor, in vielen Bewusstseinen der Materie entsteht der gleiche Plan, der jedoch den geistigen Gesetzen folgen muss. Finden sich nun diese Bewusstseine zur rechten Zeit gemeinsam zur Schulung in meinem Tempel ein, erfolgt automatisch eine massive Energieerhöhung. Das morphogenetische Feld erfährt eine gewaltige Aktivierung im positiven Sinne. Was sich dann dort vollzieht, ist mit eurem irdischen Bewusstsein nicht mehr nachvollziehbar, doch was als sogenanntes positives Atom dort in die sich ergebende Atmosphäre drängt, ist nicht mehr aufzuhalten. Es verselbstständigt sich und gerät sofort in die Spirale der kosmischen Schöpfung. Die kosmischen Strahlen beginnen augenblicklich mit ihrer Arbeit. Da nun aber diese Energieaktivierung nur auf positiven Atomen beruhen kann, ist nicht von der Hand zu weisen, dass der momentane Arbeitsaufwand sehr überschaubar ist.

Je stärker der Weltfrieden Einzug hält, je mehr sich euer Bewusstsein erhöht und damit eine neue Bewusstheit ins Leben gerufen wird, desto eher gelingt es jedem Einzelnen von euch, massiv ins Weltgeschehen einzugreifen. Der Verstand, der mentale Körper also, ist hier jedoch euer größter Widersacher. Er muss frei von jeglicher Störung negativer Art sein. Da er Emotionen und physische Belange verarbeitet, erklärt sich von selbst, wie weit ihr von dieser klaren Wahrnehmungsform entfernt seid. Doch seid sicher, WIR geben die Hoffnung nicht auf. Ein jedes Bewusstsein, das sich uns mit reinen Absichten nähert, wird sofort geschult, aufgenommen und gefördert. Der Erfolg vieler Menschen gibt uns recht und ist uns Ansporn, nicht in unserem Bemühen nachzulassen.

Wir lieben euch und erwarten euer Auftreten in unseren Reihen.

Euer Freund
Konfuzius

(Auszug aus meinem Buch *Sanat Kumara und die Weiße Bruderschaft - Die Heimkehr der neuen Erde*)

Anmerkung: Der Tempel der Präzipitation ist zweimal jährlich wie folgt geöffnet (Zeitrechnung immer Mitternacht - je nach Aufenthaltsort):

15. Juni - 14. Juli

15. Dezember - 14. Januar

Während dieser Zeit trifft sich dort der karmische Rat der Aufgestiegenen Meister, um über das Geschick der Erde für das nächste halbe Jahr zu entscheiden. Wir alle sind berechtigt, während dieser Öffnungszeit dort in der Meditation um Einlass zu bitten, um sogenannte Petitionen für das Kollektiv abzugeben. Diese Petitionen müssen dort berücksichtigt und den führenden Kräften in Politik, Wirtschaft, Kultur usw. vorgelegt werden. Wir haben so die Möglichkeit, das Weltgeschehen direkt mit zu beeinflussen. Jeder Einzelne von uns, auch Gruppen von Menschen, dürfen hier gezielt mitwirken. Selbstverständlich finden auch unsere eigenen Petitionen dort ihre Aufmerksamkeit.

- 5 -
Was bedeutet Präzipitation?

Wir alle haben Wünsche, Träume, manchmal aber auch glasklare Anforderungen an unser Leben und an auftauchende Situationen. Oft stellen wir uns Dinge und Zustände vor, von denen wir glauben, sie nie erreichen zu können. Wir malen uns aus, was wir alles tun würden, wären wir nur in einer anderen Lebenslage. Gott sei Dank ist es nicht so, denn wir alle wissen, dass eine gesteigerte Lebensqualität auch erhöhte Anforderungen an uns stellt.

Grundsätzlich gibt es eine ganz einfache Regel: Alles, was wir erreichen können, muss in unserem Lebensplan vorhanden sein. Auch wenn wir es manchmal nicht glauben wollen, gäbe es durchaus Dinge, die uns heillos überfordern würden. Wir haben ein ganz bestimmtes energetisches Strickmuster, und dieses Muster lässt auch nur gewisse Lebensformen und Erfolgsrezepte zu. All das geschieht auch zu unserem Schutz. Es ist ein ausgeklügeltes System, das unser Verstand niemals durchschauen wird.

Alles im Universum folgt den gleichen kosmischen Gesetzen. Zum einen gibt es das Prinzip von Ursache und Wirkung. Es ist so alt wie die Menschheit, und es wird uns auch so lange begleiten, bis wir gelernt haben, welche ethischen Werte wir benötigen, um endgültig die Materie loszulassen. Das gehört zum geistigen Wachstum.

Zum anderen sehen wir, dass alles, was im Universum erschaffen wird, ebenfalls einem recht simplen Prinzip folgt. Wir kennen nur ein einziges Schöpfungsprinzip, denn genauso sind auch wir entstanden. Auf einen einfachen Nenner gebracht können wir sagen: Wollen, Wissen, Wirken. Haben wir Hunger, wissen wir genau, was ansteht. Wir brauchen Nahrung. Wir müssen wissen, wie wir sie uns besorgen, und dann müssen wir sie verzehren, um satt und zufrieden zu sein. Genauso funktionieren die Fortpflanzung, die Jobsuche und der Hausbau. Das ist Schöpfung.

Das göttliche, kosmische Licht unterteilen wir seit jeher in die sogenannte dreifältige Flamme. Die christliche Religion sagt dazu: Vater, Sohn und Heiliger Geist. Im Sinne des kosmischen Lichts unterscheiden wir die dreifältige Flamme in drei Grundstrahlen, nämlich blau, goldgelb und rosa. In der Strahlenlehre sind dies die Strahlen des starken Willens und der Zielsetzung, der Weisheit und Liebe und der aktiven Intelligenz. So sehen wir, dass sich die Schöpfung seit ewigen Zeiten im gleichen Rhythmus vollzieht. Da wir vom Ursprung her selbst nichts anderes kennen, folgen wir diesem Prinzip. Im Übrigen können wir jedem, der an diesem Schöpfungsprinzip zweifelt, einen recht einfachen Beweis liefern. Diese Schöpfung vollzieht sich, für jeden Menschen sichtbar, täglich zweimal, nämlich bei Sonnenauf- und -untergang. Blau, Goldgelb und Rosa zeigen sich in allen Schattierungen, bis sich Tag und Nacht erschaffen haben. Wissenschaftler werden es natürlich ganz anders erklären, doch versuchen Sie es einmal so zu verstehen.

Wie vollzieht sich nun Schöpfung auf intelligente und erfolgreiche Art und Weise? Hier gibt es viele Spielarten. Gehen wir einmal auf die Ebene der Jäger und Sammler: Hunger, Waffe anfertigen, Tier erlegen und dann verzehren. Ähnlich geschieht es heute auch noch, nur mit dem Unterschied, dass einiges etwas edler abläuft. Das sind die Grundstrukturen des Daseins. Im Laufe der Zeitalter und Kulturen haben wir andere

Vorgehensweisen und Verhaltensmuster entwickelt. Dennoch bleibt alles gleich. Die Frage ist nur, wie können wir das perfekte und optimale Ergebnis erreichen? Ich verwende dazu gerne das Beispiel vom Brot. Das Brot ist bei uns ein Grundnahrungsmittel. Wir wissen, wir werden davon satt. Jeder weiß, welche Zutaten man benötigt, um ein Brot zu backen, das unseren Magen füllt und uns somit wieder stärkt und leistungsfähig macht. Das kann nun ein einfaches Weiß- oder Kornbrot sein. Wir essen davon ein oder zwei Scheiben, sind zunächst satt, verspüren aber nach einiger Zeit schon wieder Hunger. Die nächste Mahlzeit ruft. Machen wir uns jedoch Gedanken, wie wir ein Brot gestalten können, das uns länger sättigt, wird klar, wir müssen andere Zutaten verwenden und uns intensiver mit der Herstellung beschäftigen. Es kann sein, dass wir zuerst noch Bestandteile einkaufen müssen. Zusätzliche Gewürze verändern den Geschmack und geben dem Brot eine neue Bedeutung. Es wird zum Genuss, dieses Brot zu verspeisen. Ein oder zwei Scheiben dieses Brots halten uns doppelt so lange satt. Das heißt also, wenn wir einen Schöpfungsprozess grundsätzlich anders angehen, durchdenken, planen und durchführen, erhalten wir ein weit besseres Ergebnis. Wir sehen aber bereits am Beispiel des Brots, dass dieser intensivere Schöpfungsprozess durchaus länger dauert als die schnelle Handlung. Die notwendigen Schritte sind nicht immer sofort erkennbar. Das bedeutet, hier stoßen wir bereits auf ein wichtiges geistiges Gesetz: Keine Bedingungen an Raum und Zeit stellen. In der Ruhe liegt die Kraft. Wenn ich mir ein Brot mit Kümmelgeschmack wünsche und ich habe keinen Kümmel im Haus, habe ich zwei Möglichkeiten. Ich verzichte darauf. Dann ärgere ich mich später über den nicht vorhandenen Kümmelgeschmack. Die andere Variante ist, ich gehe einkaufen. Dann kann es passieren, dass ich das Brot aus Zeitgründen erst am nächsten Tag backen kann. Dafür habe ich aber das perfekte Ergebnis. Das ist ein simples Beispiel, das sich auf alle Schöpfungsakte übertragen lässt, etwa auf die Gründung eines Unternehmens.

Wir müssen uns einfach nur bewusst machen, dass wir ständig damit beschäftigt sind zu erschaffen. Jeder von uns vollzieht permanent mehrere Schöpfungsprozesse gleichzeitig. Unser größter Akt ist unser Leben selbst. Der Moment, in dem wir uns entscheiden, am Zeugungsakt unserer Eltern teilzunehmen, setzt klare Ziele. Dann folgt das Leben mit der Kindheit, Jugendzeit und schließlich dem Alter - nicht umsonst spricht man von der Weisheit des Alters –, bis wir mit dem Tod diese Schöpfung abschließen. Dazwischen kommt es zu unzähligen Schöpfungsprozessen, die von Erfolg gekrönt sind, unterwegs losgelassen werden oder auch scheitern. Und wenn man sich vorstellt, wie oft wir uns durch einen Misserfolg schwächen lassen und dadurch Schöpfungen, die kurz vor der Vollendung stehen, durch schlechte Laune und Ärger gefährden, wird uns klar, welches Management wir eigentlich betreiben. Wenn wir lernen können, hier immer wieder das rechte Maß anzusetzen, Energie wohl und recht zu dosieren, uns im Griff zu behalten und gleichzeitig menschliche Probleme zu lösen, sind wir gezielt und sehr angestrengt im Einsatz. Dann hören wir auf zu pilgern und andere zu bitten, uns doch hierbei und dabei zu helfen. Die anderen sitzen nämlich im gleichen Boot.

Wir befinden uns in einer Leistungsgesellschaft. Entspannung, Gelassenheit und Meditation werden zu Luxusgütern abgestempelt. Wer das braucht, bildet sowieso das Schlusslicht in den Führungsetagen. Man zwingt die Menschen zur Anpassung. Wie oft erlebe ich Manager in meiner Arbeit, die sich nach Menschlichkeit sehnen. Wenn ich mich mit ihnen unterhalte und von Firmenhunden oder Firmenkatzen erzähle, nicken alle, aber niemand getraut sich, die Dinge umzusetzen. Man hat Angst, als Weichling dazustehen. Was zählt, ist der schnelle Erfolg, Umsatzzahlen, keine Ausfallzeiten und die nötige menschliche Distanz, mitgeprägt durch den grauen Anzug und das kleine Schwarze. Wer sich getraut, hier Gegenwind zu erzeugen, wird automatisch zum Wasserträger. Ich habe in vielen Coachings erlebt, dass Menschen sich überhaupt nichts mehr zutrauen, und das hat berechtigte Gründe. Von Kind an werden wir erzogen, verzogen, gebildet und verbildet. Schon im Kleinkindalter lernen wir, dass wir nur dann ein angesehener Teil dieser Gesellschaft sind, wenn wir ständig und überall genau das aufsagen und beweisen, was man uns durch Erziehung und Bildung beigebracht hat. Es gibt Zensuren, die anderen das Recht geben, uns zu beurteilen.

Nachdem wir dann alle Zeugnisse und Diplome in der Tasche haben, dürfen wir endlich loslegen und unser Leben selbst (?) bestimmen. Viel Zeit ist bis dahin vergangen, und wir haben unsere mehr oder weniger guten Erfahrungen gesammelt. Wie oft mussten wir uns verbiegen und anpassen? Wie oft hätten wir gerne gesagt, dass wir keine Lust haben, uns bestimmten Anforderungen anzupassen? Und wie oft hatten wir das Gefühl, etwas besser zu wissen oder sogar zu ahnen, dass man kollektiv auf dem Holzweg ist? Es hat niemanden interessiert. Der Kamm, über den wir alle geschert werden, ist unübersichtlich lang. Sicherlich benötigen wir gesellschaftliche Regeln, sonst können wir keine Ordnung erwarten, aber das Individuelle in uns wird zunächst untergebuttert. So wachsen wir auf, und so werden wir erwachsen. Wir geraten in die Spuren unserer Vorfahren, oder wir versuchen, einen sinnvollen Weg einzuschlagen. Doch was ist sinnvoll? Worin liegt der Sinn, wenn ein Mensch sagt, dass er sich im Jugendalter nicht recht entscheiden konnte und dann einfach mal Betriebswirtschaftslehre studiert hat. Es war halt so. Das Studium hat viel Geld und Zeit gekostet. Vater wollte dann mal Leistung sehen, und die eigenen Ansprüche wollten ja auch befriedigt werden. Die Beziehungskisten haben sich einigermaßen geordnet (dachte man!), und dann dachte man an Familienplanung. Der Job war ganz passabel, die Freundin stimmte (Krisen gibt's überall mal!), also konnte man an Heirat denken. Für die Eltern war das die klassische Entwicklung, denn sie haben es ja nicht anders erlebt. Stolz standen sie beim Familienfoto nach der Trauung auf der Treppe. Dann kamen die Varianten. Erst mal zwei Kinder, dann Hausbau, oder anders herum. Kinder in der Schule, aus dem Gröbsten raus, Frau wollte sich wieder verwirklichen, suchte sich eine Beschäftigung. Machte ja auch Sinn, denn so konnte man mal in Urlaub fahren, und das Häuschen wäre auch schneller bezahlt. In der Zwischenzeit stellten sich jedoch die ersten Schwierigkeiten ein. Mobbing, keine Lust mehr auf die langweilige Arbeit, die Ehe ist nicht mehr das, was sie mal war, für Hobbys gar keine Zeit, und dann der ewige Stress. All das kennen wir zur Genüge, doch man kann es den Menschen nicht oft genug vor Augen halten. Wie es weitergeht auf dem klassischen Weg, wissen wir alle. Psychologen, Ärzte und jede Menge Therapeuten freuen sich auf ihre Klienten. Dennoch bleibt die Frage im Raum stehen, wohin das führen soll. Ich erlebe sehr oft, dass die Menschen nicht mehr wissen, wie sie aus diesem Dilemma herauskommen sollen. Sie erwarten die perfekte Lösung und sind bitter enttäuscht, wenn man ihnen keine neue Zukunft voraussagen und möglichst auch gleich präsentieren kann. Wie oft höre ich die Frage: Und was ist jetzt mein nächster Schritt?

Hier stellen sich immer zwei grundlegende Probleme in den Weg. Das eine ist die Tatsache, dass man den Menschen die Zukunft nicht voraussagen kann, weil sie diese selbst bestimmen können und müssen. Es gibt auch keine Patentrezepte, denn jeder Mensch verfügt über eine eigens eingerichtete Energiefrequenz.

Diese gilt es zu erfassen und sinnvoll einzusetzen. Viele Menschen sind durch ihr eigenes Leben so verwirrt und desillusioniert, dass sie resignieren und der Meinung sind, all das, was in ihrem Energievolumen liegt, nicht umsetzen zu können. Das ist durchaus verständlich, denn sie sind über Jahrzehnte in die entgegengesetzte Richtung gelaufen. Wenn man ständig Gegenwind hat, wird man lahm, gehemmt und gibt irgendwann auf. Man lässt sich treiben. Wichtig ist, mit dem Wind zu gehen, wie ein Segelboot, das von der Energie profitiert. Dieser Wind muss für andere ganz und gar nicht stimmen. Wir müssen uns »unseren« Wind um die Nase wehen lassen, um seine Richtung zu orten und ihr zu folgen.

Das nächste Problem, das sich immer wieder stellt, und das ist das größte überhaupt, ist die Tatsache, dass uns niemand das Fordern beigebracht hat. Wer um alles in der Welt hätte uns jemals eingetrichtert, das, was wir für richtig und gut halten, auch zu fordern? Das passt nicht ins Bild. Wir müssen dieses Fordern allerdings lernen, auch um zu erfahren, dass wir mit allem, was wir für uns fordern, konsequent umgehen müssen. Das ist eine hohe Verantwortung. Ein simples Beispiel kennen wir alle. Die Kinder wollen einen Hund. Weihnachten steht vor der Tür. Sie haben lange genug gebettelt, also marschiert Vater los, um einen Welpen vom Züchter zu holen. Das Fordern hat hier zwar funktioniert, aber niemand hat sich über den weiteren Verlauf Gedanken gemacht. Wie es endet, wissen wir auch alle – sehr oft in dem Drama, dass ein Tier im Heim landet oder dass sich die Mutter ständig opfert. Niemandem ist dabei wohl in der Haut, und das Tier spürt am meisten, wie lästig es ist.

Wir müssen lernen, dass unsere Forderungen Zielen gleichkommen. Und genau hier zeigen sich die größten Schwierigkeiten. Niemand hat uns beigebracht, Forderungen oder sagen wir zunächst Wünsche als Ziele zu behandeln. Die geistige Ebene sieht aber alle unsere Wünsche als Ziele. Wir müssen uns vorstellen, dass unsere geistige Führung nichts anderes im Sinne hat, als mit unserem Höheren Selbst gemeinsam zu überlegen, wie man uns optimal ans Ziel bringt. Ein Ziel kann allerdings nur dann geistig erreicht werden, wenn es auch so in unserem Lebensplan verewigt ist. Deshalb empfiehlt es sich, ein Ziel so direkt und eingehend zu formulieren, dass kein Zweifel besteht, was wir wirklich wollen und schaffen. Wenn wir das lernen können, dann haben wir schon viel erreicht, denn dann erlegen wir uns von vorneherein viele Pflichten auf. Wir fangen viel eher an, uns Gedanken zu machen, ob wir das wirklich wollen und auch leisten können. Das ist Konsequenz, und nur sie bringt uns weiter. Wenn man einem Kind alle Wünsche erfüllt und es immer weiß, dass jemand da ist, der für es die Kohlen aus dem Feuer holt, wird es auch später ständig Hilfe erwarten. Lernt es jedoch, klare Ziele zu setzen, für die es die Verantwortung schon während der Formulierung übernehmen muss, wird es sich viel mehr Gedanken machen.

Präzipitation bedeutet also: Erschaffen aus der Urmaterie. El Morya, der Aufgestiegene Meister des blauen Strahls, begleitet uns bei der Zielsetzung und beim Einsatz des starken Willens. Er hat es mir einmal folgendermaßen erklärt:

»Es gibt nichts im Universum, das dem menschlichen Geist verborgen ist. Alles, was der Geist aus dem universellen Plan abrufen kann, ist machbar. Das menschliche Gehirn ist so ›degeneriert‹ (bitte nicht als Diskriminierung auffassen), dass es grundsätzlich nur eine begrenzte Vorstellung von der Schöpfung hat. So entsteht Science Fiction. Das heißt also, auch alles, was in anderen Planetensystemen vorhanden war und ist, wird dem Geist zugänglich, auch wenn es der Verstand nicht schafft. Deshalb ist alles, was der Verstand sich nur im Entferntesten wünschen kann, machbar. Grundsätzlich ist die Frage zu klären, ob sich der Wunsch oder die Vorstellung im Lebensplan des Individuums befindet. Dies zu klären und zu verfolgen, ist unsere Aufgabe in Zusammenarbeit mit dem Individuum.«

Das zeigt uns, wie begrenzt wir in unserem mentalen Bewusstsein zu sein scheinen und dass wir auf die Zusammenarbeit mit der geistigen Ebene angewiesen sind, wollen wir optimal und erfolgversprechend präzipitieren. Es werden uns bei diesem Prozess ungeahnte Wege geöffnet, aber auch Grenzen gesetzt. Doch wenn wir ehrlich sind, ist es besser zu wissen, wohin der Zug fährt, als ständig umzusteigen und doch nicht anzukommen, denn irgendwann ist die Luft raus und die Mittel sind erschöpft. Ganz zu schweigen davon, dass wir nur eine bestimmte Zeit zur Verfügung haben, bis das Licht ausgeht und wir die Tür von außen zumachen müssen.

Die geistige Ebene sitzt nun mal am längeren Hebel, wenn sie erklärt: »Wenn nicht in diesem Leben, dann im nächsten.« Kuthumi beliebt zu sagen: »Was ist schon ein Jahr? Was ist schon ein Menschenleben? Ein Tropfen im Meer der Zeit.«

Ich habe ihn einmal gefragt, ob er zu seinen Lebzeiten schon Gummi kannte, denn dann wüsste er, wie sich ein Gummiband ziehen kann, wenn man es mit einem Jahr vergleicht. Das hat ihn aber nicht zu weiteren Erklärungen veranlasst.

- 6 - Was ist eine Petition?

Im Sinne der Präzipitation verstehen wir unter einer Petition unsere direkte Zielsetzung. Sie stellt unser Gesuch an die geistige Ebene dar, mit dem wir klar und korrekt unser Ziel formulieren. Die Petition entsteht auf der ersten Stufe der Präzipitation. Ohne sie kann die geistige Ebene uns nicht folgen. Wenn wir in der irdischen Materie einen Antrag ausfüllen müssen, sind wir auch gehalten, uns exakte Formulierungen und Angaben auszudenken, wollen wir das Beantragte erreichen.

Petitionen, die im Tempel der Präzipitation abgegeben werden, müssen dort berücksichtigt und mit uns gemeinsam bearbeitet werden. Das ist ein geistiges Gesetz. Das können also Petitionen für uns persönlich oder auch für das Kollektiv sein. Alles wird geprüft und bearbeitet.

In diesem Sinne sollten wir uns eingehend Gedanken über unsere Ziele machen. Dann beginnen wir, diese aufzuschreiben. Ein Ziel sollte niemals nur ein Satz sein. Im Gegenteil, formulieren Sie es so exakt und umfangreich wie derzeit möglich, Änderungen jederzeit vorbehalten. Wir können nicht ausführlich in die Zukunft denken. Das Ziel hat jetzt in diesem Moment eine Form und Maßgaben. Wie es in vier Wochen aussieht, können wir jetzt nicht abschätzen. Dann müssen wir es wieder umformulieren. Wichtig ist, dass wir alles in die Petition hineinpacken, was uns jetzt wichtig erscheint.

Grundsätzlich visualisieren wir das Ziel im **vollkommenen** Zustand. So lernen wir, Visionen eine Form zu geben. Der **vollkommene** Zustand ist das **absolut Perfekte**. Wichtig ist, dass wir immer formulieren:

»Ich bin.«

»Es ist.«

»Ich tue.«

Formulierungen wie »würden, wünschen, hätten, nicht mehr wollen« haben hier keinen Platz.

Geben Sie Ihrer Petition so viel Raum wie möglich. Niemand kann und darf Sie hier begrenzen. Doch beachten Sie auch, dass Sie all das erfüllen müssen, sollte es tatsächlich eintreten. Es könnte ja wahr werden. Erfolg bedeutet auch Verantwortung.

Ist Ihre Petition dann für den Moment perfekt, formen Sie diese zur Rolle, um sie dann im Tempel der Präzipitation in der Meditation symbolisch abzugeben. Eine gute Hilfe bietet meine CD des goldgelben Strahls, die Sie in diesen Tempel führt.

El Morya ist uns jederzeit beim Formulieren der Ziele behilflich. Er fördert ebenfalls unseren starken Willen, der für jegliche Schöpfung erforderlich ist. Auch dazu gibt es eine CD.

- 7 -
Die zwölf kosmischen Strahlen im Sinne der Präzipitation

Die Präzipitation stellt eine wichtige Ebene der Arbeit mit den zwölf Lichtstrahlen, die auf vielen verschiedenen Ebenen erfolgt, dar. Ich betrachte sie als Handwerk. Jeder der Lichtstrahlen, die ich hier mit ihren Aspekten, Farben und Lenkern kurz vorstelle, erfüllt dabei eine tragende Rolle. (Eine ausführlichere Darstellung finden Sie in meinem Buch *Die zwölf göttlichen Strahlen und die Priester aus Atlantis*.)

Erster, saphirblauer Strahl
Lenker: El Morya
Erzengel: Michael
Aspekte: Starker Wille, Zielsetzung, Mut, Kraft, Schutz
Zugeordneter Wochentag: Sonntag

Zweiter, goldgelber Strahl
Lenker: Konfuzius
Erzengel: Jophiel
Aspekte: Ruhe, Gelassenheit, Weisheit, Erleuchtung, Lehren
Zugeordneter Wochentag: Montag

Dritter, rosafarbener Strahl
Lenkerin: Rowena

Erzengel: Chamuel
Aspekte: Aktive Intelligenz, Herzensliebe, Toleranz
Zugeordneter Wochentag: Dienstag

Vierter, weißer Strahl
Lenker: Serapis Bey
Erzengel: Gabriel
Aspekte: Klarheit, Disziplin, Konzepte, Diplomatie
Zugeordneter Wochentag: Mittwoch

Fünfter, smaragdgrüner Strahl
Lenker: Hilarion
Erzengel: Raphael
Aspekte: Konzentration, Wahrheit, Heilung, Wissenschaft
Zugeordneter Wochentag: Donnerstag

Sechster, rubinroter Strahl
Lenkerin: Lady Nada
Erzengel: Uriel
Aspekte: Geistige Heilung, Manifestation, Loslassen
Zugeordneter Wochentag: Freitag

Siebter, violetter Strahl
Lenker: Saint Germain
Erzengel: Zadkiel
Aspekte: Transformation, Ordnung schaffen, Vergebung
Zugeordneter Wochentag: Samstag

Achter, aquamarinfarbener Strahl
Lenker: Maha Chohan
Erzengel: Aquariel
Aspekte: Unterscheidungsvermögen, klare Entscheidungen

Zugeordneter Wochentag: die Nacht von Sonntag auf Montag

Neunter, magentafarbener Strahl
Lenker: Jesus
Erzengel: Anthriel
Aspekte: Harmonie, Ausgeglichenheit, in der Mitte bleiben
Zugeordneter Wochentag: die Nacht von Montag auf Dienstag

Zehnter, goldener Strahl
Lenker: Kuthumi
Erzengel: Valeoel
Aspekte: Fülle, Reichtum, Geborgenheit, innere Ruhe
Zugeordneter Wochentag: die Nacht von Donnerstag auf Freitag

Elfter, pfirsichfarbener Strahl
Lenker: Maitreya
Erzengel: Perpetiel
Aspekte: Freude, Enthusiasmus, vollkommener Plan
Zugeordneter Wochentag: die Nacht von Donnerstag auf Freitag

Zwölfter, opalfarbener Strahl
Lenker: Sanat Kumara
Erzengel: Omniel
Aspekte: Wiedergeburt im uralten geistigen Wissen
Zugeordneter Wochentag: die Nacht von Freitag auf Samstag

Betrachten wir die zwölf Lichtstrahlen im Sinne der Präzipitation, ändert sich zunächst die Reihenfolge des Strahleneinsatzes, was uns das Schaubild verdeutlicht. Grundsätzlich ist der violette Strahl der Transformation immer dem rubinroten Strahl des Friedens und der Manifestation vorgelagert. Es ist folgerichtig, dass wir zuerst in die Umwandlung, also das Produkt gehen müssen, bevor wir etwas manifestieren und dann auch entsprechend loslassen können.

Danach werden die einzelnen Lenker den Einsatz ihres Strahls im Sinne der Präzipitation erklären.

Sie finden im Anhang auf S. 308 ein Farbbild der Präzipitationsschritte und der zu aktivierenden zwölf Strahlen.

Auf S. 310 sehen Sie die Darstellung als Treppe der Präzipitation.

Die Aufgabe des blauen Strahls im Sinne der Präzipitation

Der Aufgestiegene Meister El Morya erklärt:

Der erste blaue Strahl bringt uns die klare Zielsetzung. Es ist meine Aufgabe, Menschen mit einem starken Willen, mit Kraft und Mut auszustatten, damit sie in der Lage sind, ihre Ziele im Tempel der Präzipitation deutlich und selbstbewusst vorzutragen. Wir setzen auf die Selbstverantwortung des Individuums. Nur wer gelernt hat, sich deutlich auszudrücken, und für alles, was er verlangt, die Verantwortung zu übernehmen, ist in der Lage, Ziele zu setzen und Projekte zu erschaffen, die für ihn selbst und für das Wohl der Allgemeinheit dienlich sind. Grundsätzlich sollt ihr wissen, dass wir nur Ziele unterstützen, die zum Wohle aller einen Nutzen erfüllen. Außerdem haben wir zu prüfen, ob die Notwendigkeit der Veränderung im Sinne des Plans dieses Menschen vorhanden ist. Es sind also viele Voraussetzungen zu erfüllen, bevor wir einer Zielsetzung zustimmen dürfen. Deshalb ist es äußerst wichtig, dass sich der Lichtarbeiter einer intensiven Prüfung seiner Ziele aussetzt. Dazu gehören die schriftliche Niederlegung und Ausarbeitung der Ziele, wobei immer der vollkommene Zustand zu formulieren und auch immer wieder zu visualisieren ist. Das stellt eine anspruchsvolle Übung dar, die niemals aufhört. Man sollte dabei alle Einzelheiten bedenken und formulieren. Eine spätere Korrektur ist jederzeit möglich.

Wenn der Lichtarbeiter nun in der nächtlichen Schulung meinen Tempel aufsucht, bearbeiten wir zunächst den starken Willen, denn ist dieser nicht gegeben, wird die Zielsetzung durch jedweden Einfluss von außen gefährdet. Ich habe den Schüler zu prüfen und immer wieder mit ihm zu arbeiten. Hier erlebe ich oft, dass trotz großen Fortschritts im Sinne des Erschaffens immer wieder eine erneute Stärkung des Willens erforderlich ist. Das

Selbstvertrauen schwindet mehr als einmal, und Mut und Kraft sind dann nur noch schwach vorhanden.

Grundsätzlich ist der erste Schritt der schwierigste. In der irdischen Materie muss die Notwendigkeit ersichtlich sein, damit es zur bewussten Zielsetzung kommen kann, die wir dann in der nächtlichen Schulung weiter bearbeiten können. Um diese Notwendigkeit zu erlangen, muss der Schüler mehr als einmal einen Zusammenbruch erleben oder ein starkes Manko in seinem Leben erkennen. Die Lebenssituation muss sich verändern, oft sogar verschlechtern. Der Schüler muss sich Gedanken über seinen Lebensplan machen. Geschieht dies alles nicht, wäre eine Zielsetzung schnell zur Manipulation unsererseits entartet. Solange also im irdischen Bewusstsein kein erkennbarer Bedarf besteht, ist keine Zielsetzung zu erwarten. Wir sehen also, dass die geistige Führung eines Menschen immer darauf bedacht sein muss, die anstehenden Projekte im Sinne des Lebensplans durch Impulse und zugelassene Lenkung zu aktivieren. Es ist immer wieder eine hochintelligente Gratwanderung, auf der wir uns alle befinden.

Der mentale Körper eines Menschen muss für sich die Entscheidung treffen, dass ein neues Ziel zu setzen ist. Der Mensch fühlt sich dann oft unter einem Leidensdruck. Dem können wir nur zustimmen, und dieser muss sich zwangsläufig erhöhen. Allerdings muss der Leidensdruck auf den Handlungen und Entscheidungen des betreffenden Menschen basieren. Selbst wenn wir es für gut halten würden, durch Lenkung und Einflussnahme eine positive Zielsetzung zu erreichen, was durchaus dankbar angenommen würde, wann auch immer, wäre der Aspekt der Manipulation gegeben. Der sogenannte freie Wille, der des Menschen wichtigste Illusion war und ist, muss unangetastet bleiben. Zu schnell kommt es sonst zu Schuldzuweisungen.

Sehen wir durch mentale, emotionale und physische Veränderungen im Bewusstsein des Menschen, dass sich die Zielsetzung anbahnt, dürfen wir durch positive Impulse mitarbeiten. Der ideale Fall ist die direkte Ansprache an uns. Die Forderung, etwas Durchgreifendes in die Wege zu leiten, ist für uns der Beginn einer fruchtbaren Zusammenarbeit. Meditation, Gebet und direkte Maßnahmen unterstützen die Zusammenarbeit. Der Mensch erfährt so in sich Stärkung, Motivation, Mut, positive Macht und Selbstvertrauen. Wir bearbeiten dabei das Halschakra, in dem der blaue Strahl seine Wirkungsstätte hat. Es kann hier zu intensiven Veränderungen und Blockaden kommen, je nachdem, wie eine karmische Begleiterscheinung ihren Lauf nimmt. Viele Menschen müssen lernen, sich klar und deutlich auszudrücken, ihre Meinung offen kundzutun, zu diskutieren und mit ihrem Willen nicht mehr hinter dem Berg zu halten.

Ein sehr wichtiger Punkt ist zu beachten, was Raum und Zeit betrifft. Das Geistige kennt diese Faktoren nicht. Alles, was im Plan des Menschen zu finden ist, hat für uns bereits eine Existenz. Es ist lediglich zu erschaffen, zu kreieren und in die Tat umzusetzen. Dieser Weg folgt irdischen Maßstäben und Strukturen. Auf dem Weg ist Karma zu bearbeiten, und es müssen viele Hürden genommen werden. Andere Menschen und Situationen müssen den Weg kreuzen, und auch hier ist der freie Wille wiederum maßgebend. Wie also soll sich hier Raum und Zeit bestimmen lassen? Der Mensch selbst bestimmt das Tempo, in dem er sich auf den Weg macht.

Immer ist der vollkommene Zustand des Projekts zu visualisieren und zu beschreiben. Nur dann lässt sich das Ziel erreichen. Die Ich-Bin-Gegenwart erschafft den perfekten Erfolg.

Der Sonntag ist dem blauen Strahl zugeordnet. Nutzt diesen Tag zur speziellen Schulung des starken Willens. Ich erwarte euch in Liebe.

El Morya

Die Aufgabe des aquamarinfarbenen Strahls im Sinne der Präzipitation

Der Weltenlehrer Maha Chohan erklärt:

Der aquamarinfarbene Strahl der Klarheit und des Unterscheidungsvermögens unterstützt die Tätigkeit des saphirblauen Strahls. Allzu oft sehen wir, dass ein Ziel formuliert, gesetzt und dennoch nicht vollends durchdacht und geprüft ist. Bedenkt, die Stufe der Weisheit verlangt gezielte Schritte eures mentalen Körpers. Fehlende Klarheit kann sich hier intensiv auswirken, indem ihr euch auf den falschen Weg des Wissens oder auf Umwege begebt. Werdet euch klar darüber, was ihr wirklich wollt, was ihr tatsächlich braucht, um den Weg zu gehen. Die Stufe der Klarheit kann euer Ziel auch wieder ganz anders erscheinen lassen.

Eine große Aufgabe besteht für mich darin, euch zu zeigen, wovor ihr tatsächlich Angst habt, weshalb ihr das Ziel vielleicht sogar aus unbewusster Angst falsch formuliert habt. So kann es wichtig sein, ein ernsthaftes Gespräch zu führen, um Klarheit zu erlangen.

Ein kurzes Beispiel: Ein Familienvater möchte sich beruflich verändern. Er hat ursprünglich eine bestimmte Berufsausbildung absolviert, die er aber bislang nicht so, wie er es sich gewünscht hätte, ausüben konnte, da er in einer Region lebt, in der sein Berufsbild nicht gefragt ist. Er hat eine praktikable Lösung gefunden, seine Familie gegründet und war jahrelang relativ zufrieden. Innerlich weiß er, dass er für mehr geschaffen ist, aber seine Lebensumstände lassen es nicht zu. Nun sind seine Kinder langsam erwachsen, gehen ihrer Wege, und seine Frau findet endlich eine Arbeit, die ihr gestattet, sich zu verwirklichen. Seinen Beruf hat er seinerzeit erlernt, weil er in seinem Plan geschrieben stand. Das Unterbewusstsein muss ihn immer wieder damit konfrontieren. Nun beginnt der Verstand damit zu korrespondieren. Der Mann setzt Ziele, will endlich in seinem eigentlichen Beruf erfolgreich sein und sich verändern. Andererseits weiß er genau, dass er für die Erreichung dieses Ziels den Wohnort wechseln muss, vielleicht sogar die Region oder das Land. Er hat Angst vor einer klaren Äußerung seiner Familie gegenüber. Hier muss ich dann Gespräche oder Ereignisse in die Wege leiten, die ihn letztlich dazu veranlassen, zu allem zu stehen. Es muss eventuell ein Konflikt entstehen, um weitere Schritte zu verhindern, die unnötige Zeit, Kraft und auch materiellen Aufwand bedingen. Das ist für mich nicht leicht, denn die Angst vor der Klarheit kann das Ziel ins Wanken bringen.

Wer ein Ziel formuliert, ohne der notwendigen Klarheit genug Raum zu geben, wird sich immer selbst einschränken. Man kann sagen, die Klarheit geht mit der Zielsetzung einher. Wer exakte Ziele setzt, muss die Klarheit und die Notwendigkeit ihres Einsatzes erkennen, ansonsten hat das Ziel keine starke Basis. Wiederum ist zu bedenken, dass ständige neue Ziele oft daher rühren, dass der Mensch keine tief greifende Klarheit schafft. Diese Ziele können zwar umgesetzt werden, doch es sind oft Teilziele, da man den Erfolg in der Regel nur als mäßig bezeichnen kann. Die Klarheit führt selten am Konflikt vorbei, der Konflikt wartet immer auf der Treppe der Umsetzung. Je eher er bereinigt und gelöst ist, umso gefestigter ist das Ziel, denn ein korrektes Ziel fürchtet sich nicht vor dem Konflikt und der kompletten Veränderung. Bedenkt, der Konflikt, der durch das Ziel entsteht, hat in der Regel karmische Ursachen. Klarheit bereinigt die Vernebelung. Vernebelung entsteht aus Angst, Angst ist das Produkt von Strafe.

Auch die äußeren Umstände können die Klarheit verhindern. Dogmen und Parolen formen den Menschen von Kind an. Wer es erfolgreich schafft, Menschen von Veränderungen abzuhalten, muss sie von der Klarheit fernhalten. Ich habe sehr oft damit zu tun. Dieses Fernhalten zeigt sich, indem man Menschen ständig beschäftigt, sie Einflüssen aussetzt und symbolisch bedroht.

Gemeinsam mit El Morya ist es meine Aufgabe, in der Politik zu wirken, um das gezielte Verängstigen und Unterdrücken von Menschen zu transformieren. Macht und scheinbare geistige Überlegenheit gestatten Menschen, die eigentlich sinnvoll führen sollten, alles zu vernebeln. Wir sehen oft, dass Menschen zwar im Wohlstand und dennoch in wahrer Knechtschaft leben, weil man ihnen ständig suggeriert, ihre Existenz stünde auf dem Spiel. So haben sie Angst, sich zu verändern, geschweige denn neue Ziele zu setzen. Hier brauchen wir Klarheit und das sinnvolle Hinterfragen aller Möglichkeiten. Ich muss in diesem Sinne oftmals Diskussionen und Streitgespräche ins Leben rufen, damit die Menschen aufwachen und ihre Ziele neu überdenken.

Die Nacht von Sonntag auf Montag ist meiner intensiven Schulung vorbehalten. Die Klarheit erwartet euch.

In Liebe
Maha Chohan

Die Aufgabe des goldgelben Strahls im Sinne der Präzipitation

Der Aufgestiegene Meister Konfuzius erklärt:

In meinem Tempel der Präzipitation erfährt jedes Wesen die höchste Form der intelligenten Schulung durch den Geist, nicht durch den Verstand. Der Geist ist frei, er befindet sich in der absoluten Wahrnehmung des Plans und in der direkten Verbindung mit der geistigen Ebene und dem Höheren Selbst. Nichts kann euch dort aufhalten, eure Ziele der direkten Schulung der Weisheit auszusetzen. Doch meine Freunde, was bedeutet das?

Die Schulung der Weisheit konfrontiert euch mit der Philosophie des Lebens, mit eurer Intelligenz und auch mit all dem, was euch im Sinne eurer Ziele befremdet. Damit meine ich die Notwendigkeit des Lernens, des Trainings, des Studiums und nicht zuletzt des Erkennens karmischer Grenzen und Notwendigkeiten. In meiner Schulung dort wird euch alles präsentiert, was ihr zu lernen habt, nur für euch, doch auch im Sinne des Kollektivs. Bedenkt, jedes Ziel, das ein Mensch setzt, bringt ihn in Verbindung mit anderen. So ereignet sich Karma ganz von selbst. Was letztendlich von eurem Verstand wahrgenommen wird, ist lediglich das, was auszuführen ist – mental, intelligent und von unbegrenztem Wissen unterstützt.

Die Schulung in meinem Tempel konfrontiert euch mit allen Aufgestiegenen Meistern und atlantischen Priestern. Ihr könnt mich jederzeit dort besuchen, um eure Ziele der Schulung der Weisheit auszusetzen. Je nach dem Stand eurer Präzipitation führe ich euch zu dem Meister und Atlanter, der sich eurer anzunehmen hat. Alle Meister und Weltenlehrer haben dort ihre Schulungsräume, unterstützt durch die Atlanter. Selbstverständlich könnt ihr die Meister jederzeit in ihren eigenen Lichttempeln aufsuchen, das ist keine Frage, doch in meinem Tempel erfolgt die Schulung speziell im Sinne der Präzipitation. Während der vierwöchigen Öffnungszeiten im Sommer und im Winter habt ihr die einmalige Gelegenheit, euch am Schöpfungsprozess der gesamten Erde intelligent und kreativ zu beteiligen. Die geistigen Gesetze gelten hier genauso. Nehmt positiven Einfluss, seid die Schöpfer eurer Welt, dem steht nichts im Wege.

Dennoch, in meinem eigenen Schulungstempel muss ich euch beraten, was im Sinne eurer Intelligenz zu tun ist. So mancher Mensch wünscht sich große Veränderungen, ist jedoch nicht dazu bereit, sich weiterzubilden, geistig zu formen und sein altes Wissen zu aktivieren. Alte Künste gehören ebenfalls dazu. Wer zu lehren hat, muss vielleicht alte Ängste abbauen, neues Selbstbewusstsein entwickeln, wenn es darum geht, vor Massen zu sprechen, zu argumentieren und kreativ zu werden. Ich habe die Aufgabe, euch wichtige Impulse zu geben, wo ihr euch informieren könnt, was es zu lesen gilt, wo ihr gute Ratschläge bekommt, welche Ausbildung die beste sein könnte, aber auch, was ihr aus euch selbst herausholen könnt. Wisst, nicht jedes Wissen könnt ihr euch aneignen. Es mag sein, dass es ein uraltes Wissen ist, das längst verschüttet ist, heute unbekannt und ungenutzt. So werdet ihr einmalig, denn nicht alles ist erlernbar, manches ist nur erfahrbar. Ihr seid dazu erzogen, alles lernen zu müssen, immer einem irdischen Lehrer zu folgen. Lernt, auch eurem inneren Lehrer zu folgen, eurem eigenen uralten Muster. Ihr könnt mehr, als ihr jemals erahnt. In eurem karmischen Speicher ist unendlich viel Wissen abgelegt, denn ihr wisst, Karma ist immer Potenzial. Wenn ich allerdings erkenne, dass ihr Angst vor eurem eigenen Wissen habt, weil man euch dafür vielleicht einmal umgebracht oder gedemütigt hat, dann muss ich euch die karmischen Grenzen zeigen. Dann ist es an der Zeit, diese Grenzen aufzulösen, alles zu bearbeiten und das Wissen wieder fließen zu lassen.

Der goldgelbe Strahl versorgt euer Scheitelchakra mit all seiner Energie. Die höchste Wahrnehmung der geistigen Schulung erfolgt über dieses Chakra. Seid der Meister eures eigenen Fortschritts, denn ihm steht nichts im Wege. Die universelle Weisheit steht jedem Wesen ohne Begrenzung zur Verfügung. Es ist gut, in der Materie zu lernen, sich zu üben, auch über die Kommunikation, denn das Kind muss so ans Lernen herangeführt werden. Dennoch wird euch der Intellekt irgendwann den Impuls senden, dass es ein höheres Wissen gibt, an das ihr nur selbst herankommt. Dieses höhere Wissen ist die Ergänzung eures irdischen Basiswissens. Sei dieses Basiswissen auch durch jahrelanges Studium an Universitäten erlangt worden, es bleibt immer nur die Basis und soll durch die geistige Schulung intensiviert und stabilisiert werden. Diese geistige Schulung jedoch kann niemals durch Menschen erfolgen, da sich alle auf dem gleichen Weg befinden. Sie erfolgt durch uns, in Verbindung mit eurem Geist und mit dem Höheren Selbst. Die Meditation, die innere Einkehr, die Wahrnehmung der Impulse, das ist unser Einweihungs- und Schulungsweg. So kommt es zu einer harmonischen Symbiose von Geist und Materie.

Demzufolge können wir sagen: Meine Aufgabe im Rahmen der Präzipitation ist es einerseits, euch mit der Intelligenz aller Meister in Verbindung zu bringen, und andererseits, euer Ziel im Sinne der Weisheit mit euch zu betrachten. Die direkte Aufnahme des notwendigen irdischen und geistigen Wissens bei der Erreichung eurer Ziele zu trainieren, gehört mit zu meinen Aufgaben. Das Wissen muss fließen, Zugang finden und so eure Intelligenz einzigartig werden lassen. Setzt euch dieser Schulung aus, die Fülle des Geistes darf sich über euch ergießen.

Dennoch müssen wir ganz klar betonen, dass viele irdische Einflüsse diesen Weg des Geistes blockieren. Mehr denn je seid ihr in Gefahr, nichts mehr wahrzunehmen, weil euer irdisches Gehirn, nicht das spirituelle Gehirn, den Einflüssen moderner Kommunikation und extremer gewollter Beeinflussung ausgesetzt ist. Meine Freunde, schafft euch Momente und Zeiten einflussfreier Bewusstseinsschulung. Das ist unser aller Anliegen. Nur so finden wir Zugang zu euch. Alles, was euch mental ablenken kann, führt in die geistige Isolation. Das ist ein uraltes geistiges Gesetz. Nicht umsonst fördern wir die Kontemplation, die immer zu fruchtbaren Ergebnissen geführt hat.

Der Montag ist der Tag der Weisheit, meiner Schulung und Kontaktaufnahme mit euch. Nutzt diesen Tag für eure Intelligenz auf allen Ebenen.

In brüderlicher Liebe
Konfuzius

Die Aufgabe des magentafarbenen Strahls im Sinne der Präzipitation

Der Weltenlehrer Jesus erklärt:

Magenta ist die Farbe des Herzens, der Harmonie und des Gleichgewichts der Emotionen. Ein jeder Schöpfungsprozess, den ihr ins Leben ruft, verbindet euch mit anderen Wesen der Erde und des gesamten Universums, auch wenn ihr euch dessen nicht immer bewusst seid.

Der Mensch kann im Sinne einer Präzipitation sehr euphorisch sein, von allem überzeugt und sehr motiviert. Denkt selbst über Ziele nach, die ihr vielleicht vor langer Zeit gesetzt, auch umgesetzt habt. Wie war das? Wie habt ihr andere in eure Ideen, Schritte, auch Fortschritte mit einbezogen? Waren euch die anderen immer zugetan? Selbst wenn, zeigten sich nicht manchmal Neid und Eifersucht, wenn auch verdeckt und heimlich? Wart ihr dann enttäuscht, verletzt, oder gab es euch erst recht den Ansporn weiterzugehen? Freunde, Emotionen sind Qualitäten des Menschen, denn ohne Emotionen könntet ihr keine Liebe empfinden. Dennoch können sie zerstören, verunsichern und gesetzte Ziele zunichtemachen.

Bei der Präzipitation habe ich darauf zu achten, dass ihr nicht selbst in schädliche Emotionen verfallt und dass ihr erkennt, wann euch fremde Emotionen berühren. Ich darf sie weder verhindern noch beseitigen. Jede Emotion, die euch erreicht, hat einen karmischen Hintergrund, also müsst ihr sie erkennen und transformieren lernen. Gerade beim Schöpfungsprozess ist das nicht leicht, denn die Emotion kann sehr hinderlich sein, sie kann sogar ein Ziel zerstören. Es ist immer die Frage, woher sie stammt und wer sie freigesetzt hat.

Ein kurzes Beispiel: Zwei Brüder haben sich in einem früheren Leben um ein Erbe gestritten. Jeder meinte, Anspruch auf das Erbe zu haben. Es kam zum großen Streit, zum Duell, und sie brachten sich gegenseitig um. Damals gab es zwei Möglichkeiten: Entweder existierte ein Testament, das das Erbe regelte, oder falls keines vorhanden war, hätten sie nur redlich zu teilen brauchen. Im heutigen Leben, nehmen wir an, sind beide gute Freunde. Der eine hat es im Leben zu etwas gebracht, der andere hat sich nie groß angestrengt und lebt von der Hand in den Mund. Der Erstere hat sich ein kleines Vermögen erspart und erzählt dem anderen, er wolle sich ein nettes, kleines Häuschen bauen. Sofort bricht Neid hervor. Rein logisch gibt es dafür keinen Grund, denn jeder hat in diesem Leben getan, was er konnte und auch wollte. Diese Form des Neids hat also uralte Gründe. So setzen sich alte Emotionen frei und machen sich selbstständig. Obwohl der Freund den Hausbau nicht wird verhindern können, ist er in der Lage, durch Emotionen und darauf folgende Neidgedanken Einfluss zu nehmen. Er kann sich überall einmischen und mentale Blockaden erzeugen. Bis der andere herausfindet, wenn überhaupt, was sich ihm immer wieder in den Weg stellt, kann sich vieles ereignen. Merkt er, was gespielt wird, kann er versuchen, über die Herzensebene an den anderen heranzukommen, entweder durch das direkte Vorgehen oder auch emotional. Hier kommt dann der magentafarbene Strahl zum Einsatz. Gleichzeitig kann aber auch der, der die Emotion empfindet, über Magenta ausgleichen.

Der Erstere sollte jedoch daraus lernen, den geistigen Gesetzen zu folgen und über eine Präzipitation nicht zu sprechen. Das ist ein geistiges Gesetz.

Die magentafarbene Strahlenenergie kommt jedoch auch zum Einsatz bei starken Depressionen, Niedergeschlagenheit oder bei der Gefahr, aufgeben zu wollen. Das innere Gleichgewicht kommt durch vieles ins Wanken. Wenn der Mensch aus seiner Mitte gerät, das kann auch durch Trauer, Verlust oder Krankheit geschehen, läuft er Gefahr, die Präzipitation ins Scheitern zu führen.

Große Anstrengungen sehe ich immer dann, wenn bereits weiter fortgeschrittene Präzipitationen scheitern, aufgegeben werden müssen oder wenn ein Mensch auf der Stufe der Wahrheit erkennt, dass er seit Langem das falsche Ziel verfolgt hat. All das kann vorkommen, denn es dient der Heilung und Neuorientierung. Dann kann es aber geschehen, dass ein Mensch komplett aufgibt und so gut verlaufende Präzipitationen gleich mit in den Wind schreibt. Das darf nicht geschehen. Deshalb ist es dann sehr anstrengend, den Menschen im Gleichgewicht zu halten. Wenn ihr in eine solche Lage geratet, gebt nicht alles auf. Lasst immer das los, was euch als nicht sinnvoll und unerreichbar aufgezeigt wird, und dann gebt neue Energie in andere Themen, die erfolgversprechend sind. Ich weiß, das ist nicht einfach, aber stellt euch vor, ein Koch in einem sehr guten Restaurant hat ein Gericht versalzen oder verbrennen lassen. Dann muss er von vorne beginnen, die Gäste müssen ein wenig länger warten, aber er darf andere Gerichte, die fast fertig sind, nicht vernachlässigen. Er muss sich immer wieder selbst zur Ordnung rufen und alle laufenden Projekte auf Hochtouren halten. Das ist ein gelungenes Energiemanagement. Dabei hilft euch der magentafarbene Strahl. Er schenkt euch fehlende Harmonie, inneres Gleichgewicht und die nötige Neutralität.

Auch wenn ihr emotional verletzt seid, wenn ihr wichtige Menschen loslassen müsst, sei es durch Trennung, Tod oder sich verändernde Meinungen und Lebenseinstellungen, bittet mich um Hilfe, ich bin sofort bei euch. Ich bringe euch die Impulse des Herzens, ich stabilisiere in euch die Liebe, auch zu euch selbst und zu euren Zielen. Nichts geschieht umsonst, auch das Loslassen liegt auf dem Weg der Schöpfung. Manchmal ist es besser, jemanden auf einen neuen Weg gehen zu lassen, als ihn zu zwingen, den gemeinsam eingeschlagenen weiterzugehen. Alles dient dem Wachstum, wann immer es eintreten mag.

Jede Präzipitation lebt von der Liebe, der Liebe zu Mensch, Tier und Natur, aber auch der Liebe zum Detail und zu eurem Plan. Wenn ihr die einst empfundene Liebe nicht mehr fühlt, hinterfragt, woran es liegen mag. Es kann viele Gründe geben, auch Gründe, die zum Loslassen auffordern. Lohnt es sich jedoch für euch, diese Liebe neu zu entdecken und anzufachen, dann bittet mich und meinen Strahl um Hilfe. Die letzten Schritte müsst ihr immer selbst tun.

Die Nacht von Montag auf Dienstag bietet die perfekte Gelegenheit, mit dem magentafarbenen Strahl zu arbeiten. Fordert meine Hilfe, ich komme sofort.

In herzlicher Liebe
Jesus, euer Freund

Die Aufgabe des rosafarbenen Strahls im Sinne der Präzipitation

Die Aufgestiegene Meisterin Rowena erklärt:

Die rosa Stufe der Präzipitation umfasst mehrere Aspekte der gezielten Schöpfung. Zunächst ergänzt sie die magentafarbene Stufe im Sinne der Herzensebene. Die Toleranz, das Verständnis, auch die persönliche Freiheit sind auf dieser Stufe ebenfalls gefordert. Es ist meine Aufgabe, euer Herz in dieser liebevollen Schwingung zu halten, damit jede Schöpfung von Menschlichkeit erfüllt ist.

Gleichzeitig findet ihr auf dieser Stufe auch die gezielte und geradlinige Kommunikation, den exakten verbalen Ausdruck, gepaart mit Intelligenz und positiver Überzeugungskraft. Es mag sein, dass eure Argumente, unterstützt durch den rosa Strahl, direkt ins Schwarze treffen und für andere nicht immer so liebevoll und angenehm klingen, dennoch muss es so sein, dass eure Beweggründe für die Kommunikation unmissverständlich das Thema treffen und keine Irrtümer zulassen. Wir bezeichnen den rosa Strahl auch als den Strahl der aktiven Intelligenz. Auf dieser Stufe, können wir sagen, beginnt die konkrete Umsetzung des Ziels, das Klarheit gewonnen, mit Wissen und Weisheit versorgt wurde und ein emotionales Gleichgewicht erlangt hat. Alles ist vorbereitet, um der aktiven Intelligenz ausgesetzt zu werden. Hier wird offen kommuniziert, Dinge werden ins rechte Licht gerückt, Bedürfnisse erlangen eine gezielte Form, es kann durchaus zu Diskussionen kommen, und die Intelligenz schlägt den korrekten Weg der Umsetzung ein.

Auch die Menschenführung ist auf meinem Strahl zu Hause. Hier geht es durchaus darum, zu führen, die Bedürfnisse aller wahrzunehmen und zu wahren, das Herz einzusetzen, Herzlichkeit zu leben, aber dennoch die klare und anspruchsvolle Wertigkeit des Ziels zum Wohle aller zu berücksichtigen. Ich habe darauf zu achten, dass niemand übervorteilt wird, dass die emotionale Gerechtigkeit gewahrt wird und dass trotz aller gewünschten Erfolge eine Toleranz gelebt wird, die auch loslässt, wenn sich andere Meinungen bilden. Führung bedeutet nicht Unterdrückung oder rechthaberische Haltungen. Führung heißt auch, und das ist mit die schwerste Übung, zu erkennen, wo man auch einmal ein Opfer bringen muss. Nicht immer ist die eigene Sicht der Dinge für alle Beteiligten nachvollziehbar.

Dies zeigt sich auch auf dem Gebiet der Wirtschaftlichkeit, denn diese ist ebenfalls ein Thema des rosa Strahls. Ein jedes Konzept, das wirtschaftliche Aspekte beinhaltet, zum Beispiel die Gründung eines Unternehmens, muss auf seine Wirtschaftlichkeit hin geprüft werden. Die Finanzen spielen eine große Rolle, Gründungsaspekte, Verantwortlichkeiten und wiederum die Führungsqualitäten. Ich bin jederzeit bereit, euch zu wichtigen

Gesprächen zu begleiten. Dabei versorge ich euer Herz, das der anderen, aber auch eure Ausdrucksfähigkeit mit der Energie des rosa Strahls. Wir müssen klar und strukturiert argumentieren, das bleibt nicht aus, aber dennoch können ablehnende Verhaltensweisen oder Vorurteile grundlegend durch die Energie des rosa Strahls gemildert und positiv beeinflusst werden.

Der richtige Umgang mit Finanzen, Ressourcen und Menschen, die zu führen sind, obliegt dem rosa Strahl. Hier lernt ihr, in die Materie, die wichtig ist, zu vertrauen, mit ihr sorgfältig, besonnen und erfolgreich umzugehen. Ich sende euch auch die Impulse des Loslassens. Wer viel Erfolg hat, sollte auch loslassen, das heißt, denen Gutes tun, die vom Glück weniger beschenkt wurden. Spenden, Güte und Charité liegen mir genauso am Herzen wie der wirtschaftliche Erfolg, der sein muss, damit für alle gut gesorgt werden kann. Wer das Gefühl empfinden kann, für andere etwas getan zu haben, wird im Herzen frei sein. Dann können sich neue Ideen und Aspekte bilden, die alles vermehren und wiederum zur Verfügung stellen. Wer nicht loslässt, sondern krampfhaft festhält, wird auf dieser Stufe der Präzipitation nicht weiterkommen. Stagnation stellt sich ein, denn es ist unsere Pflicht, zum Wohle aller da zu sein. Die Fülle, aber auch das Vertrauen in den Erfolg ist für alle da. Neid und Missgunst, Habgier und Geiz können auf dieser Stufe nicht überleben. Loslassen, Freiheit und Güte öffnen das Herz und den Weg in den Erfolg.

Der Dienstag steht euch zur Verfügung, um die Aktivität des rosa Strahls zu nutzen. Ich bin jederzeit bereit, wichtige Schritte mit euch zu unternehmen, euch zu begleiten und zu fördern.

In Liebe
Rowena

Die Aufgabe des weißen Strahls im Sinne der Präzipitation

Der Aufgestiegene Meister Serapis Bey erklärt:

Klare Konzepte, Geradlinigkeit, Klarheit der Strukturen, der Persönlichkeit und Verantwortungsgefühl bestimmen die Wirkung des kristallweißen Strahls. Ebenso ist hier die Reinheit eurer Gedanken, Gefühle und Handlungen zu prüfen. Ich will damit sagen, dass es mehr als einmal auf dieser Stufe geschehen kann, dass euer Ego von mir auf den Prüfstand gestellt wird. Hier geht es darum, euch selbst zu klären, eure Gesinnung, aber auch euer Konzept.

Wenn ihr die weiße Stufe auf eurem Weg der Präzipitation erreicht habt, liegt schon eine ordentliche Wegstrecke hinter euch. Gleichzeitig kann es aber auch sein, dass ihr wieder auf meine Stufe zurückkehren müsst, weil ihr gemerkt habt, dass euer Konzept ins Wanken gerät.

Eine Präzipitation, die wirklich Erfolg haben soll, kann sehr lange dauern. Ihr werdet unterwegs Prüfungen ausgesetzt, die durchaus karmischer Natur sein können. Ich habe zu prüfen, ob ihr leichtgläubig, schnell zu verführen oder mit kleinen Ergebnissen einverstanden seid. Ich muss euch immer wieder zur Ordnung rufen, wenn ich sehe, ihr verliert euer ursprüngliches Ziel aus den Augen, weil euch alles zu anstrengend wird. Solange ihr das Ziel nicht grundlegend verändert, bin ich gezwungen, euch immer wieder an das vorhandene Konzept zu führen. Es ist euer Recht, das Ziel jederzeit zu verändern, doch solange das nicht erfolgt, ist keine Kurskorrektur möglich.

Disziplin ist mein großes Anliegen. Die weiße Stufe der Schöpfung wahrt die Disziplin. Wer die Disziplin verliert, verliert sich selbst in der Verwirrung der Gedanken und daraus resultierenden konfusen Handlungen. Ich weiß, wie schwer es sein kann, Disziplin zu wahren, wenn sich tausend Hindernisse in den Weg stellen.

Wie schnell möchte man aufgeben, Auswege suchen, sich selbst belügen und so im Labyrinth der Verführungen verirren. Hindernisse sind karmischer Natur. Ihr seid aufgefordert, ihnen gezielt und offen zu begegnen, sie zu erkennen und zu erforschen, um die sinnvolle Lösung zu finden.

Konflikte und Krisen stellen sich immer ein, wenn man gezielte Wege geht. Alte Widersacher, die auf den Plan treten, beeinflussen die Konzepte, sie machen verführerische und hinderliche Vorschläge, sie lehnen ihre Unterstützung ab, oder sie versuchen, euch das Heft aus der Hand zu nehmen. Starke Konzepte, die andere herausfordern, können zu Trennungen und wirklichen Kleinkriegen führen. Dann gilt es auszuhalten, zu kämpfen, gut vorbereitet zu sein, nicht zu flüchten. Es ist wichtig, das zu retten, was zu retten ist, um die Krisen für alle sinnvoll zu bewältigen. Zerstörerische Energien haben in vielen Leben zum Scheitern von Präzipitationen geführt. Das Scheitern war oft vorprogrammiert. So haltet durch, gebt nicht auf, schafft Klarheit, geht Konflikten niemals aus dem Weg, denn ihr werdet sie in anderer Form wieder antreffen. Karmische Muster verlieren weder Wert noch Gültigkeit, sie erschaffen immer wieder die Gelegenheit aufzutauchen. Ich muss sie euch immer wieder zeigen, wenn die Notwendigkeit besteht. Nur so kann es euch gelingen, Klarheit zu erlangen, auch über uralte eingefahrene Muster, die euch immer wieder daran hinderten, Erfolg zu haben.

Die Diplomatie ist ein wichtiges Instrument des weißen Strahls. Gerade hier bin ich jederzeit bereit, euch intensiv zu helfen. Ich weiß, es ist nicht immer leicht, ein Diplomat zu sein, wenn uralte karmische Muster Einzug halten. Gerade, wenn man spürt, man hat schon oft unter diesen Dingen gelitten, ist es nicht leicht, den goldenen Mittelweg zu finden, doch gerade das bedeutet eine unglaubliche Bemeisterung eures Egos. Wer dies geschafft hat, wird viele Hürden erfolgreich überwinden.

Es ist immer leichter, für andere ein Diplomat zu sein, wenn man nicht selbst betroffen ist, doch seid sicher, es erfüllt euch mit großer Zufriedenheit, wenn ihr es geschafft habt, Maß zu halten, eine für alle gute Lösung gefunden zu haben, auch wenn es schwer war. Ihr spürt dann, dass ihr es ein für allemal geschafft habt. Diplomatie zeugt auch von persönlicher Größe, von geistigem Wachstum und der Fähigkeit, über den Dingen zu stehen. Das Ego ist keine dunkle Wesenheit, es sucht immer den Weg der Klärung und Transformation.

Lasst euch euer Konzept niemals von anderen zunichtemachen. Geht in die Konflikte, löst uralte Muster auf, sucht immer den Weg des Herzens und der Diplomatie, auch wenn es Zeit und Kraft kostet.

Harmonie, Schönheit und Ästhetik sind ebenfalls wichtige Aspekte des weißen Strahls. Sie beleben jede Schöpfung aus sich selbst heraus. Achtet immer darauf, dass diese Themen nicht durch Geschäftigkeit oder Krisen verdrängt werden. Es soll euch bei allem gut gehen, das Leben soll euch Freude bereiten. Die Ästhetik spielt dabei eine große Rolle, auch die Reinigung und Klärung des Körpers von innen und außen. Manchmal gilt es auch, sich schöne und geruhsame Stunden zu gönnen, damit ihr wieder klare Gedanken fassen könnt. Jedes Ziel ist wichtig, aber auch ihr seid wichtig. Gönnt euch die Harmonie, einen schönen und erholsamen Tag, ob für euch alleine oder im Kreise eurer Lieben.

Musik, Tanz, Sport und frohe Stunden sind wichtig, um Kraft zu schöpfen für neue Ideen und für das Konzept. Gönnt euch die Auszeit, den Besuch des Theaters, des Konzerts, schafft euch den Freiraum, um eurer selbst auferlegten Disziplin neu folgen zu können. Nichts ist wichtiger als ihr selbst, eure Leistungsfähigkeit und die Klarheit all eurer Körper. Ein klares und reines Vehikel ist immer auf dem Weg zum Erfolg.

Der Mittwoch ist der Tag des weißen Strahls. Ich bin da, um euch zu unterstützen.

In brüderlicher Liebe
Serapis Bey

Die Aufgabe des grünen Strahls im Sinne der Präzipitation

Der Aufgestiegene Meister Hilarion erklärt:

Konzentration, Wahrheit und Heilung sind die Aspekte des grünen Strahls. Was bedeuten diese Themen im Sinne der Präzipitation?

Ihr habt euch ein Ziel gesetzt, Klarheit gewonnen, Wissen und Weisheit einbezogen, ihr seid den Weg des Herzens und der aktiven Intelligenz gegangen, und euer Konzept stand und steht immer wieder auf dem Prüfstand. Dann erreicht ihr meine Stufe. Ich habe euch immer wieder in die Konzentration zu führen, damit ihr lernt, von eurem Ziel nicht abzulassen. Konzentration zu halten, ist eine schwierige Prüfung. Vergleicht es mit dem Autofahren: Sobald ihr aufhört, euch zu konzentrieren, sobald ihr müde und gelangweilt seid, lauft ihr Gefahr, einen folgenschweren Fehler zu begehen. Vieles kann dann auf dem Spiel stehen. Genauso verhält es sich mit der Präzipitation. Lässt die Konzentration nach, macht ihr Fehler, oder ihr vergesst sogar euer Ziel, ihr verliert es vielleicht aus den Augen. Andere, die aufmerksamer und auf der Suche nach guten Gelegenheiten sind, können euch das Projekt sogar abspenstig machen, denn ihr seid nachlässig oder unvorsichtig geworden. Hier ist es meine Aufgabe, die Konzentration wieder herzustellen. Manchmal muss ich euch diesbezüglich wichtige Lektionen zuteil werden lassen.

Ein kurzes Beispiel: Jemand hat ein bestimmtes Grundstück im Auge, um ein Geschäftsgebäude zu bauen. Dazu müssen viele Aspekte berücksichtigt werden. Er hat das perfekte Gelände gefunden. Es war in einem Gewerbegebiet ausgeschrieben. Auch andere Interessenten sind auf den Plan getreten. Nun gibt es Probleme mit der Finanzierung. Sind diese gelöst, treten Komplikationen mit der Erschließung des Grundstücks auf. Es wird immer schwieriger. Jedoch unser Interessent bleibt am Ball, genau wie die anderen auch. Ständige Nachfragen, Erkundigungen und Gespräche sind erforderlich. Dann treten plötzlich persönliche Probleme auf. Eine Trennung bahnt sich an. Jetzt kann es passieren, dass die Konzentration schwindet, weil das Herz und die Emotionen ins Spiel kommen. Unser Interessent konzentriert sich auf sein persönliches Thema. Allerdings schlafen die Konkurrenten nicht, und urplötzlich wird er überboten. Ein anderer ist in der Lage, sofort ins Geschäft zu kommen, und außerdem hat er persönliche Beziehungen zu den Entscheidungsträgern.

Das sind Momente, in denen Menschen Gefahr laufen, durch fehlende Konzentration den Anschluss zu verlieren. Ich muss dann Ereignisse auf den Plan rufen, die jemanden durchaus erschrecken können, damit er wieder klare Gedanken fassen kann. Das ist die konzentrierte Bewältigung des Lebens. Krisen und gute Gelegenheiten leben nebeneinander.

Auch die Wahrheit spielt eine sehr große Rolle. Es ist immer wichtig, auf die Konzentration die Wahrheit folgen zu lassen, um die Heilung einer Situation zu erlangen. Wer wahrhaftig bleibt, auch Fehler zugibt und geradlinig vorgeht, hat immer Aussicht auf Erfolg.

Die Wahrheit im Sinne der Präzipitation kann jedoch auch bedeuten, zu erkennen, dass das Ziel verändert oder ganz neu gestaltet werden muss. Das kann viele Gründe haben, karmische, aber auch rein organisatorische. Oft ist die grüne Stufe auch sehr ernüchternd. Es kann sein, dass ihr auf dieser Stufe erkennt, dass das ursprüngliche Ziel gar nicht mehr interessant oder generell nicht mehr erreichbar ist. Ihr habt euch dann nicht grundsätzlich geirrt. Der Weg musste bis dorthin beschritten werden, um zu dieser Erkenntnis zu gelangen, denn so zeigt sich dann erst der korrekte Weg in die Umsetzung. Das hat oftmals karmische Gründe: Menschen mussten getroffen, wichtige Konflikte bearbeitet werden, und neue Entscheidungen waren notwendig, um das richtige Ziel überhaupt zu erkennen. Es kann sein, dass ihr in vielen Leben den falschen Weg eingeschlagen und den richtigen nie erkannt habt. Das führt dann zur Notwendigkeit vieler Begegnungen und vieler Lern- und Loslassprozesse.

Die Heilung im Sinne der Präzipitation stellt sich dann immer als die Sicht des richtigen weiteren Weges dar. Sie wird klar und logisch. Eine große Hürde ist genommen, man ist in der eigenen Wahrheit, kann sich selbst bestätigen und man weiß, dass man auf dem richtigen Weg ist. So erging es auch mir, als ich von Saulus zu Paulus wurde. Ich wusste, es ist jetzt der rechte Weg im Sinne meiner Wahrheit.

So verzagt nie, wenn ihr erkennt, ihr seid bereits einen langen Weg sehr konstruktiv gegangen und jetzt ist eine Neuorientierung angesagt, andere wirtschaftliche Aspekte zeigen sich, oder das ursprüngliche Ziel interessiert euch nicht mehr. Es ist dann nichts verloren, im Gegenteil, ihr erlangt die gesunde Sicht der Dinge, ihr lebt die Wahrheit, die zur Heilung führt.

Der Donnerstag ist der Tag des grünen Strahls. Fordert meine Hilfe, auch zum Beispiel im Sinne der Rechtsprechung. Wenn es darum geht, rechtliche Auskünfte einzuholen, euch zu orientieren und zu informieren, legt diese Themen immer auf den Donnerstag.

Meine Hilfe ist euch dann gewiss.

In Liebe
Hilarion

Die Aufgabe des opalfarbenen Strahls im Sinne der Präzipitation

Sanat Kumara, der Herr der Venus, erklärt:

Seit atlantischer Zeit ist es euer Recht, auf all euer uraltes, gewachsenes Wissen zurückzugreifen. Die damalige Blüte der Menschheit spiegelte das Wissen und die Reife der Venus, des Schwesterplaneten der Erde. Es ist die höchste Qualität des Seins, die euch grundsätzlich zur Verfügung steht. Euer freiwilliger Verzicht auf all diese Qualitäten ist nicht begründbar. Es geht einzig und alleine darum, das Wissen, die Aspekte euer perfekten und vollkommenen Form zu aktivieren.

Selbstverständlich ist das alles an bestimmte Voraussetzungen gebunden. Wir können niemanden erreichen, der sein Leben nach dem Standard eines Egos ausgerichtet hat, das die grundlegenden geistigen Gesetze nicht verstanden hat, geschweige bereit ist, sie zu leben. Der Wunsch, das starke Bedürfnis müssen vorhanden sein, zu sich selbst im Sinne der alten Qualitäten zurückzukehren. Der Mensch muss dazu bereit sein, außergewöhnlich zu sein und zu leben. Er muss das Tier auf dem höchsten Niveau achten, seine Lebensform im Innen und im Außen soll dem venusischen Prinzip so gut wie möglich folgen. In euren Beziehungen ist es wichtig, die grundlegenden Themen der Toleranz, der Liebe zu allem und jedem, der absoluten Treue und tiefgehenden Menschlichkeit zu respektieren und erfolgreich zu leben.

Wir wissen, dass all das durch karmische Strukturen geschwächt und beeinflusst wird. Niemand von euch kann perfekt sein, solange er uralte Muster in sich trägt, die diesen geistigen Gesetzen im Wege stehen. Darum geht es auch nicht. Für uns ist wichtig, zu sehen, dass ihr euch bemüht, dieses Lebensprinzip zu verstehen und die alten Lebensmuster neu in euer heutiges Leben zu integrieren. Die Bemühung ist Teil des Weges, all das wiederzuerlangen.

Jedes Wesen muss sich daran gewöhnen, zu erfahren, wie es einmal in der vollkommenen Form der irdischen Existenz war, jedoch in der Schwingung des höchsten Lichts und seiner Strahlung.

Der opalfarbene Strahl ist bereit, euch bei dieser Form der Wiedergeburt in eurer alten atlantischen Form zu helfen. Auf dem Weg der Präzipitation bedeutet dies, euch den Weg zu erleichtern, dass ihr gewachsene Hindernisse sehr gut und schnell aus dem Weg räumen könnt, da ihr in vielen Dingen natürlicherweise überlegen seid. Ihr habt eine andere Form der Darstellung, der Argumentation, und nicht zuletzt könnt ihr besser loslassen. Ihr erkennt, wo andere Menschen noch in alten Strukturen gefangen sind, die sie zu diesem Zeitpunkt nicht loslassen können und wollen. So habt ihr die Möglichkeit, zurückzutreten, wohl wissend, dass sich alles zum rechten Zeitpunkt regeln wird. Ihr erkennt, dass alles im Sinne eures Planes gesehen und rechtzeitig aktiviert wird, um den korrekten Weg zu beleuchten. Was ich damit sagen will, ist, dass ihr eine neue innere Ruhe erlangt, eine eigene Überzeugung, die euch immer wieder gewiss werden lässt, es ist nichts verloren, alles erfolgt zum rechten Zeitpunkt, vorausgesetzt, ihr beteiligt euch positiv am Gesamtwachstum.

Ihr seid dann auch in der Lage, eure persönlichen Beziehungen, die natürlich auch von karmischen Mustern heimgesucht werden, anders zu beleuchten. Es fällt euch leichter, aufmerksam durch die Höhen und Tiefen zu gehen, nachsichtig zu sein, aber auch fordernd, wohl wissend, alles erlebt immer wieder einen Geburtsschmerz. Die Toleranz begleitet euch genauso wie die Forderung nach Achtung, Respekt und Treue. Alle werden immer wieder auf sich selbst zurückgeworfen, aber die Bereitschaft, gemeinsam den Weg zu gehen, wie steinig er auch immer sein mag, wächst von Tag zu Tag. Das gibt euch Kraft, Überzeugung und einen wohlverdienten Stolz, der euch edel und weise erscheinen lässt. Es bleibt nicht aus, dass man euch das neidet, dennoch wird man auf Dauer versuchen, euer Niveau zu erreichen. Das ist dann der Auftakt in eine kollektive Transformation, die sich überall und immer wieder ereignen soll und darf, um ein neues Zeitalter auf der Erde zu erreichen.

Im Sinne eurer Präzipitation ist die Qualität des Strahls von immenser Wichtigkeit. Die Veredelung all eurer Ziele und eures Weges findet hier statt. So kann die letztendliche Transformation viel erfolgversprechender eingeleitet werden.

Die Nacht von Freitag auf Samstag ist diesem Strahl vorbehalten. Ich erwarte euch zur Schulung auf der Venus.

Euer Freund
Sanat Kumara – der Alte der Tage

Die Aufgabe des violetten Strahls im Sinne der Präzipitation

Der Aufgestiegene Meister St. Germain erklärt:

Der violette Strahl der Transformation verfolgt im Sinne der Präzipitation verschiedene Ziele. Was gilt es im Sinne der Präzipitation zu transformieren?

Um ein Ziel zu erreichen, das wirklich Erfolg einbringen soll, muss im Grunde genommen alles transformiert werden. Zu intensiv sind alte eingefahrene Muster, auch karmischer Natur, vorhanden. Aktuelle Verhaltensmuster müssen erkannt und verändert werden, und letztlich muss sich das Ziel in ein Produkt verwandeln.

Diese Stufe auf dem Weg zum Erfolg wird von euch sehr oft betreten und auch wieder verlassen, ob bewusst oder unbewusst. Je bewusster ihr diese Stufe annehmt und produktiv nutzt, umso effektiver wird euer Erfolg sein. Ich biete euch hier meine permanente Unterstützung und Mitarbeit an. Immer wieder seid ihr mir willkommen, bis ihr das Gefühl habt, meine Schulungsstätte endgültig verlassen zu können. Das ist kein Makel, es ist gezielte Wahrnehmung des Verbesserungsbedarfs bis hin zum Entschluss der endgültigen Transformation, die dann die Manifestation nach sich zieht.

Wenn ihr beginnt, ein Ziel zu setzen, könnt ihr in der Regel nicht abschätzen, welche Blockaden sich euch in den Weg stellen werden. Das ist gut so, denn so mancher würde das Ziel verwerfen, wüsste er, was unterwegs auf ihn zukommt. Ihr wisst, der Weg ist das Ziel, doch auf diesem Weg gilt es vieles zu bearbeiten. Nehmen wir an, ihr befindet euch auf der magenta oder rosa Stufe. Dort erwarten euch sehr oft die menschlichen Blockaden, euer Herz befindet sich mehr als einmal auf dem Prüfstand. Nicht jeder gönnt euch den Erfolg. Neid, Eifersucht und Schadenfreude begegnen euch. Man versucht euch aus dem Gleichgewicht zu bringen, indem man euch einredet, einem Hirngespinst hinterherzulaufen. All das kann euch zutiefst aus eurer Mitte bringen, an euch selbst und der ganzen Welt zweifeln lassen. Freunde, dann seid ihr mit intensiven Karmamustern beschäftigt. Es bringt euch dann nichts, darüber hinwegzusehen, euch zusammenzureißen oder andere Menschen aus eurem Leben zu streichen. Sie sind wichtige Bestandteile eurer Präzipitation, und sei es noch so schwierig. In diesen Momenten ist es wichtig, die Ruhe zu bewahren und die violette Stufe aufzusuchen. Wir werden uns dann nur mit der Karmabearbeitung beschäftigen. Das ist eine Form der Transformation, es geht nicht um die Transformation in das Ergebnis eurer Präzipitation. Ist dann alles erledigt, könnt ihr wieder auf die korrekte Stufe der Präzipitation zurückkehren, um das Ziel weiterzuverfolgen.

Aber auch aktuelle Verhaltensmuster, die sich bei euch eingebürgert haben, aus welchen Gründen auch immer, wollen wir hier transformieren. Vielleicht lasst ihr euch zu sehr unter Druck setzen, ihr braucht eine klare Sicht der kollektiven Lage, um euch zu lösen, oder ihr könnt das Detail nicht mehr erkennen, da euch Routine, Sitten und Gebräuche gefangen nehmen. Dann kommt zu mir, um einen neuen Rhythmus zu finden. Das muss nicht immer karmisch bedingt sein. Dinge und Situationen verselbständigen sich im kollektiven Dasein, da muss sich so manches Mal eine neue Betrachtungsweise entwickeln.

Ihr werdet sehen, dass es immer interessanter wird, meine Hilfe in Anspruch zu nehmen. Wir sind so in der Lage, eure Hindernisse bis in alle Einzelheiten zu beleuchten, und sei es nur mangelnde Disziplin, die euch von Serapis Bey gespiegelt wird. Wollt ihr deren Ursache erkennen, dann kommt zu mir in die Schulung. Gerade mangelnde Disziplin kann uralte karmische Muster haben, sie kann aber auch aktuell durch Überlastung, Müdigkeit oder Antriebslosigkeit entstehen. Ich zeige euch den Weg der Transformation.

Seid ihr jedoch im Sinne der Zielerreichung, das heißt der Umwandlung ins Produkt, auf meiner Stufe angekommen, dann wird erwartet, dass ihr bereit seid, in eine transformierte Phase einzutreten, das heißt, für den neuen Weg die gesamte Verantwortung zu übernehmen. Wenn wir dann zur Transformation schreiten, seid ihr in der Lage, das Ergebnis eurer Arbeit zu manifestieren.

Trotz allem werdet ihr immer noch die Möglichkeit der Umkehr erhalten, der erneuten Bearbeitung, denn erst auf der rubinroten Stufe der Präzipitation wird das Ergebnis manifestiert, das heißt, es tritt dann erst offiziell in Erscheinung. Dennoch, die violette Stufe der Transformation setzt euch sozusagen der letzten Prüfung aus, ob alles so vollkommen ist, wie ihr es euch als Ziel gesetzt habt. Es ist gut, etwas abzuschließen, sich das Ergebnis in Ruhe anzusehen, damit ihr immer noch die Möglichkeit habt, positive Veränderungen vorzunehmen. Denkt immer daran, ihr alleine seid die Nutzer eures Ergebnisses. Wenn ihr mit einem Kompromiss leben wollt und könnt, dann soll es eure Entscheidung sein. Da ihr jedoch das Ziel im vollkommenen Zustand präzipitiert habt, dürft ihr nach der Transformation immer noch erkennen, ob dieser vollkommene Zustand eingetreten ist oder ob ihr euch dazu entschieden habt, mit einem Kompromiss, einem schwächeren Ergebnis oder der Einsicht des Fuchses zu leben, der sich selbst einredet, dass die Trauben mit Sicherheit zu sauer sind. Eure Präzipitation verdient das vollkommene Ergebnis, es sei denn, ihr habt unterwegs erkannt, dass es besser ist, das Ziel loszulassen, weil karmische Bearbeitungen oder neue Wege euch gezeigt haben, dass es sinnvoller ist, ein neues Ziel zu setzen.

Ihr seht, auf der violetten Stufe des Erschaffens kann, soll und muss sehr viel geschehen. Dort ist der Dreh- und Angelpunkt des Geschehens. Deshalb freue ich mich auf jeden Anwärter, der mich so oft wie möglich besucht. Meine Schulung ist unabdingbar, da ihr alle karmische Muster in euch tragt, die durch aktuell entstehende Muster oftmals noch verstärkt und genährt werden. In meiner Schulung lernt ihr zu erkennen, wo ihr in euch gehen und den Mustern ins Auge blicken müsst. Das schnelle Ergebnis ist selten das präzise und lohnenswerte Fundament für die Zukunft. Wir können zwar sagen, die Zeit drängt immer, doch Zeit und Raum sind Illusionen. Nichts geht euch verloren, wenn ihr euch auch die Zeit der Einkehr und der zielgerichteten Transformation nehmt.

Der Samstag ist dem violetten Strahl gewidmet. Ihr seid mir immer willkommen.

Euer Freund St. Germain

Die Aufgabe des goldenen Strahls im Sinne der Präzipitation

Der Weltenlehrer Kuthumi erklärt:

Eine erfolgreiche Transformation im Sinne der Präzipitation führt euch immer auf die Stufe des Angekommenseins. Es ist eine Erleichterung des Herzens, das Glück des Erfolgs. Eine innere Ruhe und Gelassenheit soll sich eurer bemächtigen. Auf dieser Stufe solltet ihr euch wirklich testen und ehrlich zu euch selbst sein. Ich habe diese Prüfung bei euch einzuleiten, denn nichts kann für den Menschen nach langem Bemühen anstrengender sein als ein Kompromiss. Wer wirklich das Gefühl erlangen möchte, echten Erfolg gehabt zu haben, ein Projekt bis ins letzte Detail ertragreich gemeistert zu haben, muss in dieser Leichtigkeit des Erfolgs angekommen sein. Wir wissen, dass diese Stufe von allen anvisiert wird, doch nur wenige erreichen sie wirklich nach intensivem Bemühen. Hier beginnen die Prüfungen des Erfolgs, nicht die des Weges. Es ist meine Aufgabe, euch immer wieder zu fragen, ob es nicht doch noch einiger Bemühungen bedarf, um den Erfolg noch besser zu gestalten. Ihr sollt in euch ruhen und sagen können: In diesem Augenblick kann das Ergebnis nicht besser sein, das Maximum ist für mich oder uns erreicht. Um dies sagen zu können, müsst ihr realistisch und ehrlich zu euch selbst sein. Beschönigungen und Mäßigung eurer Ansprüche sind hier nicht angebracht, denn das endet oft im Selbstbetrug, und niemand außer euch selbst kann dafür die Verantwortung tragen. Es fällt mir oft schwer, in euch Bedenken anzufachen, euch in Gespräche oder Gedanken zu verwickeln, die Alarmsignale freisetzen. Ich weiß, dass euch in diesen Momenten Trauer, Müdigkeit oder auch Selbstvorwürfe überfallen. Andere sprechen von ständiger Unzufriedenheit, doch seid versichert, es ist nur zu eurem Besten. In diesen Momenten ist noch keine Fehlentscheidung aufgetreten, alles ist noch möglich.

Ihr könnt die Aktenlage jederzeit neu überprüfen und auf der Treppe der Präzipitation zurückgehen. Das ist kein Fehler, im Gegenteil, es zeugt von Selbstkritik und auch von Selbstvertrauen. Vielleicht sind es nur kurze Wege, neue Betrachtungsweisen oder wichtige Gespräche, die den Stein neu ins Rollen bringen und so ein besseres Ergebnis zutage fördern.

Seid ihr jedoch der absoluten Überzeugung, dass alles getan ist, dann ist die goldene Stufe des Reichtums im Innen und Außen korrekt erreicht. Ihr wisst, das Ergebnis ist berechtigt, ihr habt alles getan, um euch dem Abschluss eurer Präzipitation zu nähern. Ruhe und Gelassenheit lassen euch das Ergebnis aus der Vogelperspektive betrachten. Nichts kann euch mehr erschüttern, alles ist im Fluss, und ihr seid wirklich zufrieden. Eine große Geborgenheit ist spürbar, und eure Lebensqualität lässt nichts zu wünschen übrig. Niemand muss sich für die Fülle schämen, sie steht jedem zur Verfügung, so wie er sie in seinem Plane mitgenommen hat, und die Fülle kann viele Formen annehmen. Sie kann einerseits durch finanziellen Reichtum untermauert sein, andererseits durch geistigen Reichtum und den wahren Sinn des Lebens zum Ausdruck kommen. Immer stehen die solide Existenz, eine gesunde Autorität und positive Macht im Vordergrund. Die Aspekte der goldenen Stufe treten auch durch euer Auftreten und euer Äußeres in Erscheinung. Der Mensch wirkt auch nach außen zufrieden, indem er eine positive Ausstrahlung verbreitet. Andere werden durch ihn mitgerissen und motiviert. Gerade dann, wenn Menschen zu führen sind, die am Erfolg beteiligt werden sollen, ist diese innere und äußere Zufriedenheit von großer Wichtigkeit. Der Erfolg erzeugt sich dann von selbst, denn er trägt bewusst und unbewusst neue Früchte. Wer sich positiv angezogen fühlt, ist immer bereit, sich zu engagieren und gewinnbringend mitzuarbeiten.

Doch auch in eurem persönlichen Bereich sind diese Erfolge sehr wichtig. Wenn ihr in eurer Lebensgemeinschaft ein Projekt erfolgreich und absolut perfekt gemeistert habt, sodass alle zufrieden sind, steht neuen Aufgaben nichts im Wege. Doch es ist wichtig, dass ihr das Ergebnis prüft, damit ihr sagen könnt: Alle sind zufrieden, und niemand hat zugunsten eines anderen auf etwas verzichten oder zurücktreten müssen. Ist dies nicht der Fall, dann macht euch die Mühe, die Dinge nochmals anzugehen und neu zu bearbeiten. Es mag sein, dass sich alles länger hinzieht und neue Themen in Angriff genommen werden müssen, aber nach getaner Arbeit sind alle in der Fülle, niemand fühlt sich vernachlässigt oder in seinem Erfolg beschnitten. Ich sehe so oft, dass Verzicht geübt, Rücksicht genommen und Nachsicht in der Tat erzeugt wird. Es mag sein, dass all das zunächst aus Liebe und Vernunft geschieht, doch es kommt die Zeit, in der daraus Enttäuschung, Wut und Resignation erwachsen. In diesen Momenten wird jede Präzipitation zunichtegemacht, neue Wege müssen beschritten werden, und nicht selten wird aus einem gemeinsamen Projekt ein einsames, das nur noch einen Teil der Freude bewirken kann, wenn überhaupt.

Ihr seht, Erfolg und ein guter Abschluss müssen nicht zwangsweise die Perfektion erzeugen. Eine wahre Präzipitation im geistigen Sinne bringt als Ergebnis die Perfektion mit sich. Das ist kein hoher Anspruch, es ist die Realität. Da ihr all das aus Atlantis kennt, wohnt in jeder Seele dieser Anspruch, als Recht eurer Intelligenz und eurer Liebe zum Detail.

Betrachtet immer wieder die Natur, auch sie bewahrt sich diesen Anspruch. Wenn sie im Frühling erwacht, wenn sich das Leben der Natur neu erschafft, werdet ihr keinen gesunden Baum erblicken, der nicht ruht, bis sein gesamtes Blattwerk in vollkommener Pracht neu erzeugt ist. Keine Blume wächst aus dem Boden, ohne ihre Blüte vollkommen zu öffnen, wenn die Zeit dafür gekommen ist, denn sie hat das Recht, perfekt zu sein. Jeder Vogel baut sein Nest akribisch und perfekt aus, bevor er seine neue Familie dort beheimatet. Die Natur weiß, wie perfekt sie immer war und sein möchte, nehmt sie als Beispiel, dann werdet ihr nicht ruhen, bis alles im goldenen Licht der Fülle erstrahlt.

Ich zeige euch gerne in der Meditation, wie euer perfektes Ergebnis aussehen möchte, und ich zeige euch auch das Lebensgefühl, das ihr dann erlangen könnt. So will ich euch die Kraft verleihen, mutig den Weg zu gehen, selbstkritisch und selbstbewusst in den Erfolg zu wandern.

Die Nacht von Donnerstag auf Freitag bietet dafür die beste Zeit.

Kuthumi, euer Freund

Die Aufgabe des pfirsichfarbenen Strahls im Sinne der Präzipitation

Maitreya erklärt:

Ein jeder von euch bringt einen vollkommenen Plan in die Inkarnation mit. Das bedeutet, dieser Plan enthält alle Ziele, als Wege und Projekte, die ihr in diesem Leben erreichen und gehen wollt. Wie die irdische Wahrnehmung sich später gestaltet, ist eine ganz andere Frage. Jedes neue Projekt ist dann für euch ein neuer Plan, obwohl es Teil des gesamten Plans im Vorfeld ist, der von euch jedoch anders wahrgenommen und letztlich ganz individuell bearbeitet wird. Jedes Projekt und jede neue Lebensphase ist praktisch die Inszenierung eines neuen Aktes im Theaterstück eures Lebens. Jeder Akt muss neu einstudiert werden. Die Rolle muss gelernt und geübt werden. So nimmt es der Mensch allerdings nicht wahr, und das ist gut so. Um immer wieder ans Lernen und Einstudieren zu gehen, braucht der Mensch sehr viel Enthusiasmus. Das Neugeborene kennt nur Enthusiasmus, es ist davon erfüllt, wenn es das Licht der Welt erblickt. Je älter der Mensch wird, umso mehr muss er lernen, diesen Enthusiasmus immer wieder neu in sich zu entfachen. Ich helfe ihm dabei, aber letztlich bleibt es immer eine Frage der Wahrnehmung. Die Lebensfreude ist eng mit dem Enthusiasmus verwandt. Diese beiden Elemente sind für alle Erdenbewohner das wahre Lebenselixier. Wenn man sie dem Menschen nimmt, verfällt er in Depressionen, und nicht selten wird er des Lebens müde. Die Farbe meines Strahls leuchtet wie der reife Pfirsich. Umgebt euch mit dieser Farbe in der Materie, sie bringt Wärme und Kraft in den Solarplexus. Streicht eure Behausungen in dieser Farbe und umgebt euch mit Blumen in dieser Farbe. Gerade in der Ernährung sollte diese Farbe nicht fehlen. Sehr wohltuend ist sie im Bereich eurer Schlafstatt. Sie regt an, aber wohldosiert und vitalisierend auf ihre Art.

Diese Aspekte des Strahls müssen jedoch immer wieder aktiviert werden. Ich bin in der Lage, euch in wichtige Begegnungen zu führen, die eure Lebensfreude neu entfachen. Menschen und Tiere sind in der Lage, euch mit neuen Impulsen und auch mit Lob und Respekt zu neuen Taten anzuregen. So entsteht Enthusiasmus, der Mut zu großer Leistung und auch dazu, sich selbst eine Freude zu machen. Eine Leichtigkeit des Seins wird euch bewusst gemacht. Doch der Mensch muss auch dazu bereit sein, diesen Weg zu gehen. Wenn ihr spürt, dass sich die geringste Depression nähert, bittet mich um Hilfe. Ich werde alles in meiner Macht Stehende tun, um euch die Freude des Lebens zu zeigen – sei es durch ein gutes Buch, eine schöne Musik, ein liebevolles Tier oder einen Menschen, der euch Zeit, Muße und liebevolles Verständnis schenkt. Es sind oft kleine Gesten, die vieles bewirken können.

Nähert sich eure Präzipitation ihrem Ende, habt ihr euch die Freude und den Enthusiasmus erst recht verdient. Dann haben sie ein anderes Gesicht, denn der nun entstehende Enthusiasmus soll euch anspornen, weiterzugehen, ein Projekt erfolgreich abzuschließen und neue Dinge in Angriff zu nehmen. Nicht selten seid ihr dann auch für andere Wesen mit verantwortlich, seien es Mitarbeiter, Angehörige oder Freunde. Ihr sprecht oft von Adrenalin, das ist nicht verkehrt. Ein Erfolg und die große Freude darüber setzen neues Potenzial frei, große Kräfte und Entscheidungsfreudigkeit. Nur so bleibt der Motor aktiv, kommt es zu neuen Zielen und Wegen.

All das sind Wegstrecken, damit sich euer Plan in der Vollkommenheit erfüllen kann. Ihr müsst euch immer wieder vorstellen, dass der Plan perfekt erstellt ist, mit jedem kleinen und großen Erfolg. Ihr wart seinerzeit der Architekt eures Lebensplans. Wenn ihr ein Haus baut, soll es auch so werden, wie es geplant war. Es mag sein, dass sich hin und wieder Änderungen ergeben, aber es wird ein Haus, ein Zuhause, der Platz, an dem ihr ankommen und euch geborgen fühlen wollt. Genauso stellt euch euren Lebensplan vor. Wir, die geistigen Helfer, haben die Aufgabe, euch in diesem Plan zu führen, aber so, dass ihr immer wieder wisst, ihr habt alles selbst entschieden und ausgeführt. Es darf keine Manipulation erfolgen. So könnt ihr euch vielleicht vorstellen, wie schwierig unser aller Aufgaben dabei sind. Dennoch, gerade die Lebensfreude und der Enthusiasmus sind nicht immer leicht zu entfachen. Deshalb raten sich die Menschen gegenseitig, nach draußen zu gehen, Abwechslung zu suchen, die Natur und Tiere einzubinden. Reisen und angenehme Unterhaltung, auch ein gutes Buch, ein Theaterbesuch, sportliche Betätigung und vieles mehr werden von euch als Lieferanten für Lebensfreude deklariert, und so ist es auch.

Für mich bieten all diese Aktivitäten die Chance, euch in die perfekten Begegnungen zu schicken, Impulse freizusetzen und die Gedanken auszuschalten, die immer nur Skepsis zustande bringen. Wenn ihr lachen und loslassen könnt, dann kommt der Enthusiasmus endlich zu Wort, ein Aufatmen kann sich zeigen,

Ärger und Traurigkeit beginnen, ihr bedrohliches Gesicht zu verlieren, und ihr könnt vielleicht sagen: In zehn Jahren erzähle ich davon, dann weiß ich auch, wie ich alles gemeistert habe, denn ich werde es gemeistert haben. Der Enthusiasmus gibt euch immer wieder die Kraft durchzuhalten, den Dingen neu ins Auge zu blicken, sobald ihr euch einigermaßen erholt habt. Wenn die Sonne neu aufgeht, entstehen neue Chancen, um bei Sonnenuntergang das Licht am Ende des Tunnels zu sehen. Ich gebe euch dafür immer wieder die Kraft und den Mut, wenn ihr mich dazu auffordert. Dann jedoch lasst euch auch führen, nehmt mein Angebot wahr und geht darauf ein. Kein Weg soll euch zu anstrengend oder langweilig erscheinen, seht in allem eine Chance, auch bei neuen Projekten und Ideen. Es lohnt sich immer, ein neues Eisen ins Feuer zu legen. Wir alle schmieden es gemeinsam. Das Feuer des Schöpfungsprozesses erlischt nie. Wir alle stehen ständig bereit, es am Lodern zu halten. Ihr braucht das Brennholz nicht zu liefern, seht euch als den Schmied eures Daseins. Glänzend und siegreich soll euer Excalibur leuchten.

Kommt zu mir in der Meditation, aber auch im Spaziergang durch die Natur, in der absoluten Ruhe, nicht zuletzt im Schlaf.

Die Nacht von Donnerstag auf Freitag bietet dafür die beste Zeit.

Maitreya

Die Aufgabe des rubinroten Strahls im Sinne der Präzipitation

Lady Nada erklärt:

Die innere Harmonie, der Frieden im Innen und Außen und nicht zuletzt das Loslassen sind wichtige Elemente in eurem Leben, damit ihr überhaupt in der Lage seid, euren Weg so zu gehen, wie ihr – und nur ihr – ihn geplant habt. Gerade diese Themen des rubinroten Strahls werden so oft an den Rand gestellt, als unerreichbar deklariert und auch als »momentan unwichtig«. Ich weiß, das hört sich hart an, aber überdenkt so manche Situation eures eigenen Lebens, wenn der Sturm so richtig tobte, wenn sich sozusagen die »Balken bogen«. War euch dann nach Frieden und Harmonie im Herzen? Es sind Elemente, die in diesen Zeiten nicht vorkommen, weil sie einfach nicht ins Bild passen. Wer kann schon im Frieden sein, wenn er gerade eine Trennung durchlebt, seinen Arbeitsplatz, einen geliebten Menschen oder ein Tier verloren hat? Beim rubinroten Strahl spielt die geistige Heilung eine große Rolle: die Heilung des Geistes und durch den Geist und nicht zuletzt das Loslassen. Lasst es mich so sagen: Es ist die Kunst des Lebens, geprägt durch die Weisheit des Lebens. Nicht umsonst findet ihr mich gerade beim Präzipitieren immer als Schlusslicht. So ist es auch mit dem Leben.

Wenn einem Kind sein Projekt misslingt, ist es enttäuscht und verärgert. Es zweifelt an sich und allem, und dazu hat es ein Recht. Die Erwachsenen sollen es dann im Herzen begleiten und ihm Mut machen, damit es loslassen und sich neu konzentrieren und etablieren kann. Dafür ist es wichtig, Ruhe zu bewahren, ihm den Frieden zu schenken, der es in diesen Momenten heilen kann. Ein Kind wird es kaum alleine schaffen. Gerade deshalb ist es so wichtig, dass sich die Menschen wieder darauf besinnen, was Familie eigentlich bedeutet, was eine gute Mutter- und Vaterrolle, eine stabile Partnerschaft und Verwandtschaft ausmacht. Kinder sind keine Partner, die man sich selbst überlassen kann und auf deren Vernunft man sich verlassen können muss. Sie müssen die Aspekte des roten Strahls mit den Erwachsenen üben, denn sie bringen die Anlagen mit. Sie sind jedoch noch zu unerfahren und unausgereift, um sich selbst bemeistern und durchhalten zu können. Deshalb muss man mit ihnen den Frieden schaffen und sinnvoll begründen. Wenn ein Kind erlebt, dass sich seine Eltern nur streiten, kann es unter anderen Kindern kaum friedlich sein, weil ihm die Erfahrung fehlt.

Je älter der Mensch dann wird, entsteht in ihm selbst die Aufgabe und letztlich die eigene Verpflichtung, die Aspekte des roten Strahls zu mobilisieren. Er lernt, auch wenn die Zeiten schwierig sind, innezuhalten, zu meditieren, zu beten und vielleicht auch einmal Demut zu üben. Er macht sich Gedanken, mit welchen Mitteln man Frieden schaffen könnte, diese probiert er aus – mit unterschiedlichem Erfolg. So findet er seine Wege in den inneren und äußeren Frieden, in seine eigene Heilung auf allen Ebenen und die Harmonie, die trotz aller Hürden immer noch die Schönheit des Lebens und all seiner Bestandteile ins rechte Licht rückt.

Dabei hat es wenig Sinn, sich gegenseitig von der richtigen Methode überzeugen zu wollen, denn jeder Mensch und jedes Tier sucht seinen Weg, der sicherlich auch karmisch bedingt ist. Wer bereits in früheren Leben seinen Trost und seine Kraft in der Natur fand, am Fuße eines starken Baumes, wird im Stadtleben zugrunde gehen. Er findet dort keine Ruhe und Harmonie. Wer immer schon ein Tier als guten Freund und Tröster kannte, sollte sich niemals vom Zusammenleben mit Tieren abhalten lassen.

Das Schönste im Leben des Menschen ist dann die Weisheit und Harmonie des Alters, die Ruhe und der Frieden einer Großmutter, eines Großvaters, um jeden Sprössling der Familie in Verständnis, Nachsicht und das Gefühl, dass alles wieder gut wird, einzuhüllen. Der Mensch ruht in sich, er ist weise geworden, und er hat gelernt loszulassen. So mancher Verzicht hat sich vielleicht gezeigt, aber auch die Chance auf neue Gelegenheiten, wenn man nicht nach den Sternen gegriffen hat, denn das Gute lag oft so nahe. Dann kehrt ein Frieden ein, der wohl manches immer noch als offen und nicht erreicht anzeigt, aber auch die Aussicht darauf, dass doch noch alles gerichtet werden kann. Das Unwesentliche verliert sich, und die Essenz des Lebens zeigt ihr Gesicht.

Doch auch wenn der Weg nicht ins hohe Alter führt, gibt es immer wieder Momente, die euch zeigen, dass ihr auf dem rechten Weg seid. Auch Krankheiten, sehr oft der frühe Tod, bieten die Möglichkeit, loszulassen und in den Frieden zu gehen, der die Heilung aller Ebenen ermöglicht, wie immer es zu Ende zu gehen hat, denn der Plan bestimmt alles.

Auch die Präzipitation zeigt all diese Facetten. Ich muss oftmals die Anwärter auf meiner, der letzten Stufe auf der Treppe, fragen, ob sie wirklich das Gefühl haben, am korrekten Ziel angekommen zu sein. Ich verweise immer wieder einmal auf den Kompromiss, der vielleicht gerade eingegangen wird, wie er sich auswirken mag, und ob es wirklich sinnvoll ist, den Weg so abzuschließen. Nicht immer ist der Mensch im Frieden und in der Ruhe, um den klaren Blick dafür zu erlangen, ob er sich das alles wirklich so vorgestellt hat oder ob er es einfach nur leid ist, sich anzustrengen. Man sollte immer bedenken, dass irgendwann die Stunde der Wahrheit schlägt. Wenn man dann erkennen muss, dass man noch viel mehr hätte erreichen können, muss man sich selbst fragen, wer für dieses Ergebnis verantwortlich ist.

Ich helfe euch also, zunächst einmal ruhig zu werden, euer ganzes Ergebnis bis hierhin mit Abstand zu betrachten, Bilanz zu ziehen und euch bis ins Detail zu fragen, ob ihr wirklich am Ziel seid.

Ein ganz einfaches Beispiel: Stellt euch vor, ihr habt eure Lieben zu einem festlichen Mahl geladen. Ein ganz besonderes Fest findet statt, auf das sich alle schon lange freuen. Köstliche Speisen habt ihr euch überlegt, es soll an nichts fehlen. Das Mahl war sehr zum Wohle aller, aber der Koch vergaß den Nachtisch, vielleicht eine Spezialität des Landes, wie auch immer. Alle Gäste geben zu verstehen, das sei doch nicht so schlimm, immerhin sei man zusammen und doch auch so satt geworden. Ihr nehmt es so hin, es bleibt euch auch nichts anderes übrig, vielleicht gibt es etwas Improvisiertes, aber ihr werdet noch eine geraume Zeit daran denken, und beim nächsten Fest legt ihr besonderen Wert auf das Dessert.

Das ist ein einfaches Beispiel, aber es kann sich auch um wichtigere Projekte handeln. Schnell stellt sich dann das Ergebnis als totaler Misserfolg dar. Dann sieht die Welt ganz anders aus. Deshalb ist es so wichtig, alle Details immer wieder zu prüfen, um zu erkennen, ob sich Fehler eingeschlichen haben, ob man nachlässig war und Dinge akzeptiert hat, die eigentlich nicht zuträglich waren. Dann ist es wichtig, Kurskorrekturen vorzunehmen, nochmals Gespräche zu führen, vielleicht sogar das Ziel neu zu formulieren, Karma aufzuarbeiten oder das Konzept neu zu fassen. Schnell ist man dann wieder auf der Zielgeraden, und schon wieder stehe ich dann da und ziehe Bilanz mit euch.

Wenn dann alles gut ist, wenn ihr sagen könnt: »Es ist vollbracht«, dann manifestieren wir das Ergebnis in Dankbarkeit, denn dann hat die optimale Transformation stattgefunden. Die Transformation selbst manifestiert ein grundsätzliches Produkt, wir prüfen dann jedoch gemeinsam, ob es absolut perfekt ist, um danach erst das Ergebnis unserer Prüfung zu manifestieren, denn dann ist nichts mehr zu verändern. Wenn sich dann noch Zweifel einschleichen, ist es wichtig, ein neues Ziel zu setzen.

Um die Präzipitation korrekt abzuschließen, lernen wir das Loslassen. Loslassen bedeutet hier nicht Trennung, nicht etwas zu verwerfen und nicht mehr zu beachten. Gemeint ist das geistige Loslassen. Wir bedanken uns für das Ergebnis und sind bereit, damit umzugehen, bis sich neue Wege zeigen, bis neue Impulse kommen müssen, um den Plan zu erfüllen. Nur wer so loslassen kann, öffnet sich immer wieder für neue Gelegenheiten, für die neue Fülle und Lebensfreude und für neue Ziele.

Ich verstehe meine Aufgabe als besondere Herausforderung an euch. So kann eure Ankunft bei mir im Sinne des Schöpfungsprozesses sehr anstrengend erscheinen, dennoch verbergen sich dahinter große Chancen. Fordert meine Hilfe, ich bin immer bereit, mit euch zu arbeiten.

Der Freitag ist der beste Tag für die Aktivitäten meines Strahls.

Namasté
Nada

- 8 -
Die atlantischen Priester

Die atlantischen Priester, die in der Verbindung mit den zwölf Strahlen stehen und arbeiten, sind uns in ihrem Wesen immer noch vertraut, auch wenn uns das lange unbewusst geblieben ist. Bis in die heutige Zeit möchten sie sich an unserer gesamten Entwicklung, unserer Lichtarbeit und Präzipitation beteiligen. Sie wählen nicht mehr den irdischen Körper, doch sind sie mit unserer Materie vertraut geblieben, ebenso mit unseren Sorgen und Anliegen. Sie helfen den Aufgestiegenen Meistern bei der gesamten strukturierten Arbeit mit uns. Die geistige Unterstützung dieser hochsensiblen Wesen ist eine wahre Bereicherung unseres Alltags, der uns leider nur zu oft von unserem ureigenen und wertvollen Kern entfernt.

El Morya sagt: »Für uns Aufgestiegene Meister sind diese Seelen eine Labsal an Energie. Sie sind von großer Schönheit, überdimensionaler Größe und einer Intelligenz, die nur eines Gedankenfunkens bedarf, um eine große Wirkung zu erzeugen. Für die kommende Zeit ist es wichtig, diese Voraussetzungen für eine diskrete und harmonische Zusammenarbeit zu kennen und zu akzeptieren. An sie sollte keine leichtfertige Bitte herangetragen werden. Ihr müsst euch eine solche Energie so vorstellen, als würde man ein Kraftwerk einschalten, dessen Energie sich in Sekundenschnelle in Milliarden von Richtungen verteilen kann. Diese Energie läuft nur über kurze und knappe Impulse. Bevor der erste Impuls überhaupt angekommen und verarbeitet ist, folgt ihm schon der nächste.« (Aus: *Die zwölf göttlichen Strahlen und die Priester aus Atlantis*)

Um einen Einblick in die Fülle ihrer gesamten Unterstützung bei der Präzipitation zu geben, stelle ich im Folgenden die einzelnen Atlanter eines jeden Strahls kurz vor. Für weitergehende Erklärungen, Affirmationen und Meditationen verweise ich auf *Die zwölf göttlichen Strahlen und die Priester aus Atlantis* und *Begegnung mit den atlantischen Priestern*, Bd. I bis IV. Letztere möchte ich besonders empfehlen, da hier *alle* Priester intensiv und ausführlich über ihre Arbeit mit uns berichten. Jeder Priester ergänzt seine Schilderung mit einer ausführlichen Mediation, die uns hilft, uns direkt mit ihm zu verbinden. Außerdem - und das finden meine Leser und ich besonders schön und berührend - werden auch unsere Kinder mit einbezogen, denn für sie gibt es ebenfalls jeweils einen Text und eine Meditation: liebevoll und kindgerecht, die auch komplizierte Themen einfach und verständlich darlegen. Einerseits führen uns diese Bücher in die vergangene Welt von Atlantis zurück, andererseits erkennen wir, dass auch dort schon alle menschlichen Probleme und Schwierigkeiten genauso vorhanden waren wie heute bei uns.

Erster, blauer Strahl

Atlanter Mafese
Aufgabe: **Mut und Kraft**
Unterstützendes ätherisches Öl: **Angelikawurzel**
Texte, Meditationen und Affirmationen in:
Die zwölf göttlichen Strahlen und die Priester aus Atlantis und *Begegnung mit den atlantischen Priestern,* Bd. I, S. 20

Mafese war ein atlantischer Königssohn. Er bezeichnet sich selbst als Politiker auf dem Pfad des Miteinanders. Dennoch möchte er jedem Wesen, das eine Führungsrolle übernommen hat, helfen, diese Aufgabe mit Mut, Kraft, Weisheit und positiver Macht zu erfüllen.

Er sagt: »Kraft ist Antrieb, der innere Mut, etwas in Gang zu setzen. Man kann dir die Kraft weder nehmen noch geben. Allein dass du existierst, ist Ausdruck der Kraft. Ein Lebensstrom, der sich für das Miteinander, für das Wachstum der Menschheit und im Sinne des Aufstiegsprozesses einsetzen will und muss, wird sich immer in einer Führungsposition wiederfinden. Bitte um die Kraft und um den Mut, das zu bewerkstelligen, wozu du dich bereit erklärt hast. Halte dir immer dein Ziel vor Augen, denn dieses schenkt dir den Willen zur Tat. Habe den Mut, keine fremden Erwartungen zu erfüllen. Dann werden die Aufgaben nicht zu groß, und man kann dich nicht überfordern. Gleichwohl solltest du erkennen, dass Erwartungen immer ein Spiegel sind. Ich helfe dir, mit Mut und im vollen Bewusstsein deines Kraftpotenzials durch dein Leben zu gehen.«

★ ★ ★

Atlanter Samuele

Aufgabe: **Selbstvertrauen**

Unterstützendes ätherisches Öl: **Douglasie**

Texte, Meditationen und Affirmationen in:

Die zwölf göttlichen Strahlen und die Priester aus Atlantis und *Begegnung mit den atlantischen Priestern*, Bd. I, S. 31

Samuele entstammte einer alten Priesterfamilie. Er schult unser Selbstvertrauen, das Sich-selbst-bewusst-Sein und zeigt uns, wie wir uns vor Angriffen aus Neid und Eifersucht schützen können. Für ihn ist Selbstvertrauen fast eine magische Kraft, aber man wird auch geprüft, und zwar auf Standhaftigkeit, das heißt, wie man Ideen umsetzt und Versuchungen standhält, die die eigene Position gefährden.

Er sagt: »Was bedeutet für dich Selbstvertrauen? Sich selbst vertrauen? Lernen, selbst auf etwas zu vertrauen? Lernen, von selbst auf etwas zu vertrauen? Vertrauen kannst du nur, wenn du dir all der Dinge bewusst bist, die dein Selbst schätzt, anerkennt und bereit ist zu leben. Wenn dein Bewusstsein gewachsen und die Bewusstheit gefördert ist, wenn all dein Denken sich nicht mehr nur um die eigene Achse dreht, sondern auch wohlwollend alle anderen Wesen um dich herum einbezieht, kann dir nichts mehr geschehen. Dann bist du dir deiner selbst bewusst, deines wunderbaren Wertes als Teil des Ganzen. Du wächst über dich hinaus, nicht im Stolz, nein, dein Wert gehört zu deinem Bewusstsein. So vertraue auf dich selbst, so wie du es einmal getan hast, als du dich von Gott gelöst hast, um ihm zu beweisen, dass du es schaffst – in seinem Vertrauen und in seiner Liebe.«

★ ★ ★

Atlanterin Josira

Aufgabe: **Kreative Kommunikation**

Unterstützendes ätherisches Öl: **Ambrette**

Texte, Meditationen und Affirmationen in:
Die zwölf göttlichen Strahlen und die Priester aus Atlantis und *Begegnung mit den atlantischen Priestern,* Bd. I, S. 42

Josira war die Schwester von Mafese und hatte in Atlantis eine Art Universität der kreativen Kommunikation aufgebaut. Die Schulung des Halschakras, aber auch das Wissen über die kreative Nachtarbeit waren dort wichtige Bestandteile.

Sie sagt: »Du darfst niemals vergessen, dass nur der Umgang miteinander, geprägt durch eine fließende und kreative Kommunikation, die Vergangenheit, Gegenwart und Zukunft der Menschheit garantiert. Jede Form der Kommunikation bestimmt über euer Zusammenleben, ob im Krieg oder Frieden. Wer einer Maschine gestattet, ihn zu vertreten, wird bald nicht mehr als Wesen mit Körper, Geist und Seele wahrgenommen. Dann ist man gezwungen, die Botschaft hinter den Kulissen zu vermuten. Ruhe und Frieden im Umgang miteinander, das Zuhörenkönnen und das Beobachten schaffen eine bleibende Verbindung auch über die Ferne. Siehe, es ist das Recht des Wesens, sich so auszudrücken, wie die Empfindung es ihm gestattet. Das ist die Freiheit der kreativen Kommunikation. Erst daraus ergibt sich dann das klärende Gespräch, das kreative Miteinander. Der Weg zu Gott geht niemals am Menschen vorbei. Ich will euch helfen, die Brücke von Mensch zu Mensch wieder sicheren Schrittes zu betreten.«

★ ★ ★

Atlanterin Desdena

Aufgabe: **Positive Nutzung der Macht**

Unterstützendes ätherisches Öl: **Petit Grain Citronnier**

Texte, Meditationen und Affirmationen in:

Die zwölf göttlichen Strahlen und die Priester aus Atlantis und *Begegnung mit den atlantischen Priestern,* Bd. I, S. 54

Gerade der Machtmissbrauch führte in Atlantis mit zum Untergang. Desdena vertrat immer den Standpunkt, dass Macht grundsätzlich positiv ist, solange sie nicht durch ein ungesundes Ego missbraucht wird. Schon damals schätzte man die weibliche Intuition und Intelligenz im Sinne der mentalen Kraft und der emotionalen Auswirkungen der Machtgedanken, sofern die Macht weise angewandt wird, denn dann ist sie göttlich.

Sie sagt: »Macht wirkt zum Wohle aller, indem sie Schutz verleiht, Weitsicht und Großmut übt, von männlicher und weiblicher Energie genährt. Sie wird dann zur Bedrohung, wenn das Herz den Hauch der Manipulation und Berechnung wahrnimmt. Wer einmal die Macht missbrauchte, auch wenn er meinte, damit etwas Gutes zu tun, wird ihr immer mit Vorsicht begegnen, läuft er doch Gefahr, sich mit den eigenen Waffen zu schlagen.

Wenn du siehst, dass andere ihre Macht missbrauchen, lasse es nicht mehr an dich heran. Erkenne, dass nur sie selbst diese Transformation bewirken können.

Wenn du selbst deine Angst vor der Macht verlierst, wird sie dich auch niemals beeinträchtigen können. Das ist eine Tatsache.«

★ ★ ★

Atlanter Bigenes
Aufgabe: **Umsetzen des ersten Impulses**
Unterstützendes ätherisches Öl: **Patchouli**
Texte, Meditationen und Affirmationen in:
Die zwölf göttlichen Strahlen und die Priester aus Atlantis und *Begegnung mit den atlantischen Priestern,* Bd. I, S. 65

Bigenes war ein Königssohn, der die Menschen mit seinem Enthusiasmus immer wieder ansteckte, wenn es um Ziele und ihre Manifestation ging. Die Umsetzung der Impulse ist sehr wichtig, auch wenn wir sie vielleicht wieder loslassen. Nur so kann es Fortschritt geben. Das Ziel kann sich immer wieder verändern, aber wir müssen Schritte tun, auch etwas riskieren.

Er sagt: »Nur dem Impuls folgt die Weisheit, und er findet Verwirklichung in der aktiven Intelligenz. Jeder Motor wartet auf einen Impuls, um sich der energieerzeugenden Aktivität hinzugeben. Es geht nicht darum, wie andere dein Umsetzen des ersten Impulses sehen oder bewerten. Es geht nur um dich und deinen Fortschritt. Wenn auch deine Aktion etwas auslöst wie Unbehagen, Neid, Zweifel und Kritik, dann ist dies trotzdem eine Evolution. Jedes Wesen macht sich zur Aufgabe, seiner Evolution genügend Raum zu geben. Dadurch bedingt es die Evolution des großen Ganzen.

Dein Höheres Selbst ist von dir selbst ermächtigt worden, dir die Impulse so zu senden, wie es dein geistiger Führer für richtig und angebracht hält. Der erste Impuls gibt dir die Macht der Schöpfung als Geschenk Gottes.«

★ ★ ★

Atlanterin Zahsira
Aufgabe: **Vertrauen in Schutz und Führung**
Unterstützendes ätherisches Öl: **Vetiver**
Texte, Meditationen und Affirmationen in:
Die zwölf göttlichen Strahlen und die Priester aus Atlantis und *Begegnung mit den atlantischen Priestern,* Bd. I, S. 77

Zahsira entstammte einer alten Priesterfamilie. In der engen Zusammenarbeit mit Erzengel Michael stabilisierte sie immer wieder Schutz und Führung für das Volk. Er war ihr Ratgeber. Sie zeigt uns, dass man Schutz und Führung nicht beweisen kann, sondern dass man sie erfahren muss, und dazu benötigen wir grenzenloses Vertrauen. Ängste und Zweifel haben dort keinen Platz. Michaels blauer Schutzmantel bietet uns eine liebevolle Hülle, um die wir ihn mit den folgenden Worten bitten können: »Hülle mich ein aus Gottes Händen in deinen blauen Mantel des Schutzes, den ich dankbar und im Vertrauen annehme.« (Gleichzeitig das Königsblau des ersten Strahls visualisieren.)

Zahsira sagt: »Auch wenn du dich in größte Gefahr begeben musst, um eine schwierige Situation zu meistern, bist du geführt. Es gibt nicht eine einzige Sekunde in der Existenz des Universums, die nicht von höchster Ebene vorbereitet und überwacht würde. Werde dir einfach bewusst, dass jede Bitte um Schutz und Führung dein Beweis für dein Vertrauen in IHN ist. Begreife, dass du ein Höheres Selbst dein Eigen nennst, das sich jederzeit des Schutzes und der Führung bewusst ist. Es erhielt von dir selbst den Auftrag, dich bestimmten Gefahren und Prüfungen auszusetzen.«

★ ★ ★

Atlanterin Kiara

Aufgabe: **Zielsetzung**

Unterstützendes ätherisches Öl: **Cajeput**

Texte, Meditationen und Affirmationen in:
Die zwölf göttlichen Strahlen und die Priester aus Atlantis und *Begegnung mit den atlantischen Priestern,* Bd. I, S. 88

Kiara war eine atlantische Herrscherin. Sie sieht die echte Schöpferkraft des Menschen im Willen und dem daraus entstehenden Ziel. Dabei muss der göttliche Wille vor den eigenen Willen treten dürfen. Sie spricht vom »heiligen Pfad« der echten Schöpferkraft. Unsere gesamte Existenz ist geprägt durch das Ziel, uns unserer Lebensaufgabe bewusst zu werden.

Sie sagt: »Du wirst fragen, woran sich deine eigentliche Lebensaufgabe überhaupt erkennen lässt. Sie ist dein ursprünglichstes Ziel. Nur du selbst wirst sie erkennen dürfen. Also setze dir das Ziel, sie zu sehen und auf sie zuzugehen. Dann wird der Weg wirklich zum Ziel. Hier liegt der wahre Schlüssel dieser alten Weisheit. Nur wenn du das Ziel klar definierst und bereit bist, durch alle Höhen und Tiefen zu gehen, allen Widerständen zu trotzen, wird dein Weg zum Ziel. Dann hast du gelernt, nicht nur gemeinschaftsfähig und geschäftig zu sein, weil man es so von dir erwartet, sondern du bist dann bereit, unbequeme Wege zu gehen. Deine eigene Disziplin wird dir die Hand reichen, um deiner Zielsetzung treu zu bleiben.«

★ ★ ★

Zweiter, goldgelber Strahl

Atlanter Wontan
Aufgabe: **Astrologie**
Unterstützendes ätherisches Öl: **Zypresse**
Texte, Meditationen und Affirmationen in:
Die zwölf göttlichen Strahlen und die Priester aus Atlantis und *Begegnung mit den atlantischen Priestern,* Bd. I, S. 102

Wontan war der Sohn von Laris, der »Priesterin des gläsernen Blicks«. Über eine lange Zeit entwickelte er eine Form der Astrologie, die er mit Wissenschaft und Heilung verband und mit deren Hilfe man jedes Wesen klar erkennen konnte.

Er sagt: »Die geistige Astrologie, die wir in Atlantis beherrschten, wuchs auf dem Nährboden des Respekts des freien Willens. Mehr denn je sind heute die karmischen Gesichtspunkte und die sich abzeichnenden Wechselfälle des Lebens zu berücksichtigen. Kannst du Karma als essenzielle Literatur einer Seele schätzen und dankbar begrüßen? Du hast dann begriffen, dass die zur Inkarnation bereitstehende Seele den größten Respekt und Dank verdient und dass niemand darauf Einfluss zu nehmen hat. Kommunikation ist das Schlüsselwort, ob im Geist oder in der Materie. Wenn du bereit bist, sie mit aller Konsequenz zu üben, wird sich jede Seele für dich öffnen, gleich, ob sie sich der Materie erst nähert oder ob sie bereits ihre Existenz dort angetreten hat. Der Schleier der Unwissenheit wird sich langsam lüften. Du bestimmst sein Gewebe. Wachse und erkenne! Sei, wer du bist.«

★ ★ ★

Atlanter Selestes
Aufgabe: **Alte Künste**
Unterstützendes ätherisches Öl: **Ysop**
Texte, Meditationen und Affirmationen in:
Die zwölf göttlichen Strahlen und die Priester aus Atlantis und *Begegnung mit den atlantischen Priestern,* Bd. I, S. 116

Der Künstler Selestes hatte die Aufgabe, Atlantis mit kreativem Wissen zu versorgen, das sich durch die Kunst ausdrückte. In seinem großen Zentrum der Kunst wurden Begabungen aktiviert, die wir mithilfe von Rückerinnerungen wieder erwecken dürfen.

Er sagt: »Immer dort, wo eine Seele wieder der Kreativität begegnen möchte, ist der Weg von Erfolg gekrönt. Das ist abzusehen, denn deine Phantasie kann nur das produzieren, was du kennst. All das ist vorhanden und wartet nur auf deinen Impuls, um sich selbst mit neuem Leben zu erfüllen. Die Geburtswehen sind oft der Schmerz der kalten Materie und das Unverständnis des Umfelds. Der Atlanter wusste noch, dass die Kreativität und die Kunst der göttlichen Intelligenz und Weisheit entspringen. Finde deinen eigenen Weg zurück in dein ursprünglichstes Samenkorn. Verwandele dich in diese Energie, die beseelt ist von der Urkraft der Schöpfung im Sinne der Weisheit. Du wirst erleben, wie sich dein Solarplexus regeneriert und öffnet wie die Sonnenblume im warmen Sommerwind. Suche nicht im Außen, sondern recherchiere in dir selbst. Nur dort ist deine Quelle der Schöpfung.«

Atlanterin Ligatha

Aufgabe: **Yoga, Tai Chi, Qi Gong, autogenes Training u. a.**

Unterstützendes ätherisches Öl: **Bay**

Texte, Meditationen und Affirmationen in:

Die zwölf göttlichen Strahlen und die Priester aus Atlantis und *Begegnung mit den atlantischen Priestern*, Bd. I, S. 129

Ligatha entstammte einem Königshaus. Sie wuchs mit Übungen für Körper, Geist und Seele auf. Es gab keinen Zeitdruck, man lebte in einem freien Rhythmus. Alles war im Einklang. Man wusste, dass der Körper auch in der Ruhe und der langsamen Bewegung gesund und schön sein kann.

Sie sagt: »Fühle Körper, Geist und Seele in dem ihnen eigenen Rhythmus. Bedenke, dass sich alles in dir nach deiner Uhr bewegt, erneuert und auch stirbt. Jede deiner Zellen weiß, wann sie sich zu regenerieren hat. Jedes deiner Organe kennt seinen Rhythmus. Es geht hier um dein Wohlbefinden, das sich niemals einer Uhr, einem idealen Erscheinungsbild oder dem Lebensstil einer bestimmten Epoche unterordnen kann. Höre auf, die Menschen, die in sonnigen Ländern leben, für ihre Lebenslust zu bewundern. Auch für dich gibt es dort einen Platz. Beneide keinen Künstler, der seine Werke in der Nacht schafft. Sie hat auch für dich genug Zeit. Tanz und Klänge veranlassen dich zu harmonischen und selbst gewählten Bewegungen, die deiner Stimmung entsprechen. Bekenne dich wieder zu dir selbst. Werde wieder zu einer vornehmen und in dir selbst ruhenden Erscheinung.«

★ ★ ★

Atlanterin Nokate

Aufgabe: **Philosophie**

Unterstützendes ätherisches Öl: **Lemongras**

Texte, Meditationen und Affirmationen in:
Die zwölf göttlichen Strahlen und die Priester aus Atlantis und *Begegnung mit den atlantischen Priestern*, Bd. I, S. 143

Nokate war eine Hohepriesterin der Geisteswissenschaften, die sich durch ein immenses Wissen und geistiges Wachstum auszeichnete. In ihrem Zentrum wurde Wissen vermittelt und »erfahren«, alles ohne Zwang und Abschlüsse.

Sie sagt: »Die niederen Körper sind das Ergebnis des einst verschenkten sensitiven Wesens. Sie befinden sich auf dem Weg zurück zum Ursprung. Doch das Denken stört den Frieden, wenn es die Polarität des Lichts sucht. Jede Form der Weisheit hat ihr Zuhause im Geist der Sonne. Die zentrale Sonne sendet ihr Licht aus, durchdringt die Dunkelheit und gebärt das unzählige Geschehen in allem, was ist. Der freie Wille ist das prüfende Geschenk des zentralen Lichts. Er fördert die Polarität im Denken, Handeln und Fühlen. Die Polarität ist die größte Prüfung des zentralen Lichts. Lerne, dass die Polarität eine Fiktion ist, die Maske, die das zentrale Licht trägt, um dich der letzten göttlichen Examination zu unterziehen. So wissen wir, dass auch der Schatten göttlich ist und von SEINER Liebe gespeist. Er prüft sich selbst und muss den Tunnel durchqueren. Dort begegnen ihm alle zwölf Tugenden des zentralen Lichts. Schwimme also mit dem Strom der Heimkehr. Du wirst niemals untergehen.«

★ ★ ★

Atlanterin Hannane

Aufgabe: **Lehrer/Erzieher**

Unterstützendes ätherisches Öl: **Verbena**

Texte, Meditationen und Affirmationen in:
Die zwölf göttlichen Strahlen und die Priester aus Atlantis und *Begegnung mit den atlantischen Priestern,* Bd. I, S. 156

Hannane war die Schwester von Nokate, die ähnlich arbeitete. Sie erklärt uns, dass der Unterricht in Atlantis aus Zuhören, Aufnehmen und Profitieren bestand, da alles im Gehirn abgelegt wurde und man so die Kapazität des Gehirns voll nutzte. Dazu gehörte auch das Wissen, dass der Mensch nur ohne Druck und Angst lernen durfte, so wie es seine Verfassung und die Situation zuließen.

Sie sagt: »Jede Intelligenz ist individuell. Erkennt die mangelnde Logik in eurer Einstellung zur Erziehung, dass alle in das gleiche System zu pressen sind. Das ist eine äußerst krankhafte und respektlose Haltung gegenüber eurer Individualität. Vielen, die heutige Schulsysteme mit entwickelt haben und sie befürworten, werden meine Worte als Beleidigung erscheinen. Dort liegt ihr Auftrag im Sinne der Transformation. Ich möchte dir helfen, den Weg der Intelligenz und des Lernens wiederzufinden. So wirst du deine Essenz als dein Wachstum begreifen. Dann bist du original und vor allem nicht kopierbar. Dein mentaler Bereich ist unverwechselbar und gespeist vom Verstandesreichtum vieler Zeitalter. Mögest du deine Erkenntnis einfließen lassen in alle Bereiche deines Denkens und Seins.«

★ ★ ★

Atlanter Menedes
Aufgabe: **Schutz der Umwelt**
Unterstützendes ätherisches Öl: **Melisse**
Texte, Meditationen und Affirmationen in:
Die zwölf göttlichen Strahlen und die Priester aus Atlantis und *Begegnung mit den atlantischen Priestern,* Bd. I, S. 170

Menedes entstammte einer alten Priesterfamilie. Er kommunizierte mit allen Elementen der Natur, man nannte ihn auch den Schutzengel der Natur. Er möchte uns vermitteln, wie wir die gesamte Natur regenerieren und erhalten können, wie wir uns pflegen und unsere Kleidung gekonnt der Natur anpassen können.

Er sagt: »Es ist wichtig, dass du lernst, dich als Teil dieser von dir so ängstlich betrachteten Natur zu erkennen. Wenn du Angst hast, dass die Natur zerstört wird, dann weißt du, dass man dir selbst die Grundlage zum Leben entzieht. Liebe das Tier wie einen Freund, sieh es nicht als Nahrungsmittel. Setzt du ein Tier auf der Straße aus, weil es dir lästig wurde, verletzt du deinen besten Freund tief im Herzen. Nutze ruhig die schönen grünen Wiesen, doch reinige sie nicht wie einen Teppich. Stelle eine Bank unter einen uralten Baum, und du wirst niemals ohne kühlen Schatten sein. Selbst der Blitz und der Regen werden dich niemals finden. Denke in Liebe an die Vögel, und du wirst sie scharenweise in den Bäumen deines Gartens begrüßen dürfen. Ehre jeden Getreidehalm auf den Feldern, und du wirst niemals Hunger leiden. Liebe die Erde, und sie führt dich heim zur Mutter.«

★ ★ ★

Atlanterin Bellana
Aufgabe: **Schutz der Tiere**
Unterstützendes ätherisches Öl: **Mimose**
Texte, Meditationen und Affirmationen in:
Die zwölf göttlichen Strahlen und die Priester aus Atlantis und *Begegnung mit den atlantischen Priestern,* Bd. I, S. 183

Bellana war die Schwester von Menedes. Sie beherrschte die Sprache der Tiere über Laute und Gesten. Ihr Löwe Mellani begleitete sie von Geburt an. In ihrer Schule lernten die Kinder viel über diese Sprache und die Gleichberechtigung der Tiere. Bellana erklärte ihnen, dass Tiere nicht gehorchen müssen. Sie spiegeln uns vielmehr - auch unsere Blockaden. Jedes Tier ist ein Wesen mit einer Seele, Schmerzempfinden und Emotionen. Über Delphine und ihre Aufgaben spricht sie sehr besorgt.

Sie sagt weiter: »Gott sprach auch zum Tier, und nicht nur zum Menschen: ›Wachse und vermehre dich.‹ Es hat genau wie du ein Anrecht auf seinen Platz auf der Erde. Der Mensch hat keine Vorstellung davon, welches Karma gerade die Gattung der Pferde mitzutragen hat. Durch das Töten und den Missbrauch greift ihr in ein Kollektivbewusstsein ein. Rettet euch ein Tier das Leben, erklärt man das mit instinktivem Verhalten. Es heißt dann, es ist treu und ergeben bis in den Tod. Doch das Tier folgt nur seiner Verpflichtung allem Leben gegenüber. Es wird einen Verbrecher genauso retten wie seinen Herrn, der ihm das Futter reicht. Es ist wichtig, sich daran zu erinnern, dass in sämtlichen Zellen bei Mensch und Tier auch das positive Programm des Vertrauens gespeichert ist. So trägst du zur Heilung einer tiefen, alten Wunde bei.«

★ ★ ★

Dritter, rosafarbener Strahl

Atlanterin Xelahra
Aufgabe: **Menschenrechte**
Unterstützendes ätherisches Öl: **Narde**
Texte, Meditationen und Affirmationen in:
Die zwölf göttlichen Strahlen und die Priester aus Atlantis und *Begegnung mit den atlantischen Priestern,* Bd. I, S. 196

Xelahra war die Herrscherin eines Königreichs, die aufgrund ihres hohen Niveaus sehr geschätzt wurde. Da sie jedoch in der Endphase von Atlantis regierte, musste sie mit ansehen, wie auch ihr Volk vom rechten Weg abkam und in dunkle Machenschaften verwickelt wurde. Da in unserer aktuellen Zeit karmisch aus dieser alten Zeit sehr viel zutage tritt, möchte sie uns helfen, dass alle Menschen in Würde leben können und dass ihre Rechte gewahrt bleiben.

Sie sagt: »Menschenrechte gelten in manchen Ländern der Erde als sehr brisantes Thema. Wir betrachten die gesamte Art und Weise des Zusammenlebens als Grundlage der Menschenrechte. Eine Rechtsprechung ist dazu da, Recht zu sprechen. Dabei geht es nicht um Vergeltung, sondern um Toleranz. Das Ergebnis muss immer positiv sein. Geht recht mit jedem um, auch wenn er einen Fehltritt begangen hat. Die rosa Flamme der Freiheit und Toleranz soll euch immer begleiten auf dem Weg der Gerechtigkeit. Doch es gehören viel Mut und Ausdauer dazu, sie mit Energie zu versorgen. Es geht darum, die Flamme am Leben zu erhalten. Das nennt man aktive Intelligenz.«

⋆ ⋆ ⋆

Atlanter Tunere
Aufgabe: **Kreativität**
Unterstützendes ätherisches Öl: **Cassie**
Texte, Meditationen und Affirmationen in:
Die zwölf göttlichen Strahlen und die Priester aus Atlantis und *Begegnung mit den atlantischen Priestern,* Bd. I, S. 208

Tunere führte eine Schule des Malens und Gestaltens, und diese Schule können wir nachts im Astralen besuchen, da wir uns dann viel stärker für diese Dinge öffnen. Er spricht von der Sonne des Geistes, von der der Künstler profitiert. Der Tag ist für den Denker zu nutzen. Wenn der Zeitpunkt kommt, öffnet sich dann das Tagesbewusstsein für das mitgebrachte Wissen und die Freiheit auf allen Ebenen.

Er sagt: »Du solltest verstehen, dass alle deine Wünsche und Bedenken ihren Sitz zunächst in deinem Herzchakra haben. Von dort aus strömt die Kreativität in Form der aktiven Intelligenz, genährt vom Strahl der Weisheit, weiter in das Halschakra, um sich dort als kreative Kommunikation zu äußern. Das ist das Prinzip der Schöpfung. Empfindest du nur den kleinsten Funken des kreativen Willens in dir, wird es höchste Zeit, dein Erbe anzutreten. Du wirst den Weg wählen, niemand wird dich beeinflussen. Alles, was dich hindert, ist Fiktion und entstand erst im Laufe der Zeitalter, vielleicht sogar in diesem Leben. Die atlantische Kreativität kennt weder Jahreszeit noch Konjunktur. Sie kennt nur eines, nämlich das Loslassen im venusischen Stil. Du bist der Schöpfer deines Lebens. Keine andere Seele.«

★ ★ ★

Atlanterin Hellenis
Aufgabe: **Menschenführung**
Unterstützendes ätherisches Öl: **Cistrose**
Texte, Meditationen und Affirmationen in:
Die zwölf göttlichen Strahlen und die Priester aus Atlantis und *Begegnung mit den atlantischen Priestern,* Bd. I, S. 220

Hellenis stammte aus einem Königshaus und hatte zu ihrer Zeit den Vorsitz des Rats der Weisen inne. Wenn die Menschen sie in ihrem Tempel um Rat fragten, versuchte sie immer, sich in sie hineinzuversetzen. Sie sah in ihre Augen und ihr Herz, um mit der Seele zu sprechen. Für sie entspringt das Führen der Weisheit, die loslässt.

Sie sagt: »Führen und geführt werden ist ein Aspekt, der seine Heimat ausschließlich im Herzen des Menschen hat. Solange du selbst nicht davon überzeugt bist, dass dein Herz und das anderer Menschen nur ehrlich und von Liebe geführt ist, wirst du nie ein guter Führer sein. Wenn du nun also einen oder viele Menschen führen sollst, wirst du nicht umhin können, dein Herz rein zu halten und an dir zu arbeiten. Jeder negative Aspekt hindert dich daran, eine optimale Menschenführung zu gewährleisten. So versuche, diese große und großartige Verantwortung zu begreifen. In dem Moment, in dem du dich zur Führung – auch einer Familie – bereit erklärst, bist du aufgefordert, mehr denn je an dir zu arbeiten. So lerne von deinem Herzen zunächst, dich selbst zu führen. Es ist die Bemeisterung deines Egos, das du vergleichen kannst mit einem Menschen, den du zu führen hast.«

★ ★ ★

Atlanterin Danina

Aufgabe: **Nächstenliebe**

Unterstützendes ätherisches Öl: **Cascarilla**

Texte, Meditationen und Affirmationen in:
Die zwölf göttlichen Strahlen und die Priester aus Atlantis und *Begegnung mit den atlantischen Priestern,* Bd. I, S. 234

Danina stammte aus einer ganz besonders ausgeglichenen Familie und leitete auf einer Insel eine Schule der Emotionen, die schon von kleinen Kindern besucht wurde. Die bedingungslose Liebe sieht sie als Grundlage der Nächstenliebe. Alle lernten von ihr, auf andere zuzugehen und ihre Unterstützung anzubieten, dies vom ersten Tag an.

Sie sagt: »Nächstenliebe hat einen neutralen Nährboden. Sie lässt sofort los. Du kannst mit ihr sprechen, denn sie existiert. Es ist eine Schwingung, getragen von dem Klang deines Herzens. So wie dein Herz sich in eine anspruchslose Betrachtungsweise deines gesamten Umfelds einschwingen kann, so reflektiert es deine Nächstenliebe. Für die geistige Ebene stellt sie etwas dar, was jedes Wesen erreichen kann und was es letzten Endes auch muss. Es ist gar nicht so kompliziert. Du musst dir immer wieder vor Augen halten, dass sie von jedem Wesen gleich empfunden wird. Dennoch drückt sie sich in der Umsetzung anders aus. Sie bewegt sich auf einer Ebene des Verstehens, der Wertschätzung des Lebens, auch des Interesses an Menschen und Kulturen, des Respekts und des distanzierten Einfühlens, auch Empathie genannt.«

★ ★ ★

Atlanterin Yocara

Aufgabe: **Verständnis und Toleranz**

Unterstützendes ätherisches Öl: **Geranium**

Texte, Meditationen und Affirmationen in:
Die zwölf göttlichen Strahlen und die Priester aus Atlantis und *Begegnung mit den atlantischen Priestern,* Bd. I, S. 247

Daninas Schwester Yocara arbeitete in einem Tempel, in dem man die Probleme im zwischenmenschlichen Bereich bearbeitete. So wurde Verständnis für Handlungen und Emotionen erreicht. Dabei ging es ihr um die Andersartigkeit der Wesen und um Toleranz im Miteinander in Frieden und Harmonie.

Sie sagt: »Toleranz ist das Üben des Verständnisses durch Nachsicht, Duldsamkeit, Entgegenkommen, Weitherzigkeit, aber auch das Akzeptieren der Differenz zwischen durch den Verstand geschaffenen Normen und dem tatsächlich Machbaren. Die Wahl deiner kosmischen Strahlung und all deine Erfahrungen sämtlicher Inkarnationen machen dich zu einem Wesen, dessen Toleranz im Sinne der Norm unberechenbar ist. Es gibt keinen Bemessungswert. Du wirst niemals einen Schätzwert erreichen. Also glaube niemals, die Toleranzfähigkeit eines anderen Wesens ermessen oder fordern zu können. Wäre dies möglich, könnte auch ein jedes Wesen dich so bemessen und auf die Waage stellen. Toleranz ist und bleibt eine Übung auf dem Weg zur Vollkommenheit, eine Grundessenz von Körper, Geist und Seele, gewürzt mit Emotionen und Intelligenz. Sie zu beherrschen und mit Vernunft einzusetzen, ist die größte Prüfung.«

★ ★ ★

Atlanterin Wellina

Aufgabe: **Kinder des neuen Zeitalters**

Unterstützendes ätherisches Öl: **Mandarine**

Texte, Meditationen und Affirmationen in:

Die zwölf göttlichen Strahlen und die Priester aus Atlantis und *Begegnung mit den atlantischen Priestern,* Bd. I, S. 260

In Wellinas atlantischer Schule lernten die Kinder, sich spielerisch im Leben zurechtzufinden, um dann im Alltag zu bestehen. Sie schult nun im Geistigen die neuen Erdenbürger, damit wir im Sinne des neuen Zeitalters viel von ihnen lernen können. Sie sieht diese Kinder wie edle Rosen, die man nicht beschneiden darf.

Sie sagt: »Sei gewiss, es gibt in eurem Kreislauf nicht eine einzige Seele, die frei von Karma ist. Es gilt, jede Seele zu begrüßen, die sich euch nähert. Es mag sein, dass die jetzt von uns entsandten Seelen ein schnelleres Wachstum erfahren und sich viel früher an ihre mitgebrachte Lebensaufgabe erinnern, dennoch haben sie es verdient, in Ruhe und auch mit Fehlern zu gedeihen. Sie dürfen sich verändern, reinigen und ihrer selbst bewusst werden, so wie sie es für gut halten. Sei sicher, das Wissen, das sie mitgebracht haben und das sich früh entwickelt, ist für euch Erwachsene nicht immer nur schmeichelhaft und überzeugend. Wir sehen oft mit Bestürzung, wie viel Leid sich manches Kind auf die Schultern lädt, wenn es versucht, die Missstände in den Familien mitzutragen. Es hat die Familie gewählt, wohl wissend, was es erwartet. Doch helft ihm, dieses Los mit allen gerecht zu teilen.«

★ ★ ★

Atlanterin Eglaia

Aufgabe: **Loslassen der Eifersucht**

Unterstützendes ätherisches Öl: **Palmarosa**

Texte, Meditationen und Affirmationen in:
Die zwölf göttlichen Strahlen und die Priester aus Atlantis und *Begegnung mit den atlantischen Priestern,* Bd. I, S. 274

Eglaia arbeitete in ihrem Tempel mit den Menschen an der Wiedererlangung des reinen Herzens. Es ging immer darum, die Eifersucht abzulegen, die durch die Dualität entstand. Sie will uns die reine, bedingungslose Liebe vermitteln.

Sie sagt: »Die göttliche Liebe wird niemals nur fordern. Wenn sie Ursache und Wirkung schickt, wird sie auch Geben und Nehmen verstehen. Du gibst all deine Energie in diese wunderbare Schwingung der bedingungslosen Liebe hinein, wenn du jedem Wesen, das sich mit dir gemeinsam in der Materie und im Geistigen befindet, nur das Beste wünschst und indem du allen die perfekte Partnerschaft und die Erfüllung aller Träume als Glückwunsch in die Wiege legst. Überwindest du Neid und Eifersucht und kehrst sie in Liebe und ehrliche Unterstützung des anderen um, wird in deinem Herzen ein neues Ziel formuliert. Die Weisheit des Christus bringt die Erkenntnis, dass du durch das Ablegen jeglicher Emotion im Sinne von Neid und Eifersucht einen geistigen Lohn erhältst, und zwar dadurch, dass deine aktive Intelligenz von dieser Ebene aus in Gang gesetzt wird. Erst dann wird sich für dich die Lösung zeigen, die dich für alles entlohnt. Du wirst beschenkt mit allem, was du brauchst, um dein Glück und deinen Frieden zu finden.«

★ ★ ★

Vierter, weißer Strahl

Atlanter Sankturum
Aufgabe: **Standhaftigkeit und Disziplin**
Unterstützendes ätherisches Öl: **Pfeffer grün**
Texte, Meditationen und Affirmationen in:
Die zwölf göttlichen Strahlen und die Priester aus Atlantis und *Begegnung mit den atlantischen Priestern,* Bd. II, S. 20

Dem Königssohn Sankturum wurde nach einer langen Phase der Prüfung durch die Ältesten die Leitung der Schule der Disziplin und Standhaftigkeit übertragen. Er will uns helfen, niemals aufzugeben, aber auch mit uns selbst ins Gericht zu gehen, um uns so von anderen zu unterscheiden.

Er sagt: »Über all die Zeitalter hinweg hast du vergessen, dass nur du selbst den Begriff der Disziplin erfunden und aufrechterhalten hast. Verstehe, dass du nichts von dir verlangen kannst, was nicht deiner Prägung entspricht. Du bist wie eine Münze, die ihren Wert seit ihrem ersten Erscheinen in sich trägt. Jetzt lernst du wieder, dass der kristalline weiße Strahl in der Lage ist, dich an alles zu erinnern, was du dir vornahmst. Er zeigt dir dein Konzept in makelloser Form für jedes heutige Vorhaben, und wenn du es zulässt, gewährt er dir den Blick zurück in deine ursprüngliche Disziplin, die aus der göttlichen Quelle stammt.«

★ ★ ★

Atlanter Micale

Aufgabe: **Erkennen alter Muster**

Unterstützendes ätherisches Öl: **Muskatellersalbei**

Texte, Meditationen und Affirmationen in:
Die zwölf göttlichen Strahlen und die Priester aus Atlantis und *Begegnung mit den atlantischen Priestern,* Bd. II, S. 34

Micale wurde von den Ältesten für die Arbeit im Tempel der Erkenntnis ausgebildet. Durch Impulse hilft er den Menschen, umzudenken und ihre alten Muster zu erkennen.

Er sagt: »Ein Muster ist ein grundsätzliches Bild, nach dem sich alles neu Entstehende gestaltet. Nichts geschieht ohne Grund. Es stellt sich nur die Frage, wie sich alles entwickelte und von Emotionen und Gedanken genährt wurde. Demzufolge muss das Grundmuster also positiv gewesen sein. Die sich daraus ergebenden Folgemuster wurden von dir durch viele Aspekte geprägt. Die Muster bauen sich langsam auf und fahren sich ein. Doch gesellen sich immer wieder neue Perlen dazu, um eine sich ständig verlängernde Kette zu bilden. Das Erkennen alter Muster ist eine interessante Aufgabe. Selten wird es dir gelingen, sogleich das allererste Grundmuster zu erkennen. Doch sei gewiss, auf diesem Weg zurück zum Ursprung erkennst du auch das Positive, das dich leitete und erfolgreich machte. So trennst du die Spreu vom Weizen, um am Ende des Weges die Ernte einzufahren. Du wirst erkennen dürfen, dass dich vieles zum Durchhalten bewegte. Doch überlege genau, ob du bereit bist, dich deiner eigenen Erkenntnis zu stellen. Es gibt kein Zurück.«

★ ★ ★

Atlanter Johsare
Aufgabe: **Entgiftung und Reinigung**
Unterstützendes ätherisches Öl: **Rosmarin**
Texte, Meditationen und Affirmationen in:
Die zwölf göttlichen Strahlen und die Priester aus Atlantis und
Begegnung mit den atlantischen Priestern, Bd. II, S. 48

Johsare entstammte einer Priesterfamilie und besaß den »Röntgenblick«, der ihm gestattete, die Vergiftung der Organe und Zellen zu erkennen. Er hilft uns, den physischen Körper gesund und rein zu erhalten, auch durch Musik.

Er sagt: »Erst wenn du deinem Körper gestattest, sich absolut zu regenerieren, und die entsprechenden Schritte unternimmst, ist er bereit, die Muster in den Zellen zu transformieren. Die physische Veränderung aktiviert das Programm der Emotionen. Sie dürfen sich transformieren, und so setzt ein neues Denken ein. Der Verstand lernt, dass es auch andere Betrachtungsweisen geben kann. Er wird erst so in die Lage versetzt, neue Lösungen zu finden. Sieh in dir eine Verpflichtung zur Reinheit und Entgiftung. Entscheide dich für die reine Nahrung, und es wird dir alles zufließen. Du wirst immer ästhetisch sein und einen angenehmen Duft verbreiten. Ein neues Körperbewusstsein soll so auf der Erde Einzug halten. Es ist kein hoher Preis, der dafür zu zahlen ist. Denke immer daran, dass man vielleicht auch dir wieder die Chance geben wird, deinen Weg in der Materie fortzusetzen. Dann hast du den Grundstein für deine eigene Reinheit gelegt.«

* * *

Atlanter Smagus

Aufgabe: **Ernährung**

Unterstützendes ätherisches Öl: **Wacholder**

Texte, Meditationen und Affirmationen in:
Die zwölf göttlichen Strahlen und die Priester aus Atlantis und *Begegnung mit den atlantischen Priestern,* Bd. II, S. 62

Smagus entstammte einer wissenschaftlichen Familie und hatte eine Akademie der Ernährung aufgebaut. Er will uns helfen, eine artgerechte Ernährung zu entwickeln, denn für ihn ist die Unantastbarkeit der Tiere ein Maßstab für ein neues Zeitalter. Das soll auch in den Schulen gelehrt werden.

Er sagt: »Lerne zu vertrauen, dass der göttliche Gabentisch immer das für dich bereithält, was dir guttut. So wird er immer dafür sorgen, dass du für den Verzehr des Fleischs zur rechten Zeit den optimalen Ersatz finden wirst. Du wirst entdecken dürfen, dass deine Körper nicht an allen Tagen auf die gleiche Nahrung und Farbe adäquat reagieren. Hinzu kommt, dass es nicht für alle Menschen die gleiche Theorie geben kann. Ich will damit sagen, dass jedes Individuum seinen eigenen Plan wird entwerfen müssen, um herauszufinden, was ihm gut tut. Darin liegt die Kunst der kreativen Ernährung. Es war einmal eine Wissenschaft für sich, und so soll es wieder werden. Sieh die Lichtnahrung, die wir meinen, eher als lichtvolle Nahrung. Solange du deinen Aufstieg nicht erreicht hast, wirst du die Geschenke Gottes genießen dürfen. Sie erhellen dein Leben und bringen dir schöne Stunden, auch im Kreise deiner Lieben. Lade also das Licht ein, deine Nahrung zu nähren.«

★ ★ ★

Atlanter Telane
Aufgabe: **Chakrenarbeit**
Unterstützendes ätherisches Öl: **Iris**
Texte, Meditationen und Affirmationen in:
Die zwölf göttlichen Strahlen und die Priester aus Atlantis und *Begegnung mit den atlantischen Priestern,* Bd. II, S. 78

Aus einer alten Priesterfamilie stammend, hatte Telane eine Reihe von Kliniken zur Heilung der feinstofflichen Körper gegründet. Er half den Menschen, durch den Einsatz von Lichtsäulen und durch ihre Erkenntnis den Weg der Reinheit über das Chakrensystem zu gehen.

Er sagt: »Die atlantische Lichtsäule der Chakrenarbeit wird noch einige Zeit ein Phantasiegebilde bleiben. Wiedererkennen werden sie dagegen diejenigen, die sich einlassen können auf die Heilungsarbeit im Sinne einer nicht manipulativen, sondern loslassenden atlantischen Therapie.

Der Weg zur atlantischen Form der reinigenden Klärung ist mühsam, und nicht selten wirst du dich sehr weit davon entfernt sehen. Die klare Sicht der Dinge ist ein Geschenk deines Schöpfers. Er verteilt die Geschenke so, dass ein jeder sich auf seine Weise darüber freuen kann. Hast du dieses Geschenk erhalten, wirst du heilend so wirken können, dass der Hilfesuchende von dir eine Wegweisung erhält. Dann wird er gehen, um wiederzukommen und deinem prüfenden Blick in DEINER SÄULE standzuhalten. Verzichtet er auf deinen Blick, kannst du sicher sein, dass DEINE SÄULE für ihn unwichtig geworden ist. Erst dann wird er heil sein und in der wahren Erkenntnis.«

★ ★ ★

Atlanter Begides
Aufgabe: **Lichtkörperprozess**
Unterstützendes ätherisches Öl: **Opoponax**
Texte, Meditationen und Affirmationen in:
Die zwölf göttlichen Strahlen und die Priester aus Atlantis und *Begegnung mit den atlantischen Priestern,* Bd. II, S. 93

Auch Begides entstammte einer Priesterfamilie. Er bekam durch die Ältesten eine umfangreiche Einweihung in den Lichtkörperprozess und arbeitete eng mit Serapis Bey zusammen. Für ihn zieht sich dieser Prozess durch die gesamte Bewusstseinsentwicklung des Menschen.

Er sagt: »Erhelle dein Licht, indem du alle deine Chakren einlädst, die größtmögliche Strahlkraft aus deinem Kausalkörper aufzunehmen. Alles ist Wachstum und Anstrengung, selbst der Aufstieg der Seele. So ist es auch mit dem Lichtkörperprozess. Du kannst ihn nicht beschleunigen, indem du die Strahlkraft manipulierst. Sie erreicht dich deinem Wachstum gemäß. Begnüge dich zunächst mit deinen Chakren innerhalb deiner materiellen Welt. Sie sind das Gütesiegel für das weitere Fortkommen. Du wirst Visionen eine Form geben und erkennen, dass sie dir im Zustand der Existenz als längst bekannt erscheinen. Dennoch erhältst du Impulse aus einer übergeordneten Ebene, die neu und bahnbrechend sind, um dich von der Gegenwart in die Zukunft zu geleiten. Das ist Fortschritt und Lichtkörperprozess. Denke daran: Das Minimum führt zum Maximum. Das Licht ist dabei das Maß aller Dinge.«

* * *

Atlanterin Digra
Aufgabe: **Pflege des physischen Körpers**
Unterstützendes ätherisches Öl: **Fichtennadel**
Texte, Meditationen und Affirmationen in:
Die zwölf göttlichen Strahlen und die Priester aus Atlantis und *Begegnung mit den atlantischen Priestern,* Bd. II, S. 109

Digra arbeitete mit ihrem Bruder Johsare im Bereich der Pflege des äußeren Körpers, was ebenfalls die inneren und feinstofflichen Körper mit beeinflusst. Auch die Arbeit mit Schwangeren war ihr sehr wichtig.

Sie sagt: »Je reiner deine Schwingung insgesamt wahrgenommen wird, umso unangreifbarer wirst du für die niederen Energien sein. Du wirst darauf achten müssen, dich wahrzunehmen und nicht alle anderen um dich herum, denn sie folgen wiederum ihrem Grundmuster. Dein Rhythmus ist erst erkennbar, wenn du dich auf ihn eingelassen hast. Was ihr heute als Fingerabdruck kennt, war in Atlantis die Schwingung, der Geruch, das Charisma. Alles war so einfach, für dich vielleicht kompliziert. Diese Schwingung fügte sich ein in das große Ganze wie der Ziegel auf dem Dach. Licht, Farbe, die Kraft des Meeres, der Pflanzen, die reine Ernährung, der Verzicht auf Genussmittel und das harmonische Training des Körpers sind die atlantischen Möglichkeiten zur Reinhaltung. Befrage deinen Körper, was er als gut empfindet. Deine Sinne sind noch immer sehr geschärft, sonst sähest du nicht den Bedarf zur Veränderung.«

* * *

Fünfter, grüner Strahl

Atlanter Dairamus
Aufgabe: **Akupunktur**
Unterstützendes ätherisches Öl: **Geranium Bourbon**
Texte, Meditationen und Affirmationen in:
Die zwölf göttlichen Strahlen und die Priester aus Atlantis und *Begegnung mit den atlantischen Priestern,* Bd. II, S. 125

Von den Ältesten geschult, war Dairamus ein sehr guter Heiler, der jede Zelle und Faser des Körpers rekonstruieren konnte. Hilarion gehörte zu seinen Schülern. Für Dairamus war und ist der Einsatz der Strahlen bei der Akupunktur sehr wichtig, aber der Patient muss auch bereit sein, seine eigenen Blockaden zu erkennen.

Er sagt: »Wisse, wenn du eine Energie einladen willst, dir bei der Heilung ihre Unterstützung zu geben, musst du auch bereit sein, ihre Hinweise zu akzeptieren und umzusetzen. Nur so wirst du spüren, welche Methoden für dich greifbar und einsetzbar sein werden. Es geht darum, die Krankheiten sinnvoll zu heilen, das bedeutet, dadurch eine neue Eigenverantwortung des Menschen zu erreichen. So öffnen sich neue Wege in die optimale Begleitung des Menschen auf einem gesunden Niveau. Der atlantische Heiler wird niemals in Angst vor Konkurrenz verfallen, und niemals wird er seine Methode als die absolute betrachten. Die Akupunktur war und ist ein wunderbares Mittel, um die Zellen an ihr ursprüngliches Programm zu erinnern. Sie werden wachsam und erquickt. Wenn es sein muss, wehren sie sich zunächst, doch dann folgen sie ihrem eigentlichen Schaltplan.«

★ ★ ★

Atlanter Ziodenes
Aufgabe: **Steine**
Unterstützendes ätherisches Öl: **Veilchen**
Texte, Meditationen und Affirmationen in:
Die zwölf göttlichen Strahlen und die Priester aus Atlantis und *Begegnung mit den atlantischen Priestern,* Bd. II, S. 138

Ziodenes, der Bruder von Lara, entstammte einer uralten Königsfamilie. Er lebte und lehrte in einem Tempel aus reinen Kristallen. Der Einsatz von Steinen, auch für hohe Essenzen, war für ihn eine eigene Wissenschaft.

Er sagt: »Nicht selten wurde die Natur zum Opfer der unbegrenzten Leidenschaft des Gehirns. Dabei hat das Wesen Mensch alle Möglichkeiten, die Intuition zu seinem besten Ratgeber zu machen. Du darfst lernen, dass der Edelstein niemals dein Feind war. Und trägt er noch so viele Kanten und Spitzen, so will er dir damit Freude machen und beweisen, dass auch er ein ungeschliffenes Juwel war und bleiben wird. Betrachte ihn als Spiegel. Lasse ihn so, wie er ist, und beraube ihn nicht seiner ureigensten Form. Er wird es dir danken durch eine Flut von positiver Energie. Der Stein als solcher ist so unparteiisch wie eine duftende Rose. Er wird dir immer Freund und treuer Begleiter sein, wenn du ihn pflegst, lobst und seiner wahren Aufgabe überlässt. Der Stein empfindet. Auch er besitzt eine Aura. Wer jemals glaubte, der Stein empfinde es nicht, wenn er falsch eingesetzt wird, der irrt gewaltig.«

★ ★ ★

Atlanter Amerides
Aufgabe: **Tanz/Musik als Therapie und Beruf**
Unterstützendes ätherisches Öl: **Vanille**
Texte, Meditationen und Affirmationen in:
Die zwölf göttlichen Strahlen und die Priester aus Atlantis und *Begegnung mit den atlantischen Priestern*, Bd. II, S. 150

Amerides machte den Tanz zum Objekt seiner Forschung. Er lebte und arbeitete in einem Tempel mit traumhafter Akustik. Das Besingen, aber auch der Ausdruckstanz wurden dort geübt. Sphärenklänge trugen zur Heilung bei.

Er sagt: »Es ist eine Frage der Leichtigkeit deines physischen Körpers, inwieweit du in der Lage bist, durch die Idee, das Empfinden und die Bewegung in einen rein ästhetischen Zustand zu gelangen. Alles, was ist, hegt den Wunsch, sich einer alten, wohl geübten Form wieder anzupassen. Der geschmeidige Tanz, aber auch der befreiende Rhythmus und das harmonische Aufeinanderzubewegen zweier Körper erinnern daran, dass sich der Atlanter eines festen Körpers bewusst wurde, den er im freudigen Energiefluss erhalten wollte. Durch das Fühlen deiner Muskeln im harmonischen Schwung bist du eins mit all deinen Körpern. Du bist dir dann selbst am nächsten und kehrst gleichzeitig zu dir zurück. Du lerntest in Atlantis den Tanz als Geburt deiner harmonischen, physischen Bewegung in der Schwere der Materie. Du hast darauf geachtet, dass Musik und Tanz deine täglichen Begleiter waren. Das ist gelebte Kreativität.«

★ ★ ★

Atlanterin Vanane

Aufgabe: **Hilfsmittel (Essenzen usw.)**

Unterstützendes ätherisches Öl: **Johanniskraut**

Texte, Meditationen und Affirmationen in:
Die zwölf göttlichen Strahlen und die Priester aus Atlantis und *Begegnung mit den atlantischen Priestern,* Bd. II, S. 161

Vanane, von den Ältesten erzogen, legte riesige Kräuterplantagen an, pflegte Nadelwälder und sorgte schon damals für die Vorgänger der Homöopathie, Bachblüten usw.

Sie sagt: »Wenn du ein Teil der Natur bist, musst du auch eine Verbindung zu allen anderen natürlichen Wesen besitzen. Tiere, Pflanzen, Bäume, Edelsteine – sie alle sind deine Geschwister. Sie haben nur eine andere Form der Existenz gewählt. Siehe, auch du willst um deine Hilfe gebeten werden, wenn man sie braucht. So solltest du auch mit den Kräften der Natur verfahren, und so ist es auch mit euren Gemüsen, Früchten, dem Wasser, kurz allem, was ihr braucht, um euch zu ernähren und zu heilen. Wurde dir der Dienst erfolgreich erbracht, vergiss niemals, dich zu bedanken. So schließt sich der Kreis. Dann bist du bereit für neue Dinge, und deine Heilung kann sich manifestieren. Die Atlanter verfügten über eine spezielle Sprache mit der Natur. Ihr Atem verriet den Heilpflanzen, ob es an der Zeit war, ihnen zu helfen. Sie lernten wieder ihren Atem als Geschenk Gottes zu sehen. Er ist das erste Zeichen deines Lebens in der Materie, und er ist das letzte, was du gibst, bevor du gehst. Alles, was ist, erkennt den Atem als Lebenszeichen.«

★ ★ ★

Atlanterin Laris
Aufgabe: **spirituelle Medizin**
Unterstützendes ätherisches Öl: **Kardamom**
Texte, Meditationen und Affirmationen in:
Die zwölf göttlichen Strahlen und die Priester aus Atlantis und *Begegnung mit den atlantischen Priestern*, Bd. II, S. 172

Geschult durch die Ältesten, war Laris mit starker Heilkraft und dem Röntgenblick ausgestattet. Für eine dauerhafte Heilung muss bei ihr das Herz vor dem Verstand stehen. Alle Heilungsuchenden sind gleich zu behandeln.

Sie sagt: »So mancher Arzt erfüllt im Heute seine Aufgabe aus karmischen Beweggründen. Nun stell dir vor, du hast vor langer, langer Zeit einen Eid geschworen. Du bist daran gebunden. Wenn du nun aus karmischen Gründen wieder in die gleiche Aufgabe gehst, empfindet deine Seele noch immer die Bindung an diesen Eid, es sei denn, du kündigst ihn bewusst auf. Sei dir bewusst, es fehlt zum großen Teil an dem Aspekt der Wahrheit, der Wahrhaftigkeit. Es ist die Demut vor dem Mitmenschen, die in Atlantis das oberste Gebot war. Wahre heilende Kraft wird nur dem verliehen, der das Vertrauen der Menschen verdient. Sei ohne Sorge, es ist eine Aufgabe des Neuen Zeitalters, eine Auslese zu treffen. Die Heilung von Herz zu Herz wird ihren Lauf nehmen. Ein mancher wird sich verändern müssen. Wir werden euch Hilfsmittel schenken, die der atlantischen Energie entstammen. Sie werden für jedermann anwendbar sein. Doch wird die Hilfe nur dort spürbar werden, wo die feine Abstimmung der einzelnen Körper vonstattengeht.«

★ ★ ★

Atlanter Zoramus
Aufgabe: **Telepathie**
Unterstützendes ätherisches Öl: **Linaloe-Holz**
Texte, Meditationen und Affirmationen in:
Die zwölf göttlichen Strahlen und die Priester aus Atlantis und *Begegnung mit den atlantischen Priestern,* Bd. II, S. 183

Aufgewachsen in einer sehr spirituellen Familie, kam Zoramus zu den Ältesten, als er gerade laufen konnte. Die göttliche Art der Verständigung, die Gedankenübertragung als Sprache des Höheren Selbst, ist sein Thema.

Er sagt: »Die Menschheit beschloss vor langer Zeit, eine Entwicklung in Gang zu setzen, die den Verstand zum Vater aller Dinge machte. Das Höhere Selbst ist der Mittler zwischen Geist und Materie. Solange du dich auf der Mentalebene aufhältst, erzeugst du Emotionen und das Körpergefühl. Auf diese Art und Weise nimmst du auch Wissen von anderen Wesen auf, indem du vermeintlich von ihnen lernst. Das Höhere Selbst hingegen ist nicht an deinen Mentalkörper gebunden. Wenn es spricht, sich äußert und verbindet, kann es nur die gleiche Ebene suchen und erreichen. Der Ausdruck seiner Kommunikationsfähigkeit ist der Impuls, die reine Intuition. Es ist verpflichtet, Bedenken auszusenden, um deine wahre Absicht zu prüfen. So beachte, dass der ausgesandte telepathische Gedanke jederzeit als Bumerang seinen Weg zurück in deinen mentalen Körper suchen kann. Die Telepathie ist nicht erlernbar. Sie ist ein altes Erbe, das du dir erarbeiten musst. Du prüfst dich selbst.«

★ ★ ★

Atlanter Pelez
Aufgabe: **Schulung des Dritten Auges**
Unterstützendes ätherisches Öl: **Myrrhe**
Texte, Meditationen und Affirmationen in:
Die zwölf göttlichen Strahlen und die Priester aus Atlantis und *Begegnung mit den atlantischen Priestern,* Bd. II, S. 195

Pelez lebte in der atlantischen Blütezeit. Sein Tempel stand an der Küste, in der Abgeschiedenheit. Blautöne beherrschten die Räume, in denen auch Schwangere geschult wurden, um mit den Ungeborenen zu kommunizieren.

Er sagt: »Wenn du bedenkst, dass du sogar die Nutzung deiner Sinne einem Mechanismus unterstellst, liegt es auf der Hand, dass du auch nach einer sinnvollen Nutzung deines Dritten Auges suchst. Löse dich von der Absicht der Nutzung und des Vorgangs. Dazu braucht es Energie. Mobilisiere sie, indem du die Kraft deiner Intuition zum Motor des feinstofflichen Geschehens machst. Alles, was dich von der reinen Wahrnehmung abhält, ist pure Illusion. Es ist die scheinbar unvermeidbar wahrgenommene Trennung, die du augenscheinlich wie alle anderen aktiviert hast. Wartet vielleicht dein Ego auf den Moment des Sehens, um sich stolz über deinesgleichen zu erheben? Dein Drittes Auge wird immer zur Quelle streben, um sich dort zu ernähren.

Höre auf zu wollen und bitte dein Höheres Selbst um sämtliche Erinnerungen, gute wie weniger gute. Korrigiere deine Lebensweise, werde weise und lebe. Der Kosmos steht dir offen.«

★ ★ ★

Sechster, rubinroter Strahl

Atlanter Agythane
Aufgabe: **Frieden**
Unterstützendes ätherisches Öl: **Sandelholz**
Texte, Meditationen und Affirmationen in:
Die zwölf göttlichen Strahlen und die Priester aus Atlantis und *Begegnung mit den atlantischen Priestern,* Bd. II, S. 209

Agythane war ein Symbol des Friedens, seine Mutter war noch sehr rein. Sie stellte sich bewusst für diese Aufgabe zur Verfügung. Auch Jesus gehörte zu seinen Schülern.

Er sagt: »Wenn du von Angst, Sorgen und Krisen sprichst, ist es immer die Sprache deines Herzens. Bedenke immer wieder, dass du über Zeitalter hin mannigfache Erfahrungen sammeln durftest, sowohl in Krisenzeiten als auch in Zeiten der Harmonie und des Friedens. Diese ganzen Erfahrungen speisen dein Gewissen, und der Ruf des Gewissens dringt immer in dein Herz vor. Wie also können wir die gewollte und schmerzfreie Geburt des allumfassenden Friedens präzipitieren? Ist der Friede nur auf Landstriche begrenzt, kann er niemals allumfassend sein. Die Grundlage ist dein eigener Friede, das ist unbestritten. Es wird dir immer an der Kraft mangeln, dich überall auf der Erde stabil und ausgleichend einzusetzen. Wenn du begriffen hast, dass allein dein Gedanke an den allumfassenden Frieden die Energie im Herzen erzeugen kann, die es braucht, um Funken ins morphogenetische Netz zu speisen, dann wird dich dein Gewissen von selbst auf die richtige Spur lenken.«

★ ★ ★

Atlanter Ucarus

Aufgabe: **Atem**

Unterstützendes ätherisches Öl: **Pfefferminze**

Texte, Meditationen und Affirmationen in:
Die zwölf göttlichen Strahlen und die Priester aus Atlantis und *Begegnung mit den atlantischen Priestern,* Bd. II, S. 223

Ucarus stammte aus einer Königsfamilie und war ein enger Freund von Sankturum. Er arbeitete nach seiner Ausbildung durch die Ältesten in Tempeln, die er selbst einrichtete. Die Blockadenlösung durch den Atem, auch das Atmen mit Farben gehören zu seinen Aufgaben.

Er sagt: »Die Qualität des Atems ist die Grundlage für das Wohlbefinden all deiner Körper. Dabei kommt es darauf an, wie ausgeglichen der Fluss des Atems erfolgt. Das bewusste Atmen strengt den Menschen oft sehr an. So lerne also beizeiten, dich auf das Wichtigste auszurichten: dein Atmen. Stellst du es ganz ein, wirst du den Körper verlassen. Reduzierst du es, wirst du auch den Energiefluss in all deinen Körpern reduzieren. Zu Beginn all deiner Existenzen wusstest du dich an diese kraftspendende Energie anzuschließen. Hier ist besonders die Geburt des Menschen zu betrachten. Seine ersten Atemzüge sollen wohltuend und sanft erfolgen, nicht mit Geschrei und in Aufregung. Deshalb bevorzugte der Atlanter die Geburt im Wasser, da sie sanft und warm war. So sei der Mensch bemüht, sein wichtigstes Gut zu schützen und als Geschenk der Natur zu betrachten. Er soll es bestücken mit Kraft und Farben, um das Licht in seine Körper einzuladen.«

* * *

Atlanter Sokane

Aufgabe: **Geistheilung**

Unterstützendes ätherisches Öl: **Rose**

Texte, Meditationen und Affirmationen in:
Die zwölf göttlichen Strahlen und die Priester aus Atlantis und *Begegnung mit den atlantischen Priestern,* Bd. II, S. 234

Sokane wurde auch »der Alte des Herzens« genannt. Sein Zentrum lag auf einer kleinen Insel. Nachsicht und Liebe prägten seine Worte. Für ihn ist nur die reine Liebe die Basis für das Heilen durch den Geist.

Er sagt: »Heilung durch den Geist und mit dem Geist setzt voraus, dass du die irdische Ebene noch belebst, doch mit all deinen feinstofflichen Körpern bereit bist, eine höhere Verstandesebene zu beanspruchen. Es ist die Ebene des Höheren Selbst. Es sendet seine Wünsche, Botschaften und Weisungen an jedes andere Höhere Selbst aus. Von dort aus kommunizieren die verschiedenen Geiste über die feinstofflichsten Antennen, die du dir nur vorstellen kannst. Du erreichst die Bewusstheit, das zu tun, was dir in deinem Entwicklungszustand gereicht. So wirst du auch begreifen, wie weit deine Fähigkeit des geistigen Heilens reicht, und du wirst verstehen lernen, weshalb nicht jede Form der Heilung auch für dich relevant sein kann. Der Geist setzt sich über die Materie hinweg. Du bist dabei nur in der Lage, auf dein reines Potenzial zurückzugreifen. So erfolgt Heilung, und so empfängst du Heilung. Bedenke immer: Das Herz ist der Prüfstand der Scheinheiligkeit. Der Geist kennt die Fülle der Heiligkeit.«

★ ★ ★

Atlanterin Diandra
Aufgabe: **Sprache der Liebe**
Unterstützendes ätherisches Öl: **Zimt**
Texte, Meditationen und Affirmationen in:
Die zwölf göttlichen Strahlen und die Priester aus Atlantis und *Begegnung mit den atlantischen Priestern,* Bd. II, S. 246

Diandra war die Schwester von Agythane. Sie arbeitete in einem Tempel an der Küste, der mit Rosen in allen Rosa- und Rottönen bewachsen war. Ihre Aufgabe bestand darin, mit den Menschen über ihre Probleme sprechen, und auch ihnen zu helfen, sich das Herz freizuschreiben.

Sie sagt: »Liebe erwächst im Herzen, und so muss sie existieren, solange Menschen durch ein Herz am Leben erhalten werden. Sieh das Herz nicht nur als Organ, sondern als Quelle deiner Emotionen. Wenn es dir schwerfällt, die Nerven zu behalten oder ruhige, liebevolle Worte zu finden, ziehe dich kurz in dich zurück. Bitte jedoch dein Gegenüber innezuhalten, damit es nicht so erscheint, als wolltest du die Unterhaltung beenden. Aus atlantischer Zeit besitzt du eine rote Rose, die das Herz öffnet und niemals verblüht. Lass sie dann dein Herz erfüllen mit ihrem weichen und wohltuenden Charakter. Dann wird sie zum Motor deines Taktgefühls. Sie wird dir helfen, die rechten Worte zu finden. Wenn es sein soll, schreibt euch die liebevollen Worte. Willst du Transformation erreichen, wird es dir nicht erspart bleiben, die Sprache der Tiere wieder zu aktivieren. Der karmische Aspekt dazu ist im Mentalkörper gespeichert. Du wirst dich entschließen müssen, diese alte Kommunikation wieder aufzunehmen.«

⋆ ⋆ ⋆

Atlanterin Astrana

Aufgabe: **Liebe und Sexualität**

Unterstützendes ätherisches Öl: **Jasmin**

Texte, Meditationen und Affirmationen in:
Die zwölf göttlichen Strahlen und die Priester aus Atlantis und *Begegnung mit den atlantischen Priestern,* Bd. II, S. 259

Astrana war eine Priesterin von sehr hohem Rang. Die bedingungslose Liebe und die Treue bildeten ihre Themen, so auch der liebevolle Umgang im Bereich der Sexualität.

Sie sagt: »Seit Menschengedenken existiert die Liebe in den verschiedensten Schattierungen. Die Sexualität ist die Grundlage dafür, dass der Mensch sich der Materie nähern kann, um all das zu erledigen, was er sich über die Zeitalter hin vorgenommen hat. Vielleicht hilft es dir, wenn du die Begegnung zweier Menschen als gottgegeben betrachtest. Gerade dann, wenn man dir einen Partner zuführt, ist es das göttlichste Geschenk, das man dir machen kann. Vom Ursprung her gesehen, war und ist jede Verbindung positiv und göttlich. Die Zeitspanne zwischen damals und heute brachte die Veränderung, die von dir und deinen Partnern selbst produziert wurde. Es ist der göttliche Funke des Herzens, der immer wieder Stärkung erhält, um dich zu regenerieren und zum Durchhalten zu bewegen. Diese Chance zur Regeneration erhältst du immer, wenn dir ein Partner begegnet. Schau, er verfolgt das gleiche Prinzip wie du, denn er stammt aus der gleichen Quelle.«

★ ★ ★

Atlanter Pekanes

Aufgabe: **Soziales**

Unterstützendes ätherisches Öl: **Tabak**

Texte, Meditationen und Affirmationen in:
Die zwölf göttlichen Strahlen und die Priester aus Atlantis und *Begegnung mit den atlantischen Priestern,* Bd. II, S. 274

Pekanes stammte aus dem größten atlantischen Königshaus. Die einheitliche soziale Linie wurde schon von seinem Vater verfolgt, der ihm diese Aufgabe übertrug, denn in seinem Haus trafen sich alle Oberhäupter zur Beratung.

Er sagt: »Alles, was dich beschäftigt, ist ein Zeichen des fehlenden sozialen Friedens. Frieden ist eine Tugend, und zwar eine göttliche Tugend, gelenkt vom rubinroten Strahl. Alle Wesen, die in Atlantis existiert haben, und hier spreche ich vom ›reinen‹ Atlanter, kennen den gerechten sozialen Frieden. So sind sie alle in ihrem heutigen Körper aufgefordert, wieder dafür zu kämpfen. Schafft euren sozialen Frieden, so schnell ihr nur könnt. Die Erde muss wieder eine Kugel in sich werden. So wehrt euch der ungerechten Taten. Jeder, auch du, ist berechtigt, für den sozialen Frieden zu kämpfen. Wie soll es zum Weltfrieden kommen, wenn ihr ganze Völker vergesst, die es scheinbar nicht wert sind, am Leben zu bleiben, weil ihre Heimat keine Werte bietet, deren Ausbeutung sich lohnt, und damit anscheinend auch nicht der Einsatz für den Frieden? Macht es euch gemeinsam bewusst: Ihr seid denen überlegen, die sich der ›Menschlichkeit‹ nie unterzogen haben. Du alleine bist der Schöpfer deines Friedens. Lass die Illusion nicht Herr der Lage werden.«

★ ★ ★

Atlanter Kitho
Aufgabe: **Manifestation**
Unterstützendes ätherisches Öl: **Flouve**
Texte, Meditationen und Affirmationen in:
Die zwölf göttlichen Strahlen und die Priester aus Atlantis und *Begegnung mit den atlantischen Priestern,* Bd. II, S. 289

Von den Ältesten geschult, war es seine Aufgabe, bereits kleine Kinder darin zu unterrichten, das Gute zu erhalten. Für ihn war und ist Erfolg nicht selbstverständlich, er muss erarbeitet und manifestiert werden, soll die Fülle erhalten bleiben.

Er sagt: »Du weißt, du alleine bist der Schöpfer deiner Welt. Alle deine Erfolge beruhen auf karmischen Grundlagen. Du hast es in deiner Hand. Und glaube mir, es ist nicht im göttlichen Plan, dass ein Mensch sich plagt und ohne Erfolg und Lohn ausgeht. Der Mensch muss lernen loszulassen, auch das, was ihm keinen erkennbaren Nutzen und Erfolg bringt. Das ist der Fluss des Lebens. Es sind oft Prüfungen, ob du bereit bist, deine so eng gesteckten Grenzen zu überschreiten. Manifestiere erst dann, wenn du das Gefühl hast, für dich das maximal Erreichbare geschaffen zu haben. Erst wenn die korrekte Transformation gemäß dem Plane stattgefunden hat, fühlst du Frieden und kannst loslassen. Erst dann kannst du sagen: ›Jetzt ist es gut. Ich bin im Frieden mit mir und meinem Plan. Ich weiß, dass ich getan habe, was zu tun war. Es ist vollbracht.‹ Sobald du im Frieden mit dir selbst bist und mit allem, was ist, wirst du ohne Angst den Erfolg verzeichnen und manifestieren.«

★ ★ ★

Siebter, violetter Strahl

Atlanter Fahrine
Aufgabe: **Psychologie**
Unterstützendes ätherisches Öl: **Majoran**
Texte, Meditationen und Affirmationen in:
Die zwölf göttlichen Strahlen und die Priester aus Atlantis und *Begegnung mit den atlantischen Priestern,* Bd. III, S. 20

Fahrine stammte aus einem Königshaus. In seiner »Schule der Vergangenheit« arbeitete er mit dem »violetten Licht der hintersten Seelenkammer«. Er öffnet die Tür zum Ursprung.

Er sagt: »Was ich sagen will, ist, dass auch du, wie jeder andere Lichtpunkt im Universum, irgendwann einmal so warst, wie du zu sein hattest. Nichts fehlte dir, um zu sein, was du sein wolltest. So schuf sich das Meer der Seelen, entstammend der Quelle, wohl wissend, dass die Quelle niemals versiegt. Doch gibt es nichts in der Materie, das nicht seine Bestimmung hätte. Nennen wir die Bestimmung den Code. Du fandest ihn wie von selbst, eingehüllt in die Energie deiner Monade und den Strahl deiner Seele. Er speicherte deinen ureigensten Willen zur Manifestation, deinen Sinn des Lebens, deine Reinheit im göttlichen Glanz und deinen Willen zur Rückkehr zur Quelle. Was immer dich von diesem Code entfernte, lag auf dem Weg der Verkörperung. Nie hat dich die Gewissheit verlassen, die goldene Tür wieder zu finden, weil dein Code der Pate der Gewissheit ist. Es ist der Wille, wieder zum Tropfen der Quelle zu werden, der den Code in dein Bewusstsein holt.«

★ ★ ★

Atlanterin Lemura
Aufgabe: **friedliche Kommunikation**
Unterstützendes ätherisches Öl: **Cananga**
Texte, Meditationen und Affirmationen in:
Die zwölf göttlichen Strahlen und die Priester aus Atlantis und *Begegnung mit den atlantischen Priestern,* Bd. III, S. 33

Lemura war Fahrines Tochter. Für sie entscheidet schon der erste Gedanke, der Wille und nicht das gesprochene Wort über das Gelingen eines Prozesses.

Sie sagt: »Transformierende Kommunikation bedeutet die Verwandlung von Sätzen in andere Sätze. Dein Gehirn verschafft sich Ausdruck, indem du aussprichst, was du empfindest, denkst und veranlassen willst. Diese Schaltzentrale begegnet permanent Eindrücken, die zum Ausdruck werden. Vergiss dabei niemals die karmischen Grundlagen. Sie haben ihren Sitz im Unterbewusstsein. So kommt es in deinem Gehirn zu Verzweigungen, Verknüpfungen und zum Ausdruck. Wie schwierig ist es dabei, die Zukunft ins Auge zu fassen, geschweige denn, sie zu bewerten. Jede deiner Äußerungen trifft auf die Schaltzentralen der Gehirne deiner Gesprächspartner. Dein Wille zur friedlichen Kommunikation entspringt zum rechten Zeitpunkt deinem Gehirn. So bedenke, dass sowohl Mental- als auch Emotionalkörper lange im Voraus ihren Plan zurechtlegen. Es sind die feinstofflichen Ebenen, die kommunizieren, entweder im Frieden oder im Unfrieden. Sie bereiten euch vor auf die Begegnung. Das ist wahre Transformation.«

★ ★ ★

Atlanter Gidenes
Aufgabe: **Konfliktbearbeitung**
Unterstützendes ätherisches Öl: **Davana**
Texte, Meditationen und Affirmationen in:
Die zwölf göttlichen Strahlen und die Priester aus Atlantis und *Begegnung mit den atlantischen Priestern,* Bd. III, S. 47

Gidenes lebte mehrmals freiwillig in Atlantis. Gerade die Konflikte zwischen Mensch und Tier beschäftigten ihn sehr. Sein klosterähnlicher Tempel lag auf einer Insel. Man begegnete dort immer und überall dem Konflikt.

Er sagt: »Was ist eine Auffassung? Sie ist die Sichtweise der Dinge, der Situationen und deiner Menschlichkeit. Gerät jedoch der freie Wille in die Situation der Manipulation, beginnen sich die Auffassungen voneinander zu entfernen. Sie produzieren ein neues Bild der Welt und der Sichtweise der einzelnen Wesen. Wenn du das verstanden hast, wirst du begreifen, dass im Grunde genommen niemals ein Konflikt bestehen kann, da jedes Wesen nur seine Auffassungen vertritt. Wenn man sich vorstellt, dass sich jedes Wesen mit seinen Auffassungen in verschiedene Zeitalter hineinkatapultiert hat, wie soll es dann möglich sein, im Heute über die gleichen Auffassungen zu verfügen? Im Großen wie im Kleinen wird es immer die Essenz der Auffassung sein, die über das Ergebnis des Konflikts bestimmt. So wirst du verstehen, dass nur du selbst deine Auffassungen untersuchen, zurückverfolgen und regeneriert im Sinne des Kollektivs betrachten kannst. Dann erachtest du die Auffassungen anderer als genauso wichtig wie die deinen.«

★ ★ ★

Atlanter Gawine
Aufgabe: **Kombination vieler Wege zur Transformation**
Unterstützendes ätherisches Öl: **Orange bitter**
Texte, Meditationen und Affirmationen in:
Die zwölf göttlichen Strahlen und die Priester aus Atlantis und *Begegnung mit den atlantischen Priestern,* Bd. III, S. 61

Gawine, in einer Priesterfamilie geboren, dachte schon als Kind in perfekten Strukturen. Er verband Vergangenheit, Gegenwart und Zukunft kreativ, um Probleme zu lösen.

Er sagt: »Du wirst mit deinem eigenen karmischen Muster geboren. Bei deiner Geburt erhältst du die Eintrittskarte für das Theater deines Lebens. Tagtäglich wirst du vor neue Situationen gestellt. Noch gestern lief alles nach Plan. Heute fällt dein wichtigster Partner aus, weil ihm etwas Besseres eingefallen ist. Jede Auseinandersetzung fordert zur Diskussion heraus. Es ist immer die Frage, wie sie geführt wird. Daraus resultieren dann die Auffassungen und die Schritte zur Bewältigung. Wichtig ist, dass du lernst, in jeder Szene auf deiner Lebensbühne herauszufinden, wie du sie selbst verfasst hast. Die Vergangenheit war die erste Fassung deines Drehbuchs. Je eher du in der Lage bist, den spitzen Bleistift anzusetzen, umso weniger musst du ausradieren und neue Zeilen kreieren. Solange du in der Materie existierst, bist du Autor, Darsteller und Kritiker. Du bist Künstler und Betrachter. Lerne beizeiten, den Beifall zu schätzen. Doch dieser wird dir niemals für das Mittelmaß zuteil. Erst wenn es nichts zu verändern gibt, bist du am Ziel.«

★ ★ ★

Atlanter Morina

Aufgabe: **Strafvollzug**

Unterstützendes ätherisches Öl: **Tagetes**

Texte, Meditationen und Affirmationen in:

Die zwölf göttlichen Strahlen und die Priester aus Atlantis und *Begegnung mit den atlantischen Priestern*, Bd. III, S. 77

Morina arbeitete im »Land des violetten Feuers«. Er malte und komponierte Musik. Alle, die zu ihm kamen, weil sie sich im Zusammenleben mit anderen schuldig gemacht hatten, profitierten in seiner »Kolonie« davon.

Er sagt: »Es ist leicht, einen Menschen für etwas zur Verantwortung zu ziehen. Es gab Epochen in eurer Kultur, die wir mit Entsetzen verfolgten. Ein falsches Wort oder ein nicht adäquates Verhalten genügte, um einen Menschen zu beseitigen. Sein Licht erlosch, und kaum einer vermisste es. Der ›Täter‹ ist gefasst, dann gerät er in die Mühlen eurer Justiz und er wird sicher verwahrt. Es ist das unbestrittene Recht eines jeden Wesens, in Frieden und ohne Angst zu leben, so wie es in Atlantis einmal war. Doch sei sicher, der freie Wille des Wesens Mensch hat immer wieder den Funken des Fehlers entzündet. Vielleicht siehst du einen ›Fehler‹ gar nicht als Fehler, sondern nur dein Nachbar empfindet dein Verhalten als unmöglich und nicht mehr tragbar. Gebt jedem die Möglichkeit der Erkenntnis und der Heilung. Doch zum Erkenntnisprozess gehört auch der Blick in die Ferne im Frieden. Hat die violette Flamme ihre Wirkung gezeigt, entsteht eine neue Lebensgrundlage.«

★ ★ ★

Atlanter Zeroh

Aufgabe: **Transformation des Egos**

Unterstützendes ätherisches Öl: **Calamus**

Texte, Meditationen und Affirmationen in:
Die zwölf göttlichen Strahlen und die Priester aus Atlantis und *Begegnung mit den atlantischen Priestern*, Bd. III, S. 97

Die bedingungslose Liebe bildete Zerohs Lebensinhalt. Er liebte die Menschen ohne Hintergedanken und Ängste. Jeder war für ihn ein offenes Buch, er sah die Mängel des Egos.

Er sagt: »Wäre dein Ego nicht entstanden, so gäbe es nicht deine Form der Existenz. Lerne dich zu sehen als Strom der Quelle, der sich unaufhörlich in die Materie ergießt. Das Ego trennte dich noch nie von deiner Intuition. Es wurde zum Vehikel deines Daseins, geboren in einer Sternstunde deines Selbstbewusstseins auf der geistigen Ebene. So kannte es deinen wahren Kern. Doch hüte dich vor Egoismus. Er teilt mit dem Ego nur die negativen Seiten. So wird er dich dazu verleiten, berechnend und kühl in deinen Gefühlen zu werden. Sieh das Ego als göttliche Maßnahme. ER traute dir zu, dass du deine Intelligenz dazu benutzt, zum Wohle aller zu handeln. Auch schenkte ER dir einen Körper, damit du lernen solltest, gerne und geerdet in der freiwilligen Getrenntheit von ihm zu existieren. Nicht zuletzt schenkte Gott dir das Gefühl. ER ermunterte dich dazu, dich als Bruder oder Schwester eines jeden existierenden Wesens zu erleben. Nichts ist trennbar. Jedes Wesen wählte einen Körper, der alle Ebenen des Seins vereinen muss. Das ist wahre Meisterschaft in der Materie.«

★ ★ ★

Atlanter Chanti

Aufgabe: **Vergebung**

Unterstützendes ätherisches Öl: **Koriander**

Texte, Meditationen und Affirmationen in:

Die zwölf göttlichen Strahlen und die Priester aus Atlantis und *Begegnung mit den atlantischen Priestern,* Bd. III, S. 113

Von den Ältesten geschult, war Chanti väterlich und brüderlich zugleich, sehr diplomatisch und immer bemüht, festgefahrene Emotionen und Blockaden des Herzens zu lösen.

Er sagt: »Nichts ist im Bereich der Emotionen erfolgreicher zu verzeichnen als eine gelungene Vergebung. Der wahre Frieden folgt der Vergebung aus dem Herzen heraus. Entwickle zunächst den Willen zur Vergebung. Dann suche deine Weisheit auf, nicht zuletzt deine Demut, falls du noch weißt, wie Gott sie definierte. Bringe all deine Liebe mit ein, indem du jeden akzeptierst, wie er sich schuf und genau in dem Moment verhielt, als er dich traf. Bekräftige immer wieder deinen Willen zur Harmonie und bleibe dir treu in deinem Vorhaben. Der rechte Zeitpunkt wird kommen, und nicht zuletzt wird er gelenkt von unsichtbarer Hand. Fordere die Wahrheit heraus, suche das Gespräch, oder wende dich dem Geiste zu, der sich längst aus der Materie erhob. Kehre zurück zu dem Punkt, an dem ihr euch verstanden habt, an dem die Liebe Herr der Lage war. Dann vergib aus vollem Herzen. Nimm die Vergebung an, wenn es an dir ist, dem anderen dein Herz zu öffnen. Erst wenn du das Gefühl in dir trägst, dass der Frieden wirklich eingekehrt ist, bist du am Ziel. Dann gilt es loszulassen.«

★ ★ ★

Achter, aquamarinfarbener Strahl

Atlanter Bilane
Aufgabe: **Rechtsprechung**
Unterstützendes ätherisches Öl: **Tonka**
Texte, Meditationen und Affirmationen in:
Die zwölf göttlichen Strahlen und die Priester aus Atlantis und *Begegnung mit den atlantischen Priestern,* Bd. III, S. 130

Aus einem Königshaus stammend, war Bilane bekannt für seine Diplomatie und Hellsichtigkeit. Als Schiedsmann auch in anderen Königreichen eingesetzt, versammelte er alle Streitenden um sich, um Klarheit zu schaffen.

Er sagt: »Normen wurden geschaffen, denen sich jedes Wesen anzupassen hat. All das ergibt das Recht. Nicht zuletzt wurden Seelen damit betraut, dieses Recht zu vertreten, und das im Namen aller. Wenn du nun bedenkst, dass ein jeder Mensch über dieselben feinstofflichen Bereiche verfügt, dürfte es sehr schwer erscheinen, zu erwarten, dass ein Richter ein übermenschliches Verhalten demonstrieren könnte. Auch er ist der Emotion, dem Verstand und dem Körperlichen ausgeliefert. Wenn alles Ursache und Wirkung in sich trägt, müssen auch das Recht und die Rechtsprechung davon geprägt sein. Doch sei beruhigt, die Zeit wird kommen, da der Mensch erkennt, dass auch das Recht einen karmischen Ursprung hat. Dann wird er sich besinnen und erkennen, dass das Recht immer gleich sein muss. Die Lüge ist zu entwurzeln, damit sie sich nicht vermehren kann.«

★ ★ ★

Atlanterin Tetena

Aufgabe: **Entscheidungen**

Unterstützendes ätherisches Öl: **Immortelle**

Texte, Meditationen und Affirmationen in:
Die zwölf göttlichen Strahlen und die Priester aus Atlantis und *Begegnung mit den atlantischen Priestern,* Bd. III, S. 144

Tetena stammte aus einem Königshaus und kam schon als Kind zu den Ältesten. Durch Stille und Ruhe geprägt, strahlte sie Gewissheit und Sicherheit aus. Sie hilft uns bei Entscheidungen, zeigt uns auch, dass niemand perfekt ist.

Sie sagt: »Jede Sekunde deines Verweilens in einer Materie war und ist von Entscheidungen geprägt. Verstehe, dass deine Entscheidung zur Inkarnation an deine Bereitschaft geknüpft war, jegliche irdische Entscheidung in dem Wissen zu fällen, dass du geführt und geschützt bist. Der Mensch darf lernen, anderen seine Sicht der Dinge zu schildern, doch sollte er niemals in Entscheidungen eingreifen. Was es noch zu akzeptieren gilt, ist die Reifezeit der Entscheidung. Lehne dich zurück, suche deinen Ort der Stille und des Herzens. Erst dann wäge ab, betrachte das Für und Wider und entscheide. Jede Nacht, die du einer Entscheidung opferst, trägt Früchte. Dann hast du Gelegenheit, weisen und neutralen Rat auf der geistigen Ebene einzuholen. Lerne, deine Entscheidungen selbstbewusst zu vertreten. Mache dir selbst ein Geschenk für jede gute Entscheidung. Nur so lernst du, ab und an ein Risiko zu wagen. Bringe Kopf und Bauch zusammen. Das ist eine gesunde Basis für deine Entscheidungen.«

★ ★ ★

Atlanter Joseres
Aufgabe: **innere Stimme**
Unterstützendes ätherisches Öl: **Ylang-Ylang**
Texte, Meditationen und Affirmationen in:
Die zwölf göttlichen Strahlen und die Priester aus Atlantis und *Begegnung mit den atlantischen Priestern,* Bd. III, S. 157

Joseres führte eine Schule der inneren Stimme, die in die Natur des Waldes integriert war. Die Sprache und Energie der Bäume wurde dort mit genutzt. Für ihn ist die innere Stimme unser wichtigster Gesprächspartner.

Er sagt: »Du weißt, es gibt nichts in deiner Fantasie, was du nicht kennst. So ist auch die Wahrnehmung der inneren Stimme Realität. Sie sucht die direkte Konversation mit dir. Weisheit ist das Produkt einer langen Kette von Erfahrungen in vielen Körpern. So ist die innere Stimme das Echo deiner Weisheit. Sie speist dich aus deinem eigenen Kelch der Weisheit. Dafür hat sie Zugriff auf viele klare Quellen. Niemand begrenzt sie oder weist sie in ihre Schranken. Betrachte sie als Gral, der sich in deinem Kausalkörper über Jahrtausende füllte. Sie bildet die Essenz aus allem, was war, ist und sein wird. Alles, was du für deinen Fortschritt benötigst, wird dann über die innere Stimme an dich weitergeleitet. Stelle sie dir wie einen Journalisten vor, der täglich über das Weltgeschehen informiert. Er weiß, wann du offen bist für das Unerwartete, den Lichtblick. Das nimmt deine innere Stimme dann als Basis für den weiteren Fortschritt. Sie baut darauf auf und ruht nicht, bis sie dich erreicht.«

★ ★ ★

Atlanter Benedicus

Aufgabe: **Lebensaufgabe und Potenzial erkennen**

Unterstützendes ätherisches Öl: **Tuberose**

Texte, Meditationen und Affirmationen in:
Die zwölf göttlichen Strahlen und die Priester aus Atlantis und *Begegnung mit den atlantischen Priestern,* Bd. III, S. 170

Benedicus arbeitete sehr eng mit Wontan zusammen, dies hauptsächlich im Bereich der ungeborenen Kinder. Er verwaltete eine Art irdische Akasha und arbeitete auch an der »Quelle der göttlichen Klarheit und Wahrheit«.

Er sagt: »Der Mensch wird so lange an der Thematik seiner Lebensaufgabe scheitern, bis er gelernt hat, dass er in sich selbst die wahre Aufgabe zu suchen hat. Niemand ist bereit, dich von klein auf zu beobachten, um deine wahren Neigungen bis ins Detail zu erkennen und zu fördern, es sei denn, du entwickelst Talente, die offen sichtbar ins Gefüge passen. Deine Seele folgt seit ewigen Zeiten einer Ausrichtung im Sinne deines Strahls. Sie lässt der Persönlichkeit die Freiheit der Wahl, des Erfolges, der Unzufriedenheit und des Wandels. Dabei ist dein Potenzial das Rüstzeug auf dem Weg. So entwickelt sich dann das Bewusstsein, deinen eigenen Weg mit Bewusstheit zu gehen. Bist du jedoch scheinbar am Ziel und hast deine wahre Aufgabe gefunden, geht es darum, deine Kraft und Energie zu erhalten. Du wirst das Gefühl entwickeln und auch die Bestätigung erhalten, dass die Ansprüche an dich wachsen. Dein Reichtum ist unermesslich, würde er nur von dir wahrgenommen. Gehe den Schritt auf dich selbst zu.«

★ ★ ★

Atlanter Diondras
Aufgabe: **Loslassen**
Unterstützendes ätherisches Öl: **Jonquille**
Texte, Meditationen und Affirmationen in:
Die zwölf göttlichen Strahlen und die Priester aus Atlantis und
Begegnung mit den atlantischen Priestern, Bd. III, S. 190

Diondras war ein sehr geachteter Priester, da er äußerst konsequent war. Im Garten seines Tempels gab es einen großen See, auf dem er in einer Barkasse mit den Menschen arbeitete. Die liebevolle Distanz war ein großes Thema.

Er sagt: »Sieh alles, was dich bewegt, als Verpflichtung deinerseits, dir darüber klar zu werden, was du tatsächlich loslassen kannst. Loslassen heißt, den anderen seinem Wachstum zu überlassen. Du wirst dieses Wachstum niemals beschleunigen oder deiner Zeitrechnung unterwerfen können. Das wahre Loslassen begrüßt das Zusammenleben mit anderen auf hervorragende Weise. Es sucht sogar die Zweisamkeit, vor allem wenn die Dualseele als Geschenk des Göttlichen sichtbar wurde. Es weiß, wie wichtig es diesmal ist, zu beweisen, dass die gegenseitige Achtung vorhanden ist, und so wird das Bedürfnis des realen Ausprobierens zur Basis des Lebens. Nie wird ein solches Wesen andere begrenzen, bevormunden oder manipulieren. Es ist der bewusste Weg in die Gemeinsamkeit, ohne Verlust der Individualität. Dein Charisma erbaut eine Aura, die dich zur Vertrauensperson mit der Weisheit des Alters werden lässt. Je mehr der Geist die Materie durchdringt, desto mehr wird das Loslassen zum selbstverständlichen Spiel der Kinder der Erde.«

* * *

Atlanter Usale

Aufgabe: **Erkennen des falschen Weges**

Unterstützendes ätherisches Öl: **Kamille blau**

Texte, Meditationen und Affirmationen in:
Die zwölf göttlichen Strahlen und die Priester aus Atlantis und *Begegnung mit den atlantischen Priestern,* Bd. III, S. 205

Usale hatte bereits in Atlantis die undankbare Aufgabe der Vermittlung der Erkenntnis des Irrtums. Er war so hellsichtig, dass er den Körper wie aus Glas wahrnahm. Er stieg mit den Menschen auf einen Berg, um sie klar sehen zu lassen.

Er sagt: »Welcher Künstler ist motiviert, ein Bild zu malen, das andere längst gemalt haben und damit bekannt geworden sind? Es mag sein, dass dein Lebensplan weniger Gefahren und Risiken vorsieht als der deines Nachbarn, doch du hast dir die Wanderkarte bereitgelegt. Du alleine wolltest sie zeichnen. Als du uns verlassen hast, saßen wir am Fuß des Berges an der klaren Quelle. Wir gaben dir eine genormte Karte in die Hand. Du warst bereit, mit guter Ausrüstung, mit Mut und Weisheit loszumarschieren. Es ist dein Berg, den du besteigen wolltest. Und ich sage dir, wenn du den Gipfel erreicht hast, wirst du nicht mehr zurückkehren ins Tal. Dein Geist wird sich dort wohlfühlen, in dieser anderen Schwingung. Du musstest einfach auf dich vertrauen, denn du wusstest, niemand anders war auf diesem Weg. Du wirst sagen: ›Ich bin froh, dass mir niemand den Weg gewiesen hat. Es war aber gut zu sehen, dass auch andere in den Bergen unterwegs waren. Das gab mir Kraft und Mut.‹«

★ ★ ★

Atlanterin Glasala
Aufgabe: **Gedanken lesen**
Unterstützendes ätherisches Öl: **Orange süß**
Texte, Meditationen und Affirmationen in:
Die zwölf göttlichen Strahlen und die Priester aus Atlantis und *Begegnung mit den atlantischen Priestern,* Bd. III, S. 219

Glasala hatte eine Schule des Gedankenlesens aufgebaut. Dort herrschte absolute Stille. Sie arbeitete mit einem Pendel, das sich im Sand bewegte. So wurde der Mentalkörper bestens für die Aufnahme von Impulsen geschult.

Sie sagt: »Alles, was der Mensch denkt, spricht, schreibt, entstammt einem Vorgang, den das Gehirn produziert. So wundert es nicht, dass es Wesen gibt, die den Sinn ihres Lebens mit darin sehen, das, was andere geschaffen haben, zu überrunden und allem einen neuen Sinn zu verleihen. Sobald das Ego, der Verstand, ins Spiel gebracht wird, ist der wahre Impuls Vergangenheit. Sieh deinen Mentalkörper als Filteranlage der Gedanken. Lasse fremde Gedanken vollkommen wertfrei in deinen Mentalkörper einfließen, denke nicht darüber nach, dann befördere sie in dein Gehirn und versuche, das Aufgenommene zu verstehen. Das ist ein sehr schwerer Prozess. Es sind das Thema, die Schwingung und die Atmosphäre, die es dir erleichtern, Gedanken zu lesen. Du sollst sie nur lesen, nicht werten oder bewerten. Du sendest deine Gedanken aus, damit ein anderer sie wohlwollend aufnehme. Nur wenn sie klar und positiv sind, kannst du damit rechnen, eine adäquate Antwort zu erhalten.«

★ ★ ★

Neunter, magentafarbener Strahl

Atlanterin Aragena
Aufgabe: **Farben**
Unterstützendes ätherisches Öl: **Neroli**
Texte, Meditationen und Affirmationen in:
Die zwölf göttlichen Strahlen und die Priester aus Atlantis und *Begegnung mit den atlantischen Priestern,* Bd. III, S. 232

Aragena stammte aus einem Königshaus und hatte ein engelhaftes Wesen. Sie hatte eine Schule der Farben gegründet. Die Harmonie der Farben, auch die Arbeit mit farbigen Lichtsäulen waren ihre Themen.

Sie sagt: »Du sprichst von Lichtarbeit. Wenn du sie richtig verstehen willst, wird es sich nicht vermeiden lassen, Verständnis für das Licht zu erlangen. Die feinstofflichen Bereiche deines Daseins hatten und haben immer die gleiche Ausrichtung. Alles, was sie brauchen, ist das Licht, und dieses war und bleibt in deinem Kausalkörper gespeichert. Die zwölf göttlichen Aspekte mit ihrer Lichtenergie waren von Anbeginn dort angelegt. So legte man schon vor deinem ersten Aufbruch in die Verkörperung alle Farben des Spektrums in deinen Kausalkörper. Du warst immer zur Aufnahme der Energien bereit. Die Welt der Farben erleichtert dir die Heilung. Sie ist wie Balsam für alle deine Körper. So wirst du auch wissen, welche Farbe du benötigst, um deine innere und äußere Welt zu gestalten. Du wirst sie intuitiv zur Heilung aller einsetzen. Alle Körper reagieren auf die Farben.«

★ ★ ★

Atlanterin Lejana
Aufgabe: **Meditation**
Unterstützendes ätherisches Öl: **Mandarine grün**
Texte, Meditationen und Affirmationen in:
Die zwölf göttlichen Strahlen und die Priester aus Atlantis und *Begegnung mit den atlantischen Priestern,* Bd. III, S. 246

Lejana, eine sehr hohe Priesterin, wurde von den Ältesten sehr verehrt und gewürdigt. Die meditative Konzentration, das Hören der inneren Stimme im Alltag sind ihre Themen.

Sie sagt: »Ein jedes Wesen, das existiert, erlangt ständig und immerdar unsere Zuneigung und Hilfe. Es wäre nicht lichtvoll, jemanden zu bestrafen, der sich bemüht, seine Existenz zu verfolgen, und der nie gelernt hat, in eine direkte geistige Anbindung zu gehen. Es gibt niemanden, der vom Licht ausgeschlossen ist. Doch sage mir: Wie soll dich dieses Licht dauerhaft zum Leuchten bringen? Es darf dich nicht zum Leuchten zwingen, geschweige denn dich permanent darum bitten. Es hat zu warten, bis du ihm deine Hilfe freiwillig als Vertrauensbeweis anbietest. So kommt es dann zu einer Form der konzentrierten Kommunikation mit dem Licht. Durch die konzentrierte Meditation im Sein und Ausführen deines Plans wirst du belohnt. So schenkt dir die zentrale Sonne immer wieder die Kraft, dich einzubringen als lebensnotwendigen Teil eines großen Ganzen. Schau auf das Licht, konzentriere dich mit deinem Dritten Auge auf unsere Kommunikation des Herzens. So bist du gelenkt für alle Zeit. Du bist frei, um teilzunehmen am Leben und im Strom des Lebens mitzuschwimmen. So verschwendest du keine Zeit.«

★ ★ ★

Atlanter Mirane

Aufgabe: **Schönheit/Ästhetik/Harmonie**

Unterstützendes ätherisches Öl: **Muskatnuss**

Texte, Meditationen und Affirmationen in:

Die zwölf göttlichen Strahlen und die Priester aus Atlantis und *Begegnung mit den atlantischen Priestern,* Bd. III, S. 261

Für den Priester Mirane bedeutete Harmonie die Quelle der Schönheit auf allen Ebenen. Ästhetik entwickelt sich nach seiner Auffassung, indem sich die Ausstrahlung erhöht.

Er sagt: »Du sollst lernen, mit dem Herzen zu sehen. Doch was musst du dafür tun? Es reicht nicht, wenn du ein Wesen für einige Minuten betrachtest und dir dann deine Meinung bildest. Dann schaust du nur mit den Augen. Es gilt zu lernen, das Herz vor den Verstand zu stellen. Nur so entwickelt sich der wahre Begriff von Schönheit und Harmonie, gefolgt von Ästhetik. So wäre es gut für manchen Menschen, auf Schönheit mit den Augen eines Blinden zuzugehen. So erfasst er die wahre Ausstrahlung. Daraus ergibt sich eine neue Form des Respekts vor allen Wesen. Das war die Art von Jesus, Menschen wahrzunehmen. Er machte sein Herz zum Betrachter der Schönheit. Ein Kind wird noch so geboren. Es sieht jeden in seiner Schönheit. Es lächelt jeden an, der sein Herz mit Liebe und Harmonie erobert. Erst wenn es erwachsen und von der Meinung der Erwachsenen geprägt wird, lernt es, in Schön und Hässlich zu unterscheiden. Wie lange braucht es dann, wieder zum Ausgangspunkt zurückzukehren?«

★ ★ ★

Atlanterin Felice

Aufgabe: **Gebet**

Unterstützendes ätherisches Öl: **Myrte**

Texte, Meditationen und Affirmationen in:
Die zwölf göttlichen Strahlen und die Priester aus Atlantis und *Begegnung mit den atlantischen Priestern,* Bd. III, S. 273

Die Priesterin Felice lehrte die Menschen, das Herz Worte und Gedanken als Gebet formulieren zu lassen. Auch die Antworten können wir nur mit dem Herzen verstehen.

Sie sagt: »Das Gebeten-Werden hat eine andere Schwingung als der Befehl oder die Selbstverständlichkeit des Alltags. Es ist die höfliche Umgangsform, die das Herz mit einbezieht. So pflegte man in Atlantis den Umgang zwischen sämtlichen Wesen. Deshalb war es kein Problem, mit Gott zu sprechen. Man musste sich im Umgangston nicht verändern. Das Gebet ist der wahre Ausdruck deines Innersten. Es ist die Sprache des Herzens, das wahrlich vernimmt, was du in diesem Moment benötigst. Es muss an höherer Stelle auf deinen Plan Zugriff genommen werden. Dann muss entschieden werden, ob das, was du vorzubringen hast, adäquat und genehmigungswürdig ist. Bedenke, das Gebet kann ein wichtiger Bestandteil einer Präzipitation sein. Es Gebet kann wie ein Uhrwerk sein, von Minute zu Minute anders funktionierend. Selbst die Gemeinschaft von Menschen sollte in der Lage sein, ein der Situation angepasstes Gebet zu entwickeln. Das lässt gleichzeitig die Kreativität wachsen. Es ist dann die gebündelte Kraft der Präzipitation, die sich in den Kosmos ergießt. Das ist wahre Schöpferkraft.«

★ ★ ★

Atlanter Rudanes

Aufgabe: **Neutralität**

Unterstützendes ätherisches Öl: **Kiefer**

Texte, Meditationen und Affirmationen in:
Die zwölf göttlichen Strahlen und die Priester aus Atlantis und *Begegnung mit den atlantischen Priestern*, Bd. III, S. 285

Der Priester Rudanes arbeitete in einem Tempel aus weißem Marmor in den Bergen. Er schulte vor einer Kristallwand.

Er sagt: »Allzu oft wird Neutralität mit Distanz verwechselt. Distanz zu üben ist zwar auch eine Kunst, doch lässt sie nicht die gleiche Nähe zu wie Neutralität. Wenn du neutral bist, kannst du authentisch sein. In dem Moment, in dem du dir Neutralität wünschst oder bereit bist, sie zu üben, beginnst du innerlich über dich hinauszuwachsen. Das ist eine schwere Prüfung. Selbst Jesus setzte sich ihr aus. Dein Denken, Fühlen und Handeln ist nicht mehr bestimmt vom Zwang der Kontrolle darüber, ob dein Anteil am Geschehen die optimale Auswirkung hatte. Mit Recht könnte man verlangen, die Neutralität zu lehren. Fällt ihre Bedeutung doch mit in den Bereich der Ethik. Doch wer will sie euch beibringen? Das Elternhaus, die Schule, der Partner? Wenn alle gleich betroffen sind, fehlt der Lehrer. Neutralität kannst du dir nur selbst aneignen. Sie war und ist eine harte Lernaufgabe. Und sei einer Sache gewiss, je intensiver du dich mit ihr beschäftigst, umso eindrucksvoller werden die Prüfungen, die du dir selbst auferlegst.«

* * *

Atlanterin Devane
Aufgabe: **Integration der Natur**
Unterstützendes ätherisches Öl: **Latschenkiefer**
Texte, Meditationen und Affirmationen in:
Die zwölf göttlichen Strahlen und die Priester aus Atlantis und *Begegnung mit den atlantischen Priestern,* Bd. III, S. 297

Für Devane bildeten die Bäume den wichtigsten Bestandteil der Natur. Sie kommunizierte mit ihnen, und sie wusste, wie jeder einzelne Baum mit den Menschen arbeitet.

Sie sagt: »Was könnte in der Natur jemals bedrohlich sein? Das, was du als bedrohlich empfindest, sind die Ängste, die durch die Nutzung der Natur ausgelöst wurden. Die Natur spielt ihr Spiel, das Spiel des Lebens. Jedes Tier, das im Wald sein Zuhause hat, folgt seinen Instinkten. Ist in ihm wieder Vertrauen zu dir entstanden, wird es sich dir ohne Bedenken nähern. Die Natur wurde gezwungen, sich dem Willen des Menschen unterzuordnen. Und dennoch wirst du immer wieder einen Baum finden, der voller Freude darauf wartet, dass du ihn wahrnimmst. Er ist neutral, denn er weiß, wenn du ihm wehtust, wirst du es wieder gutmachen müssen. Es ist seine atlantische Güte, die ihn verzeihen lässt. Der Baum gehörte einmal zur Familie. Er war in Atlantis der Kraftspender einer jeden Behausung. Wenn der Baum sich erlaubte, sich von der Erde zu entfernen, wurde die Behausung aufgelöst und an einen neuen Ort verlegt. Es war ein Zeichen dafür, dass man neue Energien brauchte. Aus diesem Grunde gab es kein Haus und keinen Tempel, in dem ein Energiemangel zu verzeichnen war. Der Baum war heilig.«

★ ★ ★

Atlanter Finastes

Aufgabe: **Demut**

Unterstützendes ätherisches Öl: **Eichenmoos**

Texte, Meditationen und Affirmationen in:
Die zwölf göttlichen Strahlen und die Priester aus Atlantis und *Begegnung mit den atlantischen Priestern,* Bd. III, S. 309

Finastes arbeitete in einem herrlichen Garten mit vielen kleinen Tempeln. Er lehrt uns, dass die Demut eine anmutige Ausstrahlung mit bescheidener Bestimmtheit verleiht.

Er sagt: »Die gelebte Demut ist in der Lage, das Ego so zu transformieren, dass es sich als beispielhaft im Kollektiv behaupten kann. Demut macht es dem Verstand sehr schwer zu kritisieren, ohne die Folgen zu überdenken. Eher ist sie in der Lage, zuzulassen und zu akzeptieren, wohl wissend, dass sich alles regelt, wenn der rechte Moment gekommen ist. Sie wird nicht nachtragend und vergeltend agieren, sondern sich selbst herausfordern zum Vergeben und Verzeihen. Du wirst der Liebe immer wieder eine Chance geben, da du begriffen hast, dass nur sie die Nahrung der Demut ist. Hast du Demut erreicht, lässt sie dich jeden Menschen so achten, wie er dir in seiner körperlichen Erscheinung begegnet. Was dich tatsächlich interessiert, ist der wahre Kern des Menschen. Wahre Demut akzeptiert und lässt los. Sie hat gelernt, dass eine höhere Intelligenz ihre ethischen Ziele bewahrt und sie so sein lässt, wie es vom Plan her vorgesehen ist. Dabei kultiviert sie ihr Ziel, die niederen Körper zu transformieren und so ihre Fehler und Schwächen zu erkennen und zuzulassen.«

★ ★ ★

Zehnter, goldener Strahl

Atlanter Zudiones
Aufgabe: **Ruhe und Stille**
Unterstützendes ätherisches Öl: **Baldrian**
Texte, Meditationen und Affirmationen in:
Die zwölf göttlichen Strahlen und die Priester aus Atlantis und *Begegnung mit den atlantischen Priestern,* Bd. IV, S. 20

Zudiones wurde schon sehr früh zu den Ältesten gebracht. Er arbeitete in abgeschiedenen Zentren, um die mentale Ruhe und Stille als Basis der wahren Weisung zu vermitteln.

Er sagt: »Ruhe und Stille sind vorhanden, doch du lebst in der Illusion, sie suchen zu müssen. Du verknüpfst sie mit bestimmten Vorstellungen, und diese sind sehr individuell. Wenn deine Ohren nichts hören, können viele Geräusche da sein, doch du hast nur die Stille. Wir sprechen jedoch von den natürlichen Geräuschen des Lebens. Der Lärm eurer Technik ist nicht zu bezwingen. Zunächst einmal solltest du dein Bedürfnis nach Ruhe und Stille wahrnehmen. Deine Wahrnehmung muss in die Lage kommen, über das Geräusch hinwegzufühlen. Dafür brauchst du deinen Solarplexus. Er ist dazu angelegt, dich vollkommen in eine goldene Kugel des Lichts einzuhüllen. Dein Geist wird rege und gleichzeitig ruhig. Er kommt so in die Lage, Herr deines Wesens zu werden. Sein Zugang zum Höheren Selbst ist frei und ungestört. So übe dich in der Wahrnehmung deiner Ruhe und Stille. Du hast sie nie verloren.«

★ ★ ★

Atlanterin Soana

Aufgabe: **Fülle und Reichtum**

Unterstützendes ätherisches Öl: **Zitrone**

Texte, Meditationen und Affirmationen in:
Die zwölf göttlichen Strahlen und die Priester aus Atlantis und *Begegnung mit den atlantischen Priestern,* Bd. IV, S. 32

Obwohl Mitglied einer Königsfamilie blieb Soana immer bescheiden und genügsam. Sie kräftigt unseren Mut, unserer Aufgabe und guten Ideen zu folgen und Fülle und Reichtum zu schätzen.

Sie sagt: »Der Begriff der Fülle und des Reichtums wurde dir immer wieder gezeigt und anerzogen. Wie oft hörst du Menschen sagen, dass Fülle und Reichtum Themen des Herzens sein sollten. Doch kannst du nachvollziehen, dass sie es auch leben? Es sind die Gedanken, die den Menschen nicht loslassen. Es sind seine Ängste und Sorgen, die karmischen Erinnerungen an Armut und Elend, vielleicht auch an Stolz und Übermut. Kommst du dann im heutigen Leben in eine schwierige Phase, die vielleicht durchaus sein muss, um dich auf einen neuen Weg zu bringen, holen dich unbewusst die alten Erinnerungen ein. Dein Verstand prägt also das Problem. Deshalb ist es auch so leicht, mit entsprechenden Affirmationen und Maßnahmen zu reagieren. Sieh es so, es sind die Grundelemente des Daseins, die wieder geschätzt werden müssen, und nicht zuletzt die Kraft der zentralen Sonne. Fülle ist nicht davon abhängig, wie ihr euch nach außen darstellen könnt. Ihr Ausdruck findet sich in positiver Macht und dem Charisma der Güte und des Loslassens.«

★ ★ ★

Atlanterin Salina

Aufgabe: **Geborgenheit im großen Ganzen**

Unterstützendes ätherisches Öl: **Estragon**

Texte, Meditationen und Affirmationen in:
Die zwölf göttlichen Strahlen und die Priester aus Atlantis und *Begegnung mit den atlantischen Priestern,* Bd. IV, S. 46

Salina lebte zur gleichen Zeit wie Soana, sie wurde wegen ihrer Stärke sehr geachtet. Sie lehrt, dass man Geborgenheit erfährt, indem man sie anderen gibt.

Sie sagt: »Geborgenheit beginnt im Kleinen, um sich letztlich im großen Ganzen, im Universum, auszudrücken. Das Ego zog vor, die Getrenntheit von Gott in allen Facetten zu durchleben. Ich will damit sagen, dass dich die Materie irgendwann gefangen nahm und ihren Regeln unterwarf. Diese Regeln wurden durch das Wesen Mensch bestimmt. Daraus resultiert eine begrenzt wahrnehmbare Geborgenheit, die sich auf das Lebensumfeld des Menschen reduziert. Je mehr du beginnst, dir selbst und anderen Geborgenheit zu geben, umso stärker wirst du von der göttlichen Geborgenheit überzeugt sein. Es gilt also, die niederen Körper zu bemeistern, um die allumfassende Geborgenheit in der Materie zu erreichen, und sei gewiss, dies ist möglich. Ist dann dieser Zustand erreicht, löst sich die Grenze zwischen Geist und Materie auf. Um auf eine höhere Macht vertrauen zu können, musst du zunächst lernen, dir selbst zu vertrauen. Das ist die Trennung zwischen Geist und Materie. Nur die Liebe schenkt wahre Geborgenheit.«

★ ★ ★

Atlanterin Naname

Aufgabe: **Rituale**

Unterstützendes ätherisches Öl: **Zirbelkiefer**

Texte, Meditationen und Affirmationen in:
Die zwölf göttlichen Strahlen und die Priester aus Atlantis und *Begegnung mit den atlantischen Priestern,* Bd. IV, S. 61

Als hohe Priesterin schulte Naname junge Menschen auf dem Gebiet der Rituale, um sie für eine selbstständige, energieerhöhende und selbstverantwortliche Arbeit vorzubereiten.

Sie sagt: »Du stammst aus dem Göttlichen, also stammt auch ein jedes deiner Rituale aus dem Göttlichen, solange du dir seiner reinen Energie bewusst bist. Diese reine Energie wird symbolisiert durch die dreifältige Flamme. Jeder Lichtstrahl dient dieser Flamme in all seiner Symbolik und seiner Macht. So kannst du erkennen, dass es an dir liegt, einen der zwölf Strahlen um ein Symbol oder eine führende Kraft zu bitten und dir ein Ritual zu spenden. Es gibt kein Ritual, das stärker oder effektiver wäre. Es soll deine Form der Anbindung sein, die dich sein lässt, wie du bist. Du wirst erkennen, wie intensiv magische Rituale aus vergangenen Zeiten ihre Wirkkraft behalten, bis die Notwendigkeit ihrer Transformation erkannt wird. Die Seele des Kindes und des jungen Heranwachsenden ist sehr offen für das reine Ritual. Gib ihr die Möglichkeit, diese Kraft so früh wie möglich zu entdecken. Der Mensch wird vollkommen sicher durch die Anbindung an die dreifältige Flamme. Dann bedarf es keines Rituals mehr.«

★ ★ ★

Atlanter Xaros

Aufgabe: **Visualisieren**

Unterstützendes ätherisches Öl: **Schafgarbe**

Texte, Meditationen und Affirmationen in:

Die zwölf göttlichen Strahlen und die Priester aus Atlantis und *Begegnung mit den atlantischen Priestern,* Bd. IV, S. 73

Xaros war der Bruder von Zudiones. Visualisierungen waren sein Fachgebiet, die jedoch nur für das Allgemeinwohl eingesetzt werden durften. Er warnte vor jeglicher Form von Manipulation.

Er sagt: »Bedenke, dass es lediglich darum geht, alles der ausgleichenden Kraft auszusetzen. Wenn du begriffen hast, dass du nur dort mit angesprochen wirst, wo du karmische Verknüpfungen suchen darfst, kannst du vielem gelassen entgegensehen. Du konntest dich in Atlantis an allem beteiligen, was dir positiv erschien. Traten negative Bilder in Erscheinung, warst du in der Lage, dich sofort ihrer Wirkung zu entziehen. Dies gelang dir jedoch nur, indem du augenblicklich in der Lage warst, das Negative durch eine positive Visualisation zu ersetzen. Deine Hauptaufgabe wird sein, in einen vollkommen ruhigen und gelassenen Zustand zu gelangen, um zu erkennen, dass deine eigene positive Visualisation immer zum Wohle aller beitragen muss. Jede Form der Reinigung und Transformation wird auf diese Art und Weise eingeleitet. Jede Form der Angst und Missgunst verringert jedoch die Qualität des Reservoirs, und Angst und Missgunst fallen dann auf dich zurück. Nur der Frieden wird dir die Macht des Visualisierens verleihen.«

★ ★ ★

Atlanter Tiamos
Aufgabe: **Präzipitieren**
Unterstützendes ätherisches Öl: **Limette**
Texte, Meditationen und Affirmationen in:
Die zwölf göttlichen Strahlen und die Priester aus Atlantis und *Begegnung mit den atlantischen Priestern*, Bd. IV, S. 84

Tiamos war ein König und gehörte zum Rat der Königreiche. Er hatte das Amt als Vorsitzender der Präzipitation inne. Der Rat trennte sich nie ohne Einvernehmen. Es wurde, bevor man auseinanderging, erst immer alles geklärt.

Er sagt: »Sei dir bewusst, dass dein ganzes Leben eine einzige Präzipitation ist. Je mehr du dich bewusst an alle deine Ziele erinnerst und versuchst, sie in die Tat umzusetzen, umso mehr Verantwortung wirst du zu tragen bereit sein. Das ist ein Prädikat, das du durch bewusstes, geerdetes Dasein erlangst, denn du sollst dich als Wesen begreifen, das permanent am Schöpfungsprozess des Universums beteiligt ist. Die Grundlage der erfolgreichen Präzipitation ist das korrekte Ziel. Alles andere wird sich daraus ergeben. Du wirst immer begleitet sein von Sorgen, Emotionen und auch körperlichen Reaktionen. Dein Karma spielt dir einen Streich, und andere Wesen sind nicht immer gewillt, so zu reagieren, wie es für dich gerade günstig wäre. Du hast viele Prüfungen zu bestehen, aber dennoch ist es interessant, der Schöpfer der Dinge zu sein. Doch bei allem, was du bereit bist zu leisten, sollst du niemals auf deinen Lohn verzichten, ob irdisch oder geistig. Du wirst immer spüren, wenn sich eine Transformation vollzog. Die Materie soll dich bereichern, wenn du Gutes getan hast.«

★ ★ ★

Atlanterin Zedana

Aufgabe: **Geben und Nehmen**

Unterstützendes ätherisches Öl: **Galbanum**

Texte, Meditationen und Affirmationen in:
Die zwölf göttlichen Strahlen und die Priester aus Atlantis und *Begegnung mit den atlantischen Priestern,* Bd. IV, S. 106

Zedana lehrte in einem grünen Tal in einem schlossähnlichen Gebäude, in dem sie für jeden erreichbar war. Hohe Leistung zum Wohle aller ist für sie wichtig, aber auch der Lohn.

Sie sagt: »Bedenke, dass Geben gleichzeitig Nehmen ist, und Nehmen gleichzeitig Geben. Wir können sagen, es neutralisiert sich. Entscheidend ist der Prozess des Gebens. Der negative Charakter entsteht dann, wenn nur genommen wird. Dein Geist entscheidet, etwas zu geben. Du bist also bereit, von dir das zu geben, was anderen nützlich ist. Erst dann darf es von anderen genommen werden. Nur so erzeugt dein Geben einen sinnvollen Wert. Und genau dieser Wert ist es, der sich dann für dich als Lohn ausdrückt. Du wirst etwas zurückerhalten. Voraussetzung dafür ist, dass du für dich entscheidest, was den Wert deines Gebens ausmacht. Wenn du das entschieden hast, gehst du in den Prozess des Nehmens. So kommt ein Kreislauf in Gang, der positive Energie erzeugt. Hast du Angst davor, den gerechten Ausgleich zu nehmen, erzeugst du wieder ein Ungleichgewicht. Lerne also, dass das Geben immer dazu geeignet ist, die Fülle zu erzeugen. Doch das Nehmen ist der Lohn, um die erzeugte Energie zu nutzen und wieder abzubauen.«

★ ★ ★

Elfter, pfirsichfarbener Strahl

Atlanterin Sulana
Aufgabe: **spirituelle Bildung**
Unterstützendes ätherisches Öl: **Costus**
Texte, Meditationen und Affirmationen in:
Die zwölf göttlichen Strahlen und die Priester aus Atlantis und *Begegnung mit den atlantischen Priestern,* Bd. IV, S. 123

Sulana war in Atlantis ständig unterwegs. Wo immer man sie brauchte, lehrte sie die wahre spirituelle Bildung als Weg der Erkenntnis und der Rückkehr ins Licht.

Sie sagt: »Alles, was du auf der spirituellen Ebene für dich erfährst, kann nur das Hervorholen alten Wissens sein. So kann auch der Kosmos mit all seiner Energie nicht neu erfunden werden. Er hat sich nie verändert, und er wird es nicht tun, denn er hatte nie eine Veranlassung dazu, sich zu degenerieren, im Gegensatz zum Menschen. Das Bewusstsein erweiterst du nicht durch die Aufnahme eines neuen, erfundenen Wissens, sondern durch die Rückkehr zu dir selbst, indem du in dir das wahre Licht entdeckst. Wenn du beginnst zu vergleichen, wirst du dich mehr verwirren als beruhigen. Du musst überzeugt sein, und du musst das, was du für richtig hältst, umsetzen können. So verstehe, dass der wahre Geist sich nicht verwirren lässt. Deine Seele ist getragen vom Höheren Selbst. Es wurde dir niemals etwas genommen, und es wird dir nichts hinzugefügt, um dir den Weg zu IHM zu erarbeiten. Es war, wie es ist, und so wird es sein.«

★ ★ ★

Atlanter Herames
Aufgabe: **Enthusiasmus**
Unterstützendes ätherisches Öl: **Bergamotte**
Texte, Meditationen und Affirmationen in:
Die zwölf göttlichen Strahlen und die Priester aus Atlantis und *Begegnung mit den atlantischen Priestern,* Bd. IV, S. 137

Herames wurde sehr früh von den Ältesten geschult. Er leitete eine Schule, in der die Menschen ihren Enthusiasmus wieder erlangen konnten. Er verweist immer auf die Kinder.

Er sagt: »Jedes Kind, das das Licht der Welt erblickt, ist mit einem grenzenlosen Enthusiasmus ausgestattet. Jedoch später muss der Mensch mehr als einmal in einem bestimmten Alter seinen Enthusiasmus neu entwickeln. Jedes Leben nimmt seinen Lauf. Deshalb ist es so wichtig, den Enthusiasmus immer wieder in sich selbst zu entfachen. Die Grundvoraussetzung ist die Freude an deiner Existenz und deiner Aufgabe. Die ganze Welt wartet auf deinen erfolgreichen Einsatz. Du weißt genau, dass du dir einen Plan für dein Leben zurechtgelegt hast. Also finde ihn heraus. Er kann niemals so tief verborgen sein, als dass er dir immer fremd bleiben würde. Er wird zum Elixier deiner Rückkehr zum Ursprung, zum Ursprung deines Wissens und deines Plans. Du kannst dann nicht mehr zurück. Das heißt, du wirst in dem Moment neu geboren. Du erinnerst dich an das, was du als Neugeborenes genau wusstest. Das ist eine neue Form des Enthusiasmus, denn er ist erwachsen geworden.

Nur wer im Irdischen Enthusiasmus zeigt und lebt, ist im Geistigen in der Lage, allem standzuhalten.«

★ ★ ★

Atlanter Lestras

Aufgabe: **Freude**

Unterstützendes ätherisches Öl: **Grapefruit**

Texte, Meditationen und Affirmationen in:
Die zwölf göttlichen Strahlen und die Priester aus Atlantis und *Begegnung mit den atlantischen Priestern,* Bd. IV, S. 149

Lestras war eine Frohnatur. Er zeigte immer Humor, und das Lachen war für ihn ein großes Thema. Leichtigkeit im Alltag, flexibel und frei zu sein, das will er uns bringen.

Er sagt: »Wie oft versagt sich der Mensch die Freude, weil er seinen Mentalkörper zu sehr Einfluss nehmen lässt. Er denkt darüber nach, wie es sein wird, wenn der Moment der Freude vergangen ist. Sie wohnt in jedem Herzen, denn sie ist von Gott, dem Vater, mit einer tiefen Wurzel in dein Herz eingepflanzt. Ob diese Pflanze in dir verkümmert ist, weil sie die Sonne nicht mehr sah? Lass auch die kleinen Dinge des Lebens Freude in dir erzeugen. Dennoch musst du dich nicht zwingen, Freude zu empfinden. Es ist wichtig, dass du anderen Menschen auch signalisierst, wie sich die Freude für dich in der jetzigen Lebensphase darstellt. Wisse, alles folgt einem Plan. So richtet sich auch der Bedarf an Freude nach diesem Plan. Je älter der Mensch wird, umso wichtiger werden ihm Pflichten und unfreudige Momente. Wer in der Lage ist, sich seinen Alltag zu verschönern, wird viel mehr Freude für sich ernten und auch säen. Nimm dir Zeit für die ›lestrasische Freude‹. Vergiss niemals den Humor, auch wenn eine Situation verzwickt erscheint.«

★ ★ ★

Atlanter Jehre
Aufgabe: **Selbstsicherheit**
Unterstützendes ätherisches Öl: **Elemi**
Texte, Meditationen und Affirmationen in:
Die zwölf göttlichen Strahlen und die Priester aus Atlantis und *Begegnung mit den atlantischen Priestern,* Bd. IV, S. 162

Lestras war ein sehr gelehrter Priester. Damals wie heute lehrt er uns, sicher in unserem Arbeits- und Wissensgebiet eingebettet zu sein. So entsteht Selbstsicherheit.

Er sagt: »Wenn du deiner selbst sicher wirst, hast du schon viele Wege des Zweifels beschritten. Ein Mensch, der sich seiner selbst sicher wird, geht den schweren Weg der Erkenntnis. Er lernt sehr früh, dass er sich selbst etwas beweisen muss. So musst du dich immer selbst davon überzeugen, dass du deiner selbst sicher sein kannst. Das ist harte Arbeit an dir selbst. Ein Garant dafür ist dein Gewissen. Wisse, wenn du in dir selbst sicher ruhst, weißt du auch, dass du immer wieder einen Fortschritt machen wirst. Er wird von selbst kommen und deinen Weg neu beleuchten. Ein Original gibt es nur ein einziges Mal. Alles, was entsteht und einen Wert im Kosmos darstellt, kann es nur ein einziges Mal geben. Das ist ein wichtiger Teil des Schöpfungsprozesses, der Präzipitation. Da das Original jedoch im Plan festgelegt ist, muss der Mensch die Notwendigkeit begreifen, den Plan zu sehen und zu verstehen. Du schöpfst aus einem Fundus, der nur dir gehört. Nutze ihn, um zum Original zu werden. Dann bist du deiner selbst sicher.«

★ ★ ★

Atlanter Ramos
Aufgabe: **zielsichere Planung**
Unterstützendes ätherisches Öl: **Kreuzkümmel**
Texte, Meditationen und Affirmationen in:
Die zwölf göttlichen Strahlen und die Priester aus Atlantis und *Begegnung mit den atlantischen Priestern,* Bd. IV, S. 176

Ramos war in den Königshäusern tätig, wie heute ein Politiker. Souveränität, Gradlinigkeit und Originalität zeichneten schon immer seine Arbeit aus.

Er sagt: »Worum es tatsächlich geht, ist die Planung des sicheren Ziels. Bedenke, wenn du zielsicher planen möchtest, liegt es auf der Hand, dass du dir ganz andere Gedanken machen musst, als wenn du nur planst. Das Geringste, was einem Ziel zugrunde zu liegen hat, ist generell ein Plan. Dieser beinhaltet die Voraussetzungen der Präzipitation, will er von Erfolg gekrönt sein. Doch der zielsichere Plan ist die Steigerung. Er lässt nichts offen, und er lässt nichts anderes mehr zu. So ist jedes Ziel ein Spiel, ein Balanceakt, zu dem sich alle gesellen, die glauben, etwas einwenden zu müssen; die glauben, das Recht zu haben, dich aus der Balance bringen zu dürfen. Was bedeutet der zielsichere Plan? Sein Ziel ist sicher. Du musst dir sicher sein, welches Ziel du erreichen willst, und nur du. Es gibt kein Ziel, das Utopie genannt wird. Du bist nicht fähig, ein Ziel sicher zu kreieren, von dem du nicht im Unbewussten überzeugt bist. Werde zum Strategen, setze dein Herz ein, deinen Humor und gleichzeitig dein selbstbewusstes Auftreten.«

★ ★ ★

Atlanter Morahs
Aufgabe: **Netzwerke als offizielle Arbeit**
Unterstützendes ätherisches Öl: **Lorbeer**
Texte, Meditationen und Affirmationen in:
Die zwölf göttlichen Strahlen und die Priester aus Atlantis und *Begegnung mit den atlantischen Priestern*, Bd. IV, S. 189

Morahs war ein Entwickler und Lehrer. Damals wie heute liegt ihm die Zusammenarbeit von und in Netzwerken am Herzen - im gemeinsamen Denken und Handeln -, doch dazu muss das Ego transformiert sein.

Er sagt: »Der Wunsch vieler Menschen, in Netzwerken zu arbeiten, erscheint edel und aufrecht. Lass mich jedoch sagen, dass wir immer wieder erkennen, dass der Wunsch nicht der Realität entspricht. Wir sind nur gewillt, euch dann zu unterstützen, wenn jede Zweckentfremdung ausgeschaltet ist. Bringe dich gerne in ein Netzwerk oder eine Gruppe ein. Doch bleibe authentisch. Nimm nur das an, was du aus tiefstem Herzen mit vertreten kannst. Wer glaubt, kein Karma mehr sein Eigen zu nennen, ist dem ersten großen Trugschluss verfallen. So werden wir über jedes Netzwerk und jede Gruppe zu wachen haben. Ihr werdet nicht gemessen an schönen Worten und Predigten, sondern am Fortschritt der Menschheit. Das Ego des Menschen kann nicht die ganze Skala erfassen. Betrachte alles im Licht. Wo klärendes Licht ist, lebt auch der Schatten. Wo schon klares Licht ist, hat der Schatten keinen Platz mehr. Wo immer du gewillt bist, dich einzubringen, bitte mich um Hilfe. Doch verzweifele nicht, wenn du die Erkenntnis gewinnst, dass Distanz dein rechter Ratgeber ist.«

★ ★ ★

Atlanter Tores

Aufgabe: **Gruppenarbeit**

Unterstützendes ätherisches Öl: **Blutorange**

Texte, Meditationen und Affirmationen in:
Die zwölf göttlichen Strahlen und die Priester aus Atlantis und *Begegnung mit den atlantischen Priestern,* Bd. IV, S. 203

Tores leitete in Atlantis viele Gruppen. In seinem Verständnis ist die Gruppenarbeit hoch angesiedelt und Disziplin und klare Ziele sind unabdingbar. Alle Mitglieder sollen an der Arbeit beteiligt sein.

Er sagt: »Du wirst herausgefordert sein, dich physisch, emotional und mental einzubringen. Auch hier bedarf es der Klärung dieser Ebenen, denn auch die karmische Begegnung bleibt nicht aus. Je intensiver diese Ziele verfolgt werden, umso stärker wirst du spüren, wie viel noch zu leisten ist. Doch sieh gerade das als große Herausforderung. Du wirst es nicht erleben, dass eine Gruppe für immer und ewig zusammenbleibt. Das Ziel ist zwar gesetzt, doch auch das Loslassen ist ein Ziel. Der Sinn, der dahinter steht, ist der, aus eigenem Antrieb heraus neue Gruppen aufzubauen, die sich wieder neuen Zielen widmen. Du weißt, dass nur das Loslassen zum Aufstieg führen kann. Doch sei wachsam, damit du dir selbst eingestehen kannst, ob du für dich die karmischen Loslösungen vollbracht hast. Sobald das Ego seinen Lohn fordert, kommt es zum Ungleichgewicht. So treffen sich bei der Gruppenarbeit Persönlichkeiten, deren Aufgabe es ist, gemeinsame Ziele zu verfolgen, Karma zu bearbeiten, Neutralität zu entwickeln und gleichzeitig loszulassen.«

★ ★ ★

Zwölfter, opalfarbener Strahl

Atlanter Thasos
Aufgabe: **Reinkarnationsarbeit**
Unterstützendes ätherisches Öl: **Weihrauch**
Texte, Meditationen und Affirmationen in:
Die zwölf göttlichen Strahlen und die Priester aus Atlantis und *Begegnung mit den atlantischen Priestern,* Bd. IV, S. 216

Der Königssohn Thasos hatte sich zur Aufgabe gemacht, den Menschen den Karmaaufbau bewusst zu machen – bis zum Untergang von Atlantis. Er hilft uns, immer das Positive daran zu erkennen.

Er sagt: »Dein wichtigster Grundsatz für den geistigen Fortschritt im Sinne des Karmas sollte darin bestehen, den Schleier des Vergessens zu lüften. Wenn du etwas lüften möchtest, musst du auch bereit sein, das dahinter Verborgene zu entdecken. Deshalb betrachte dein gesamtes Karma immer als Wachstum und Potenzial. Es gibt keine Schuld. Der Mensch hat diesen Begriff geprägt. Die Auflösung des Karmas kannst du nicht beschleunigen. Du kannst dich jederzeit dazu bereit erklären, deinen Weg der Lösung schnellstmöglich zu gehen. Das ist ein Unterschied. Du signalisierst dadurch deinen starken Willen zur Transformation. Schon immer stand dir die violette Flamme zur Verfügung. Nur was dir bewusst ist, kann sie dir helfen zu verbrennen. Jedes Muster hat eine Wurzel. Du entziehst so dem Muster den Nährboden zur Vermehrung. Dann setze die violette Flamme ein, um den transformierten Zustand zu erhalten.«

★ ★ ★

Atlanter Damestes
Aufgabe: **Rebirthing**
Unterstützendes ätherisches Öl: **Styrax**
Texte, Meditationen und Affirmationen in:
Die zwölf göttlichen Strahlen und die Priester aus Atlantis und *Begegnung mit den atlantischen Priestern,* Bd. IV, S. 230

Damestes wurde schon als Kind von den Ältesten geschult. Durch das Rebirthing und ebenfalls mit Farben und Steinen hilft er uns, alle zellulären Blockaden zu lösen.

Er sagt: »Nur wenn du in der Lage bist, alle deine Körper auf einem guten Niveau ins Spiel des Lebens einzubringen, hast du die Gewähr, dass sämtliche anderen Wesen optimal von dir profitieren. Im Moment deiner realen Existenz auf der Erde musstest du lernen, eigenständig zu atmen. Niemand konnte dir dabei helfen. Nichts und niemand nähert sich der Erde ohne Aufträge. Das Für und Wider nimmt seinen Lauf. Du musstest dich in die Materie eingliedern. Wie oft hast du vielleicht gedacht: ›Oh, könnte ich doch einfach aufhören zu atmen. Wie leicht müsste es sein, den Körper wieder zu verlassen.‹ Du hast aber auch erleichtert aufgeatmet, wenn eine Prüfung bestanden und ein Erfolg verbucht war. Bist du dir nun bewusst, dass es nichts auf der Welt gibt, das ohne Atem möglich ist? Du kannst ihn anhalten und versuchen, über ihn Herr zu werden, doch er wird dich immer wieder beherrschen. Genauso setze deinen Atem als Therapie für dich ein. Er gehört dir alleine, und er kostet dich nichts, nur Zuwendung und guten Willen. Du musst ihn einladen und zelebrieren, ihn behandeln wie ein wertvolles Geschenk.«

★ ★ ★

Atlanterin Anedra

Aufgabe: **Erkenntnis**

Unterstützendes ätherisches Öl: **Narzisse**

Texte, Meditationen und Affirmationen in:
Die zwölf göttlichen Strahlen und die Priester aus Atlantis und *Begegnung mit den atlantischen Priestern,* Bd. IV, S. 242

Anedra verzichtete als Nachfolgerin freiwillig auf den Thron des Vaters, um sich den Menschen widmen zu können. Sie arbeitet schweigend. Demut ist für sie der wichtigste Schritt zur Erkenntnis.

Sie sagt: »Du erkennst dich selbst im hellen Licht der göttlichen Wahrheit. Es ist das Licht, das alles beleuchtet, nicht erleuchtet. Bitte bedenke, dass deine jetzige Form von Wiedergeburt nicht bedeuten muss, dass du für fähig erkannt wurdest, auf die geistige Ebene zu wechseln. Erkenntnis ist eine der schwersten Aufgaben des Daseins. Alles, was du erkennst, geschieht dir selbst, alleine und einsam. Was immer du bereit bist, dir anzusehen, wird dich berechtigen, Erkenntnis zu erlangen. Irdische Hilfe mag dir auf deinem langen Weg des Lernens zugestanden werden, doch nicht auf dem Weg der wahren Erkenntnis. Nur der Mensch besitzt die Fähigkeit, zu beurteilen und selbst gesetzte Maßstäbe das Maß aller Dinge sein zu lassen. Dein Maß kann niemals das Maß eines anderen sein. Überzeuge ihn von deinem Maß. Er wird es akzeptieren, doch niemals wird er davon überzeugt sein. Wahre Erkenntnis ist ein rein geistiges Produkt. Dieser Segen kann nicht irdisch beschrieben werden. Nähere dich ihm langsam. Du wirst dir selbst dankbar sein.«

★ ★ ★

Atlanterin Pira

Aufgabe: **Wahrnehmung des ersten Impulses**

Unterstützendes ätherisches Öl: **Nelke**

Texte, Meditationen und Affirmationen in:

Die zwölf göttlichen Strahlen und die Priester aus Atlantis und *Begegnung mit den atlantischen Priestern,* Strahlen und die Priester aus Atlantis und Begegnung mit den atlantischen Priestern, Bd. IV, S. 250

Die hohe Priesterin Pira arbeitete in einem Tempel in völliger Abgeschiedenheit. Sie lehrt uns, dass die Impulse, die wir wahrnehmen, auch Vertrauensprüfungen bedingen.

Sie sagt: »Alles, was dein Herz wahrnimmt, gelenkt durch deine feinstofflichen Körper, ist nicht von anderen wahrnehmbar, denn hier sind deine ganz persönliche Lage und Stimmung maßgebend. Der Impuls ist das Ergebnis deines Vertrauens in deine göttliche Führung. Du kannst ihn keiner Prüfung aussetzen, und du kannst ihn nicht von anderen bestätigen lassen. Sieh also den Impuls als göttliche Weisung, die dir nur den rechten Weg zu zeigen versucht. Nicht immer ist der Impuls so gelagert, dass er den leichtesten Weg weisen würde. Doch das Senden eines Impulses geschieht im Sinne und Rhythmus des Plans der Seele. Stell dir einfach vor, du stehst in ständiger Verbindung mit deiner geistigen Führung. Visualisiere, dass du zu jeder Zeit in der Lage bist, sie zu besuchen und ihr gegenüberzusitzen. Deine Führung hebt dich lediglich auf ihr Niveau der Wahrnehmung. Nichts, aber auch gar nichts wird gesprochen. Du bist gezwungen, deine Wahrnehmung auf die rein mentale und emotionale Ebene zu verlagern. Nur dein Herz entscheidet, wie du vorzugehen hast.«

★ ★ ★

Atlanterin Watena
Aufgabe: **Wissen der Venus**
Unterstützendes ätherisches Öl: **Thymian**
Texte, Meditationen und Affirmationen in:
Die zwölf göttlichen Strahlen und die Priester aus Atlantis und *Begegnung mit den atlantischen Priestern,* Bd. IV, S. 265

Watena war in Atlantis eine Botschafterin zwischen der Erde und der Venus. Sie konfrontiert uns mit unserem eigenen uralten venusischen Wissen, von dem alle anderen dann auch profitieren können.

Sie sagt: »Die gesamte Existenz ist im Grunde genommen eine Illusion. Es ist nur allzu menschlich, dass ein existierendes Wesen immer das sucht, was es im Augenblick nicht erreichen kann. Du weißt, dass ich mich nur mit dir beschäftige im Sinne des Wissens der Venus. Es geht nicht darum, dorthin zurückzukehren. Du wolltest in diese Materie eintauchen, also ist es auch deine Aufgabe, hier zu verweilen und dich bewusst daran zu erinnern, welches Wissen du hier erworben hast oder welches Wissen der Venus dir in Atlantis zur Verfügung stand. Alles, was du aktivierst, musst du auch nutzen. Ich sage bewusst: Du musst! Dein Höheres Selbst schützt alle deine Körper. So hat es auch zu entscheiden, in welche Bereiche des Wissens du dich zurzeit begeben kannst. Sein Schutz hat auch darauf zu achten, dass du dich nicht überforderst. Wir kennen nur Freude, Erfolg, Licht und Erholung. Ich weiß, dass du dich danach sehnst. Du bist in der Polarität, um zu lernen, was es noch zu tun gilt, um die Erde von all dem zu erlösen, was du gerne überwinden würdest.«

* * *

Atlanter Bintas

Aufgabe: **Träume**

Unterstützendes ätherisches Öl: **Basilikum**

Texte, Meditationen und Affirmationen in:
Die zwölf göttlichen Strahlen und die Priester aus Atlantis und *Begegnung mit den atlantischen Priestern,* Bd. IV, S. 278

Bintas trat schon als Kind in die Schule der Ältesten ein. Er sah das Traumverhalten eines Menschen in dessen Aura und konnte ihn so begleiten, dass dieser selbst zur Erkenntnis seiner Träume gelangte.

Er sagt: »Der Traum geschieht wie dein ganz normales Leben. Hervorgerufen aus dem Reservoir deiner Eindrücke, Erfahrungen und Resümees der Reaktionen deiner Körper, kann er nur dazu dienen, dich daran zu erinnern, dass du noch einiges zu erledigen hast. Du wirst feststellen, dass dir im Grunde genommen niemand auf der Erde dabei helfen kann, deine Träume zu verstehen, geschweige denn in konstruktive Maßnahmen umzusetzen. So mache den Traum zum freundschaftlichen Begleiter deines Lebens. Du bist der Transformator. Grundsätzlich ist niemand berechtigt, mit dir an die Analyse heranzugehen, es sei denn, du hast erkannt, dass deine Träume dir klar den Weg zu einer direkten Reinkarnationsanalyse und damit zur Heilung weisen. Der Traum reflektiert die karmischen Hintergründe der Blockaden und Krankheiten. Lass niemals jemanden unberechtigt in dein Traumleben eingreifen. Lass deine Vernunft walten und beherzige meinen Vorschlag, dich auf dich selbst zu verlassen. Wenn du Hilfe benötigst, wende dich an mich. Ich war und bin der neutralste Helfer auf dem Gebiet des Traums.«

★ ★ ★

Atlanterin Lara
Aufgabe: **Atlantiswissen**
Unterstützendes ätherisches Öl: **Ginster**
Texte, Meditationen und Affirmationen in:
Die zwölf göttlichen Strahlen und die Priester aus Atlantis und *Begegnung mit den atlantischen Priestern,* Bd. IV, S. 291

Lara kannte sämtliche Königreiche und gilt noch immer als Königin von Atlantis. Die Venus war ihre zweite Heimat. Sie begleitet uns auf unserem Weg zurück zum Ursprung.

Sie sagt: »Der Weg ins atlantische Wissen ist weder planbar noch im Vorfeld erkennbar. Sei, wer du bist und wer du immer warst, und so wird sich dein Weg ergeben. Das Sein ist entscheidend für deinen Zustand. Solange du andere als Ideal siehst und selbst im Nichts des Alltags verschwindest, bist du nicht du selbst. Wenn der Moment kommt, wirst du einen jeden Helfer loslassen müssen, denn dein Platz in Atlantis war einmalig. Der atlantische Funke ist dein Ursprung. So kehrt jede Seele an diesen Ursprung zurück, wenn sie sich dazu bereit fühlt. Es ist im Irdischen nicht möglich, einem Wesen den Weg dorthin zu öffnen. Bedenke immer wieder, dass nur du alles von dir verlangst. Du hast dir deinen Plan geschrieben, und diesem folgen wir alle gemeinsam. Du wirst auch alle Prüfungen bestehen, wenn es für dich so weit ist. Sei gewiss, es ist schon etwas Besonderes, das gesamte alte Wissensspektrum zur Verfügung zu haben und einsetzen zu können. Gerade dieses Potenzial wird alle deine Werte herausfordern. Dein Ego wird ständig geprüft. Du wirst dich selbst bemeistern.«

★ ★ ★

- 9 -
Merkblätter

Als Hilfe für die konstruktive Arbeit mit den zwölf Strahlen finden Sie hier eine Übersicht (pro Strahl ein Blatt), die alle wichtigen Aspekte inklusive Strahlenlenker, atlantische Priester, Präzipitationsstufe usw. auflistet. Das wird Ihnen die Arbeit erheblich erleichtern, und Sie werden merken, dass es eine reine Übungssache ist, sich den Erfolg wirklich selbst zu garantieren.

1. Blauer Strahl

Aspekte:	Göttlicher Wille, Mut, Kraft, Schutz, Selbstvertrauen, Zielsetzung
Lenker:	El Morya
Erzengel:	Michael
Stein:	Saphir
Präzipitationsstufe:	1
Treppenstufe:	1

Themen:

- Erkennen des eigenen Plans / Veränderungsbedarfs
- Willen entwickeln, den Plan zu erfüllen
- Selbstvertrauen entwickeln, die Lebensaufgabe zu erfüllen
- Klare Ziele setzen
- Vertrauen in die göttliche Führung entwickeln

Atlanter:	Aufgabe:	Ätherisches Öl:
Mafese	Mut, Kraft	Angelikawurzel
Samuele	Selbstvertrauen	Douglasie
Josira	Kreative Kommunikation	Ambrette
Desdena	Positive Nutzung der Macht	Petit Grain Citronier
Bigenes	Umsetzen des ersten Impulses	Patchouli
Zahsira	Vertrauen in Schutz und Führung	Vetiver
Kiara	Zielsetzung	Cajeput

2. Goldgelber Strahl

Aspekte:	Weisheit, Erleuchtung, im Sinne von Weisheit und Wissen dienen, Wissen aufnehmen und abgeben, Geduld, Gelassenheit
Lenker:	Konfuzius
Erzengel:	Jophiel
Stein:	Herkimer Diamant
Präzipitationsstufe:	2
Treppenstufe:	3

Themen:

- Wir eignen uns wichtiges Wissen an
- Wir holen Erkundigungen ein, erledigen Gänge
- Wir wenden das Wissen an
- Wir erfassen die Zusammenhänge
- Wir übernehmen Verantwortung für uns

Atlanter:	Aufgabe:	Ätherisches Öl:
Wontan	Astrologie	Zypresse
Selestes	Alte Künste	Ysop
Ligatha	Yoga, Tai Chi, Qi Gong	Bay
Nokate	Philosophie	Lemongras
Hannane	Lehrer / Erzieher	Verbena
Menedes	Schutz der Umwelt	Melisse
Bellana	Schutz der Tiere	Mimose

3. Rosa Strahl

Aspekte: Aktive Intelligenz, Toleranz, Freiheit, Menschenwürde, Göttliche Liebe, Loslassen, Menschlichkeit

Lenker: Rowena

Erzengel: Chamiel

Stein: Rosa Turmalin

Präzipitationsstufe: 3

Treppenstufe: 5

Themen:

- Achtung der eigenen Würde und die der anderen
- Liebevolles Loslassen alter Verbindungen
- Toleranz allen gegenüber
- Darauf achten, dass die Wünsche und Bedürfnisse aller berücksichtigt werden
- Kreativität einsetzen, auch organisatorisch und lenkend

Atlanter:	Aufgabe:	Ätherisches Öl:
Xelahra	Menschenrechte	Narde
Tunere	Kreativität	Cassie
Hellenis	Menschenführung	Christrose
Danina	Nächstenliebe	Cascarilla
Yocara	Verständnis / Toleranz	Geranium
Wellina	Kinder des neuen Zeitalters	Mandarine
Eglaia	Loslassen der Eifersucht	Palmarosa

4. Weißer Strahl

Aspekte: Reinheit, Disziplin, Klarheit, Harmonie, Schönheit, Ästhetik, Diplomatie

Lenker: Serapis Bay

Erzengel: Gabriel

Stein: Diamant

Präzipitationsstufe: 4

Treppenstufe: 6

Themen:

- Entwickeln des makellosen Konzepts
- Disziplin, auch bei hoher Belastung und Stress
- Trotz allem Diplomatie nie vergessen
- Immer wieder kontrollieren, ob wir nochmals auf der Treppe nach unten gehen müssen
- Nie von unserem Plan ablassen, auch bei Problemen

Atlanter:	Aufgabe:	Ätherisches Öl:
Sankturum	Standhaftigkeit und Disziplin	Pfeffer grün
Micale	Erkennen alter Muster	Muskatellersalbei
Johsare	Entgiftung / Reinigung	Rosmarin
Smagus	Ernährung	Wacholder
Telane	Chakrenarbeit	Iris
Begides	Lichtkörperprozess	Opoponax
Digra	Pflege des physischen Körpers	Fichtennadel

5. Grüner Strahl

Aspekte:	Konzentration, Wahrheit, Heilung
Lenker:	Hilarion
Erzengel:	Raphael
Stein:	Smaragd
Präzipitationsstufe:	5
Treppenstufe:	7

Themen:

- Schulung des dritten Auges und des inneren Sehens
- Die eigene Wahrheit erkennen, nicht die der anderen
- Vertrauen in die Wahrnehmung festigen
- Der inneren Stimme folgen
- Die reine Intuition verstehen und anwenden

Atlanter:	Aufgabe:	Ätherisches Öl:
Dairamus	Akupunktur	GeraniumBourbon
Ziodenes	Steine	Veilchen
Amerides	Tanz / Musik als Therapie / Beruf	Vanille
Vanane	Hilfsmittel (Essenzen usw.)	Johanniskraut
Laris	Spirituelle Medizin	Kardamom
Zoramus	Telepathie	Linaloe-Holz
Pelez	Schulung des dritten Auges	Myrrhe

6. Roter Strahl

Aspekte: Frieden, geistige Heilung,
Dienen im Sinne des Friedens,
Manifestation und Loslassen im Frieden

Lenker: Nara

Erzengel: Uriel

Stein: Rubin

Präzipitationsstufe: 7

Treppenstufe: 12

Themen:

- Angekommen sein im Plan und Ergebnis und dies gleichzeitig loslassen
- Das Erreichte in Frieden einhüllen und manifestieren
- Alle am Ergebnis optimal teilhaben lassen
- Nicht festhalten, sondern alles dem Fluss überlassen
- Sich bei allen geistigen Helfern für die Hilfe bedanken

Atlanter:	Aufgabe:	Ätherisches Öl:
Agythane	Frieden	Sandelholz
Ucarus	Atem	Pfefferminze
Sokane	Geistheilung	Rose
Diandra	Sprache der Liebe	Zimt
Astrana	Liebe / Sexualität	Jasmin
Pekanes	Soziales	Tabak
Kitho	Manifestation	Flouve

7. Violetter Strahl

Aspekte:	Transformation, Umwandlung, Karmabearbeitung
Lenker:	Saint Germain
Erzengel:	Zadkiel
Stein:	Amethyst
Präzipitationsstufe:	6
Treppenstufe:	9

Themen:

- Transformation der karmischen Zusammenhänge
- Die Zusammenhänge erkennen und angehen
- Das Alte loslassen
- Gewonnene Impulse sofort umsetzen
- Den Willen haben, sich dem Neuen zuzuwenden

Atlanter:	Aufgabe:	Ätherisches Öl:
Fahrine	Psychologie	Majoran
Lemura	Friedliche Kommunikation	Cananga
Gidenes	Konfliktbearbeitung	Davana
Gawine	Kombination vieler Wege zur Transformation	Orange bitter
Morina	Strafvollzug	Tagetes
Zeroh	Transformation des Egos	Calamus
Chanti	Vergebung	Koriander

8. Aquamarinfarbener Strahl

Aspekte: Klarheit, Unterscheidungsvermögen, Beurteilungskraft
Lenker: Maha Cohan
Erzengel: Aquariel
Stein: Aquamarin
Präzipitationsstufe: 1
Treppenstufe: 2

Themen:

- Wahrnehmung schulen
- Klarheit erlangen (auch durch Maßnahmen)
- Klare Definition des Ziels
- Offene und klare Kommunikation
- Freiheit der Gedanken und Worte

Atlanter:	Aufgabe:	Ätherisches Öl:
Bilane	Rechtsprechung	Tonka
Tetena	Entscheidungen	Immortelle
Joseres	Innere Stimme	Ylang-Ylang
Benedicus	Lebensaufgabe und Potenzial erkennen	Tuberose
Diondras	Loslassen	Jonquille
Usale	Erkennen des falschen Weges	Kamille blau
Glasala	Gedanken lesen	Orange süß

9. Magenta Strahl

Aspekte:	Gleichgewicht, Harmonie, in der Mitte bleiben, Ausgleich
Lenker:	Jesus
Erzengel:	Anthriel
Stein:	Wassermelonenturmalin
Präzipitationsstufe:	2
Treppenstufe:	4

Themen:

- In der eigenen Mitte bleiben, Ruhe bewahren
- Harmonie erhalten und aufbauen
- Sich selbst treu bleiben
- Nicht aus dem Gleichgewicht bringen lassen
- Ausgleichend wirken, im Innen und Außen

Atlanter:	Aufgabe:	Ätherisches Öl:
Aragena	Farben	Neroli
Lejana	Meditation	Mandarine grün
Mirane	Schönheit / Ästhetik / Harmonie	Muskatnuss
Felice	Gebet	Myrte
Rudanes	Neutralität	Kiefer
Devane	Integration der Natur	Latschenkiefer
Finastes	Demut	Eichenmoos

10. Goldener Strahl

Aspekte:	Fülle, Reichtum, innere Ruhe und Frieden, Geborgenheit im großen Ganzen, Sicherheit
Lenker:	Kuthumi
Erzengel:	Valeoel
Stein:	Goldener Fünfzack
Präzipitationsstufe:	6
Treppenstufe:	10

Themen:

- Man ist sich der Geborgenheit bewusst
- Nichts kann uns mehr passieren
- Es tritt eine innere Ruhe und Gelassenheit ein
- Wir haben die Fülle und den inneren Reichtum (auch den äußeren)

Atlanter:	Aufgabe:	Ätherisches Öl:
Zudiones	Ruhe und Stille	Baldrian
Soana	Fülle und Reichtum	Zitrone
Salina	Geborgenheit im großen Ganzen	Estragon
Naname	Rituale	Zirbelkiefer
Xaros	Visualisieren	Schafgarbe
Tiamos	Präzipitation	Limette
Zedana	Geben und Nehmen	Galbanum

11. Pfirsichfarbener Strahl

Aspekte: Freude, Vollkommenheit des Plans, göttliche Aufgabe gefunden
Lenker: Maitreya
Erzengel: Perpetiel
Stein: Rosa Koralle
Präzipitationsstufe: 6
Treppenstufe: 10

Themen:

- Wir gehen mit Freude an die Aufgabe
- Wir verlieren den Plan nicht mehr aus den Augen
- Wir entwickeln Enthusiasmus
- Wir nehmen andere mit auf unseren Weg

Atlanter:	Aufgabe:	Ätherisches Öl:
Sulana	Spirituelle Bildung	Costus
Herames	Enthusiasmus	Bergamotte
Lestras	Freude	Grapefruit
Jehre	Selbstsicherheit	Elemi
Ramos	Zielsichere Planung	Kreuzkümmel
Morahs	Netzwerke als offizielle Arbeit	Lorbeer
Tores	Gruppenarbeit	Blutorange

12. Opalfarbener Strahl

Aspekte:	Geistige Wiedergeburt, Transformation in die alten, atlantischen Lebensformen, zurück zum Ursprung
Lenker:	Sanat Kumara
Erzengel:	Omniel
Stein:	Schwarzer Opal
Präzipitationsstufe:	5
Treppenstufe:	8

Themen:

- Wir lernen wieder, uns in der uralten Energieform wahrzunehmen
- Wir kommen wieder an unser altes Wissen
- Wir leiten konkrete Schritte ein
- Die eigene Transformation wird sehr wichtig

Atlanter:	Aufgabe:	Ätherisches Öl:
Thasos	Reinkarnationsarbeit	Weihrauch
Damestes	Rebirthing	Styrax
Anedra	Erkenntnis	Narzisse
Pira	Wahrnehmung des ersten Impulses	Nelke
Watens	Wissen der Venus	Thymian
Bintas	Träume	Basilikum
Lara	Atlantiswissen	Ginster

- 10 -
Der Weg der Präzipitation

Wir werden nun an Beispielen herausarbeiten, wie man Ziele setzt und erreicht oder auch loslässt. Der Weg der Präzipitation bedeutet nicht, ein gesetztes Ziel auch zwangsweise erreichen zu müssen. Nicht immer ist ein Ziel im Plan vorgesehen, bitte das nicht vergessen. Wir sind nicht allwissend, und Themen, die uns heute wichtig erscheinen, können in ein paar Monaten vollkommen ihre Bedeutung verlieren, auch wenn wir es uns jetzt nicht vorstellen können. Es ist ein perfektes System, wenn auch manchmal anstrengend. Wir müssen uns nur klarmachen, dass wir durch wohlformulierte Ziele einen positiven Druck auf uns selbst und das Kollektiv auslösen. Wir zwingen uns praktisch, uns auf den Weg zu machen. Dabei begegnen wir Menschen, Tieren und allerlei Widrigkeiten, die durchaus legitim sind und im karmischen Spektrum liegen. Wir bearbeiten durch alle Begegnungen und Begebenheiten dieses Spektrum, um uns durch den Dschungel des Lebens zu kämpfen. Das kann anstrengend, aber auch sehr interessant sein, wenn man sich mit den Dingen tatkräftig und konkret beschäftigt. Das bedeutet natürlich auch, dass man Karma bearbeitet, sich und die Umstände klärt und durchaus eine neue Sicht der Dinge gewinnt.

Ich vergleiche das Ganze immer mit einem Wollknäuel. Früher hat man in der Schule im Handarbeitsunterricht Wollreste in einem Körbchen gesammelt. Es wurden immer mehr Reste, manchmal waren es nur ein paar Fäden einer Farbe, die man aber aufheben wollte. Plötzlich wurde daraus ein richtiger kleiner, bunter Ball. Wollte man dann aus diesem Ball einen bestimmten Faden herausholen, begann man zu sortieren. Zog man zu stark, wurde der Ball nur fester, sprich, das Chaos verdichtete sich. Man war also gezwungen, mit Geduld an die Sache heranzugehen. Sachte, aber bestimmt löste man die einzelnen Fäden voneinander, und plötzlich waren mehrere Fäden und Farben vollkommen locker und herausnehmbar. Sie werden jetzt sagen: Klar, aber das macht doch heute kein Mensch mehr. Reste weg, wenn Bedarf, dann neu kaufen. Das ist eben der springende Punkt. Unsere Wegwerfgesellschaft geht auch so mit Beziehungen, Jobs, Gegenständen und sogar mit Tieren um. Aber genau darum geht es. Wir müssen wieder lernen, in die Tiefe zu gehen, Problemen auf den Grund zu gehen und Zeit und Kraft in das zu investieren, was uns wirklich wichtig ist. Jeder weiß, wenn wir aufhören zu kommunizieren, ist alles vorbei. Nehmen wir aber alles, was uns belastet, nur als gegeben hin und rudern dagegen an, kostet das unendlich viel Kraft und Zeit. Heraus kommt dabei sehr selten ein wirkliches Ergebnis.

Besinnen wir uns aber auf das Wahre und bearbeiten alles ordnungsgemäß, kann es passieren, dass wir plötzlich begreifen, dass ein Ziel, das wir hatten, gar nicht mehr erstrebenswert ist. So erkennen wir auch, dass manches Ziel und manches Projekt gar nicht in unserem Plan vorkommt. Wir hören dann auf, einer Fata Morgana zu folgen. Wir werden wach, klar und konstruktiv, da wir danach oft erst das richtige Ziel vor Augen haben können. Es ist wie ein schlechter Film, den wir auch nicht zu Ende anschauen müssen. Wir können das Kino verlassen, wenn wir merken, dass er uns nicht gefällt. Wir können auch ein Buch zur Seite legen, das uns nicht das vermittelt, was wir erwartet haben. Warum machen wir das nicht mit Zielen? Wenn wir spüren, wir haben uns verändert, unser Umfeld präsentiert sich anders, uns ist die Lust vergangen, etwas wird unerträglich, dann müssen wir lernen, der Wahrheit ins Auge zu sehen, alles zu klären, um dann in voller Überzeugung sagen zu können: Das war's! Ich lasse los, neue Wege und Ziele zeigen sich, aber dennoch ist alles für mich und uns geklärt. Jeder weiß, was geschieht und auch weshalb. So verhindern wir neue Karmastrukturen. Wir schleichen uns nicht davon, sondern wir stehen zu uns und allem, was geschieht. Wir haben uns in so vielen Leben dünne gemacht, Chancen verpasst und alles als Schicksal bezeichnet, das muss ein Ende haben. Je konstruktiver wir werden, wenn wir Ziele verfolgen, umso klarer werden wir, umso selbstbewusster und selbstbestimmter. Dazu gehört, dass wir viel schneller erkennen, wo man uns hintergeht, belügt, bevormundet oder wo ein Schuldiger gesucht wird. Wie oft haben wir die Hand gehoben und gesagt: »Alles her zu mir, mein Rücken ist breit genug, aber wartet nur, bis wir uns wieder treffen!« Viele Rechnungen sind noch nicht beglichen, doch glauben Sie mir: Ständig ist Zahltag, wenn wir sie offen auf den Tisch legen. Ich weiß aus eigener Erfahrung, dass das nicht jedem passt, aber man schläft zumindest ruhiger, wenn der Schmerz nachlässt. Die Wunden muss man zwar lecken, die Zeit heilt sie nicht. Es werden ansehnliche Narben, die zeigen, man hat am Kampf des Lebens teilgenommen, und man hat »überlebt«. Wie, das kann man selbst gestalten.

Mich hat ein Spruch von Max Frisch immer wieder an den Ort des Geschehens zurückkehren lassen: »Krise kann ein produktiver Zustand sein, man muss ihr nur den Beigeschmack der Katastrophe nehmen.«

Seit nunmehr fünfzehn Jahren unterstütze ich mithilfe von Seminaren meine Klienten beim Präzipitieren. Diese Arbeit liegt mir ganz besonders am Herzen, und es macht uns allen viel

Freude, denn alle lernen, ständig neu zu verstehen, wie wichtig es ist, überhaupt zu wissen, was wir wirklich wollen. Das hört sich vielleicht sehr einfach an, ist es aber nicht, da unsere Erziehung auf dieser Ebene größtenteils versagt hat. Zu diesem Satz stehe ich, obwohl wir alle wissen, dass unsere Eltern bemüht waren, uns den Weg ins Leben so gut wie möglich zu ebnen. Wir erhielten ihre Begleitung, unsere Schul- und Herzensbildung, dann folgte das Studium oder die Berufsausbildung, der Weg ins Berufsleben begann, wir gründeten eigene Familien - um genau das zu wiederholen, was wir alle selbst erfahren hatten. Das ist ein immerwährender Kreislauf, daraus besteht das Leben. Aus diesem Grund behaupte ich auch, dass **nur die Erziehung** versagt hat und nicht unsere Eltern, denn niemand hat ihnen oder uns das Fordern beigebracht. Die Nebenprodukte dieser Erziehung waren Toleranz, Verzicht und der gelegentliche Aufenthalt in der zweiten Reihe. Diese Themen sind jedoch schon grundsätzlich als Lernthemen in unserem Plan verankert, man braucht sie uns also nicht noch zusätzlich einzuhämmern. Wer sich nur duckt, wer nur verzichtet und seine Wünsche reduziert, kommt nie ans Ziel.

Ich erlebe in meinen Seminaren die wundersamsten Dinge, wenn es darum geht, klare Ziele zu setzen. Von jedem Unternehmer wird erwartet, dass er weiß, worauf er sich bei seiner Firmengründung einlässt, aber wenn es darum geht, eigene Bedürfnisse klar zu definieren, kommt es plötzlich zu Rückziehern. Man hat manchmal das Gefühl, eine Welt breche zusammen, wenn jemand konkret etwas fordern soll. Wir haben es einfach nicht gelernt. Mit diesen Mustern sind wir aufgewachsen.

Ich betone immer wieder: Die geistige Ebene reagiert nur auf klare Forderungen. Das hat nichts mit Egoismus und Rücksichtslosigkeit zu tun, es ist der Weg einer gesunden Persönlichkeit (ich sage bewusst nicht Ego!), die weiß, wie ihr Weg auszusehen hat und was benötigt wird, um den Weg erfolgreich zu gehen. Sie weiß aber auch, was sie dafür zu leisten hat, welche Verantwortung dabei auf sie zukommt. Nur wenn wir lernen, all die Dinge zu überdenken, uns klare Ziele zu setzen, erkennen wir auch, was wir uns da vornehmen.

Wenn Ihre Kinder sich beispielsweise einen Hund wünschen, nutzt es gar nichts, sich im stillen Kämmerlein das Gehirn zu zermartern, wer sich am Ende wieder um den Hund kümmern darf, wenn die erste Euphorie vorbei ist. Setzen Sie sich mit den Kindern hin und jeder deklariert klar seine Aufgaben, die mit dem Tier verbunden sind. Es wird bis ins Detail geplant: Welche Rasse passt zur Familie, hat das Tier genug Platz, was kostet sein Unterhalt, wer sorgt für das Futter, den Auslauf, wer geht mit ihm zum Tierarzt, wer spielt mit ihm, was geschieht im Urlaub mit ihm? Wie findet man ihn, geht man ins Tierheim oder schaut man anderweitig nach einem geeigneten Freund? So werden sich noch viele weitere Fragen anschließen. Es geht um die Übernahme von Verantwortung. Die Folge sind sicherlich viele fragende Blicke, das Gewissen meldet sich, es gibt Einwände, Diskussionen entstehen ganz von selbst, bis die Entscheidung wirklich fallen kann. Wir sollten nichts dem Zufall überlassen, denn nur so lernen wir, im Vorfeld klar zu überlegen, was wir wirklich wollen. Man kann auch einem Impuls folgen, ins Tierheim marschieren und dann wird das Mitleid siegen. Eine Stunde später ist man stolzer Begleiter eines Tieres, das es leicht geschafft hat, unser Herz innerhalb von Minuten zu erobern. Doch dann folgt der Alltag mit einem Hund im Haus und die Erkenntnis, dass man sich das alles viel einfacher vorgestellt hat. Das Tier spürt das natürlich auch. Der nächste Urlaub kommt bestimmt, allen stinkt es, ständig bei Wind und Wetter raus zu müssen, und Geld kostet der Mitbewohner auch noch, von der Arbeit ganz zu schweigen. Der Weg zurück ins Tierheim ist nicht mehr weit. Alle leiden, aber am meisten Hund, Katze, Maus, was auch immer. Das ist nur ein Beispiel für Geschichten, die das Leben schrieb.

Selbst die Partnersuche soll ja heute schon zum Teil ähnlich verlaufen. Da ist es zwar nicht das Tierheim, aber das Internet tut's auch. Mal eben sehen, wer da so unterwegs ist, auf der Suche nach seinem Glück. Wie es weitergeht, brauchen wir hier nicht zu erörtern. Der Hauskauf, die Jobsuche, viele, viele Gelegenheiten bieten sich, den absoluten Griff daneben zu tun. Schuld sind möglichst immer die anderen.

Bringen wir die Anstrengung auf, uns vorher zu überlegen, was wir wirklich wollen und was wir brauchen, um unser Leben zu führen und letztlich unseren Lebensplan zu erfüllen, wird die ganze Sache sicherlich komplizierter, aber wir übernehmen von vorneherein die Verantwortung für alles, was wir tun. Das ist der Weg, den die geistige Ebene mit uns gehen will, denn dann ist der Erfolg in der Tat vorprogrammiert.

Das heißt also, wir brauchen ein Ziel. Was immer es ist, es muss klar vor unseren Augen stehen. Dann wird dieses Ziel in Worte gefasst. Dabei müssen wir beachten, dass wir die Formulierung nur so vornehmen können, wie es *für uns selbst* in diesem Augenblick richtig ist. Es geht nicht darum, wie es andere sehen würden, auch wenn wir wissen, sie kommen unterwegs vor. Das vollzieht sich von selbst, und dann können wir sie mitnehmen oder auch nicht. Dieses Ziel schreiben wir auf, bis ins kleinste Detail, so wie es jetzt in diesem Augenblick in der vollkommensten Form für uns denkbar ist. Wir unterlassen Formulierungen wie: Ich hätte gerne, ich wünsche mir, ich will nicht mehr und so weiter. Grundsätzlich sagen wir: ICH BIN, ICH TUE, ES IST.

Wir erzeugen so selbst einen positiven Druck, der das Vollkommene nach sich zieht. Dieses Ziel präsentieren wir der geistigen Ebene, die dann prüft, ob all das in unserem Plan ist. Dann kann man uns führen und ans Ziel begleiten. Wir haben immer wieder das Recht, das Ziel zu verändern, zu vervollständigen, aber auch ganz loszulassen, wenn wir erkennen sollten, es ist nicht in unserem Plan, oder wir möchten es nicht weiter verfolgen. Wir legen uns nicht fest, niemand lässt uns geistig gesehen einen Vertrag unterschreiben unter Androhung einer Strafe bei Nichteinhaltung. Auf der geistigen Ebene läuft es eben anders als in der grobstofflichen Materie. Es ist unser gutes Recht, uns anders zu entscheiden, denn wir müssen es ja auch ausführen. Der vollkommene Zustand - wie wir ihn im Moment der Zielsetzung erkennen können - ist maßgebend. Das bedeutet geistigen Perfektionismus auf höchstem Niveau. Wir begeben uns dann unter Einhaltung der geistigen Gesetze auf den Weg des Erschaffens. Zur Erinnerung nochmals die geistigen Gesetze:

» Die Veränderung im Sinne des Plans muss notwendig sein.

» Unser Ziel muss absolute Integrität zum Wohle alleraufweisen.

» Wir müssen zu allem stehen können.

» Wir dürfen niemanden durch unser Werk benachteiligen.

» Wir dürfen mit niemandem über unsere Präzipitation sprechen, auch nicht im Sinne eines Selbstgesprächs.

» Wir müssen überzeugt davon sein, dass wir es schaffen.

» Wir machen uns immer wieder bewusst, dass alles gemäß dem Plan ausschließlich von der göttlichen Ordnung gelenkt wird.

» Wir dürfen niemals Bedingungen an Raum und Zeit stellen, da alles jetzt geschieht, auch wenn wir es anders wahrnehmen.

» Die Ziele schreiben wir auf und geben ihnen so eine Form.

» Diese Ziele lesen wir immer wieder und nehmen sie mit in den Schlaf, damit wir sie schweigend der göttlichen Kraft aussetzen.

» Die Ziele visualisieren wir ständig in ihrem vollkommenen Zustand.

Zur Gültigkeit der geistigen Gesetze in Bezug auf die Präzipitation ein Beispiel aus der jüngsten Geschichte: die Griechenlandkrise von 2015. Genau am letzten Tag der Öffnung des Tempels von Konfuzius, am 14.7.2015, wurden die Gespräche **mit einem Kompromiss** zum Abschluss gebracht, die die Abstimmung im griechischen Parlament ermöglichten. Dass die Dinge nicht eskalierten, ist einigen wenigen Menschen und der Weitsicht ihrer Gemüter zu verdanken. (Wer die karmischen Hintergründe kennt, sieht die Probleme und die sich daraus ergebenden **notwendigen** Schritte natürlich aus einer ganz anderen Perspektive.) Grundsätzlich sieht die geistige Ebene keine Kompromisse vor, sondern nur das Perfekte. **Man sprach jedoch ständig von Kompromissen, man setzte Bedingungen an Raum und Zeit, man dachte nicht darüber nach, wer benachteiligt würde, und wer war überzeugt davon, dass wir es schaffen?** So drängt sich die Frage auf, inwieweit es bei dieser Krise überhaupt möglich sein kann, cin zufriedenstellendes Ergebnis zu erzielen. Wir werden es alle verfolgen und mittragen dürfen.

Andererseits haben wir in der jüngsten Vergangenheit auch gelernt, dass es auch nichts bringt, wenn wir nur sagen: »Wir schaffen das«. Woran mag es liegen? Das gesamte Prinzip der Präzipitation gibt darauf die Antwort.

Ist das Ziel also perfekt formuliert, bis ins kleinste Detail unter Berücksichtigung der geistigen Gesetze, geben wir unsere Petition im Tempel der Präzipitation ab, dem Tempel des Konfuzius, damit Erzengel Zadkiel, der Engel des Protokolls, alles Weitere veranlassen kann. Dann gehen wir den Weg des Erschaffens aus der Urmaterie.

Damit die Präzipitation für Sie verständlicher und wirklich praktikabel wird, habe ich Beispiele in Form von Lebensgeschichten geschaffen, die Ihnen zeigen, wie man den Weg der Präzipitation erfolgreich gehen kann, indem man die notwendigen Schritte unternimmt, Probleme klärt und auch für neue Dinge offen ist. Es wird immer wieder darauf hingewiesen, welche Stufe der Präzipitation gerade erreicht ist, auf welche Stufe unsere Personen gelegentlich zurückgehen, um sich dann wieder aufs Neue ins Geschehen zu stürzen. Ich möchte, dass Sie möglichst schnell erkennen, wie man sinnvoll vorgeht. Sie sollten sich auch selbst auf jeder Stufe überlegen, welcher atlantische Priester jeweils um Hilfe gebeten werden könnte. Alle Atlanter stehen grundsätzlich zu Ihrer Verfügung, gleich welchem Strahl sie dienen.

In der Übersicht ganz am Schluss können Sie dann noch nachprüfen, wie die optimalen Konstellationen aussehen könnten, natürlich nur als Vorschlag gedacht. Sie sehen dabei auch, wie wichtig es ist, sich immer wieder Gedanken darüber zu machen, auf welcher Stufe des Schöpfungsprozesses man sich selbst gerade befindet. Das ist ein gutes Training für den eigenen Fortschritt und kann so zu einer sehr zielgerichteten Zusammenarbeit mit allen Meistern, Weltenlehrern und atlantischen Priestern führen. Eine auf diese Weise gelebte Kreativität erleichtert das Leben und garantiert am Ende den Erfolg. Bei alldem sollten wir auch nicht vergessen, gelegentlich Ziele vollkommen loszulassen, wenn wir erkannt haben, dass es neue Vorstellungen und vielversprechendere Wege gibt. Es bringt tatsächlich mehr Erfolg.

Ich hoffe, dass es allen Lesern in der Zukunft leichter fallen möge, den eigenverantwortlichen Weg zu gehen, und dass es allen Freude macht, Ziele zu setzen und sie zu erreichen. Die Materie ist dafür geschaffen, sie zu meistern, nicht an ihr zu verzweifeln. Sie ist unsere Illusion, unser Spielplatz, auf dem alles möglich ist, wenn wir es vermögen.

- 11 -
Hank - der Schauspieler

Hank ist ein netter, gut aussehender junger Mann. Er hat gerade sein Abitur abgeschlossen – für seine Begriffe recht zufriedenstellend, und jetzt geht es um seine Zukunft. Ihm fehlt ein wenig die Perspektive, denn er ist in einem sehr wohlhabenden Elternhaus aufgewachsen. Sein Vater ist Amerikaner und sehr erfolgreich in der Modebranche. Er hat in Deutschland einen großen Vertrieb aufgebaut, reist ständig zwischen New York und Düsseldorf hin und her und kann so seiner Familie einiges an Wohlstand bieten. Unterstützt wird er von seiner Frau, die ein Studium der Textilingenieurin als perfekte Grundlage mitbringt. Hanks zehn Jahre ältere Schwester Vicky unterstützt den Vater als Einkäuferin. Alle haben auf seinen Schulabschluss gewartet, damit er sich endlich im Geschäft einbringen kann. Doch Hank hat vorerst keine Lust dazu. Er will sich zunächst vom Prüfungsstress erholen und dann entscheiden, welches Studium oder welche Ausbildung es sein soll. Durch die Eltern ist er schon viel in der Welt herumgekommen. Die Familie pflegt sehr gute Kontakte, und so hat er den Wunsch geäußert, zunächst für ein paar Monate nach Kalifornien zu reisen. Ein Freund der Familie betreibt im Nappa Valley ein großes Weingut, und San Francisco hat ihn schon immer magisch angezogen. Sein Vater ist nicht gerade begeistert, aber er weiß, man darf Hank nicht in die Enge treiben. So macht sich Hank auf den Weg. Francis, sein Gastgeber, holt ihn am Flughafen ab und alles nimmt seinen Lauf. Hank fühlt sich auf dem Weingut sehr wohl und beteiligt sich an der Weinlese. Es macht ihm Spaß, und er schließt auch sehr schnell Kontakte zu anderen jungen Leuten. So vergehen ein paar Wochen im sonnigen Kalifornien, bis er dann an einem Wochenende zu einer Party nach Santa Barbara eingeladen wird. Er ahnt nicht, dass dieser Tag sein Leben verändern wird. Er trifft dort auf einige Schauspieler, die ihn faszinieren. Eine junge Frau namens Jane freundet sich mit ihm an und erzählt ihm von ihrer Arbeit in Hollywood. Sie spielt eine Rolle in einer Fernsehserie. Hank erfährt viel über die Welt des Films, aber er spürt auch, dass es harte Arbeit ist, wenn man Erfolg haben möchte. Jane wohnt noch im Haus ihrer Eltern in Carmel und lädt ihn dorthin ein. Ihr Vater Ben arbeitet als Drehbuchautor. Hank ist sehr neugierig. Ein paar Tage später besucht er die Familie und fühlt sich sofort sehr wohl. Er spürt eine besondere Verbundenheit zu diesen Menschen, obwohl er sie zum ersten Mal sieht. Jane hat eine Schwester, die als Regisseurin arbeitet. Die Eltern sind sehr nett und aufgeschlossen, und in den folgenden Wochen ist Hank sehr oft dort zu Gast. Diese Familie zieht ihn magisch an, irgendwie fühlt er sich dort zu Hause. Man nimmt das Leben leicht, obwohl man hart arbeitet, das hat er längst begriffen. Er hat sich ein altes Drehbuch ausgeliehen, das er dann in zwei Nächten durchgelesen hat. Beim Lesen fühlte er sich direkt in das Geschehen hineinversetzt. Ihm war, als müsse er in eine der Rollen schlüpfen, als wäre sie für ihn geschrieben. Er spricht Ben darauf an, dieser mustert ihn sehr interessiert und meint, das wäre ein gutes Zeichen. Er hätte sicherlich das Zeug zum Schauspieler und sollte vielleicht in Ruhe darüber nachdenken. Die Familie könnte ihm sicherlich beim Start helfen.

Hank ist ziemlich verwirrt, denn in zwei Wochen steht seine Heimreise bevor. Er weiß, was das heißt. Plötzlich wird ihm bewusst, dass er sich nicht die geringsten Gedanken über seine Zukunft gemacht hat. Er spricht mit Francis darüber, der alles genau beobachtet und gemerkt hat, dass Hank keinerlei Interesse am Unternehmen seines Vaters entwickeln kann. Er rät ihm, offen mit dem Vater zu sprechen und seinem Herzen zu folgen. Beim Abschied am Flughafen gibt er ihm zu verstehen, dass er jederzeit willkommen ist, gleich wie er sein Leben gestalten will. So steigt Hank in das Flugzeug, das ihn viele Stunden später in seine verregnete Heimatstadt bringt. Seine Schwester Vicky holt ihn ab, sie ist gestresst, da sie abends zu einer Messe reisen muss. Hank ist sehr ernüchtert und schweigsam, was ihr aber nicht auffällt. Zuhause angekommen, braucht er Schlaf, die Zeitumstellung macht ihm zu schaffen. Im Traum spielt er die Rolle eines Richters in dem Film, dessen Drehbuch er gelesen hat. Als er aufwacht, ist er schweißgebadet, aber trotzdem innerlich gefestigt und mit einem Satz im Kopf: **Ich bin ein Schauspieler.** Ja, ich bin's, mein Gott, ich habe es eben erlebt.

Für ihn ist klar, wohin ihn sein Weg führt. Alles, was er erlebt hat, konnte ihn nur bestätigen, wäre da nicht die Familie und ein Imperium, dessen Erbe er mit seiner Schwester einmal zusammen antreten soll. Am liebsten würde er sich in Luft auflösen und verschwinden. Er grübelt und hört immer wieder Francis Worte. Da er seinen Vater kennt, weiß er, dass er sich auf das Gespräch mit ihm vorbereiten muss. Aus dieser Überzeugung heraus setzt er sich hin und schreibt alles auf, was glasklar vor seinen Augen erscheint. Das gibt ihm Kraft und Überzeugung, und daraus erwächst ein starker Wille.

Erste Stufe, blauer Strahl:

Der Startschuss ist gefallen. *El Morya* beginnt mit Hank zu arbeiten. Die Impulse fließen. Der starke Wille ist vorhanden, so kann man beginnen, Ziele zu setzen.

Hank notiert:

» Ich bin ein erfolgreicher, berühmter Schauspieler für Film und Fernsehen.
» Ich bin auf der ganzen Welt gefragt und engagiert.
» Meine Arbeit macht mir die größte Freude.
» Meine Familie hat meinen Weg und meinen Erfolg akzeptiert und ist stolz auf mich.
» Mein Vater hat für mich im Unternehmen den optimalen Ersatz gefunden. Dieser Mensch ist von allen akzeptiert und geachtet.
» Ich lebe in meiner Wahlheimat Kalifornien in einem schönen Haus, das mir gehört.
» Ich bin gesund und körperlich in bester Form.
» Ich lebe in der absoluten Fülle und im Reichtum.

Mehr kann sich Hank in diesem Moment nicht vorstellen. Für uns als Beobachter ist das schon eine ganze Menge. Durch diese Ziele bringt er sich unter einen positiven Druck, denn jetzt muss er handeln.

Hank zögert noch. Er hat ein mulmiges Gefühl, wenn er an die Begegnung mit seinem Vater denkt. Er joggt mit Hündin Cora durch den Wald und redet mit ihr. Cora ist immer eine gute Zuhörerin, wenn man die Leckerlis nicht vergisst. Im Grunde genommen führt er ein Selbstgespräch, und das sollte man tunlichst unterlassen, denn während er ihr erzählt, dass er in Kalifornien leben will, beschleichen ihn Ängste, Cora und die Familie nicht mehr oft sehen zu können. Was soll er mit seinem tollen Sportflitzer machen? Eigentlich hat er ja ein Auge auf eine hübsche Sportstudentin geworfen. Hm, ob das so richtig ist? Ihm wird plötzlich klar, dass er sich völlig entwurzeln will. Zu Hause unter der Dusche wird er wieder in sich klar und fest. Er holt sich seine Ziele nochmals hervor und beschließt, alles zu managen, was sich vor ihm auftürmen wird. Er weiß, er ist noch jung, und sein Leben bietet ihm alle Möglichkeiten, sich neu zu orientieren. Schließlich gehört Cora zur ganzen Familie, er wird sie immer wieder sehen, ein Auto ist eine vergängliche Sache, und so vielversprechend ist die Studentin auch wieder nicht, denn irgendwie rückt Jane immer wieder vor seine Augen, obwohl er sich nicht in sie verliebt hat. Außerdem hat er in seinem Ziel noch keine Partnerschaft verankert.

Wir sehen also, wie Maha Cohan ihn schon auf die nächste Stufe der Klarheit bringt. Seine Ziele stehen fest, und jetzt muss Klarheit Einzug halten.

Zweite Stufe, aquamarinfarbener Strahl:

Vicky ist beim Abendessen nicht anwesend, da sie für einige Tage abwesend ist. Nur die Eltern erwarten ihn gespannt, wollen sie doch wissen, wie es ihm ergangen ist. Außerdem hat sein Vater Terence schon ganz genaue Vorstellungen, wie seine berufliche Laufbahn zu starten wäre. Da es ihm offensichtlich in Amerika sehr gut gefallen hat, könnte er in Deutschland studieren und hin und wieder in New York im Unternehmen seines Partners ausreichend Zeit im Rahmen von Praktika verbringen. Alles ist bereits geklärt, Hank muss nur noch zustimmen, dann kann es losgehen.

Während Hank jedoch immer begeisterter von seinen Erlebnissen spricht, beschleicht den Vater ein gesundes Misstrauen. Das hört sich eigenartig überzeugt an. Als Hank dann klar und deutlich erklärt, er wolle Schauspieler werden, allen in Kalifornien sei er herzlich willkommen, platzt die Bombe. Hank bleibt ganz ruhig, trotzdem weiß er sofort, dass er einen fatalen Fehler gemacht hat. Es war einfach zu früh. Er hat zwar seine Ziele gesetzt, aber er hat ein geistiges Gesetz zum zweiten Mal nicht beachtet: **Wir dürfen mit niemandem über unsere Präzipitation sprechen, auch nicht im Sinne eines Selbstgesprächs.** An dieser Stelle muss bemerkt werden, dass viele Menschen diesem Fehler erliegen. Wir müssen irgendwann schon über diese Dinge sprechen, aber erst dann, wenn die Ziele Gestalt annehmen, wenn sie sich verselbstständigen. Wie oft haben wir alle erlebt, dass wir mit anderen über Pläne sprachen, die dann an Neid, Missgunst und Eifersucht gescheitert sind. Hank muss sich irgendwann mitteilen, aber zum richtigen Zeitpunkt. So beschließt er, zunächst nicht mehr darüber zu sprechen. Dennoch, der Vater wird seine Worte so schnell nicht vergessen, das Misstrauen ist gesät. Seine Mutter Eva hat sich ganz still verhalten. Insgeheim bewundert sie ihren Sohn, denn sie wäre selbst gerne Model geworden, hatte aber nicht den Mut, sich durchzusetzen. So endet dieser Abend für Hank mit der Gewissheit, dass er auf heftigen Widerstand stoßen und beim Vater keine Unterstützung finden wird. Trotzdem ist ihm klar, dass er auf dem richtigen Weg ist, denn die Reaktionen des Vaters haben ihm bestätigt, dass er im Falle eines Einstiegs ins Unternehmen vor allem Befehlsempfänger sein würde. Der Vater als Workaholic würde, solange er lebt, das Zepter niemals aus der Hand geben.

Ich erlebe in meinen Seminaren bei den Übungsaufgaben der Teilnehmer häufig, dass sie ihren fiktiven Personen bereits auf der zweiten Stufe der Präzipitation erlauben, ihrem Mitteilungsbedürfnis freien Lauf zu lassen, oft mit der Begründung, dass man doch mit den wichtigsten Personen kommunizieren müsse. Genau das tun sie auch im normalen Leben und wundern sich dann, dass sie permanent an den Einwänden und Ideen der anderen scheitern. Ich erkläre immer wieder, dass wir nicht dazu verpflichtet sind, uns sofort mitzuteilen. Das sind keine konspirativen Vorgehensweisen, es hat nichts mit Egoismus und Hinterlist zu tun. Das gesunde Ego lernt im Laufe seines Lebens, dass es manchmal besser ist, seine Ziele sich erst gestalten zu lassen. Unsere Mitmenschen bleiben uns doch erhalten, ganz gleich, wann die Dinge in ihr Bewusstsein treten. Unsere

Überzeugungskraft wird durch gut vorbereitete und ins Laufen gebrachte Strukturen nur gestärkt. Wir bieten dann weniger Angriffsfläche und hinter den Kulissen können die geistigen Chefs viel besser arbeiten. Ich erlebe immer wieder, dass die Menschen diese Vorgehensweise mit der klassischen Lüge und dem Betrug verwechseln. Dem ist nicht so, wir ziehen lediglich die Fäden, bis das Spiel beginnen kann.

Trotz allem ist Hank insgeheim ein Licht aufgegangen. Irgendetwas muss seinen Vater zur Weißglut bringen, wenn es um die Schauspielerei geht. Er erinnert sich plötzlich, dass sein Vater schon früher bei ihren Besuchen in Kalifornien abfällig über das frivole Leben seiner Landsleute in dieser Gegend gesprochen hat. Nur mit größter Mühe hatte man ihn dazu gebracht, San Francisco gen Süden zu verlassen. Das ist ihm früher gar nicht so sehr aufgefallen, aber jetzt ...

Dritte Stufe, goldgelber Strahl:

Am nächsten Morgen ist die Stimmung recht unterkühlt. Für Hank beginnt der Alltag, er muss etwas unternehmen, das ist klar. Um dem Vater gerecht zu werden, erklärt er ihm beim Frühstück, er wolle sich Gedanken über ein geeignetes Studium machen und entsprechend informieren. Seine Mutter sieht ihn fragend von der Seite an. Sie weiß genau, dass er das niemals ehrlich meinen kann. Der Vater allerdings scheint der Meinung zu sein, ihn kuriert zu haben, und zeigt sich zufrieden. Hank weiß, er muss Zeit gewinnen, um jetzt für sich alleine den Weg zu gehen. Der Vater macht sich auf den Weg ins Büro. Auf diesen Moment hat Eva gewartet. Sie sucht das Gespräch mit ihrem Sohn und gibt ihm zu verstehen, dass sie ihn zwar gerne im Unternehmen hätte, ihn andererseits aber auch versteht. Es ist sein Leben, und sie hat gelernt, dass es immer eine Lösung gibt. So weiß Hank, dass seine Mutter neutral ist, ihm keine Steine in den

Weg legen wird. Dennoch ist er schlau geworden, er bittet sie nicht um Hilfe. Zu groß ist die Gefahr, dass sie sich verplappert.

Nach dem Frühstück verzieht er sich in seinen eigenen Bereich im Haus. Er denkt nach. Einerseits wird ihm bewusst, dass er den Eltern viel verdankt, ein sorgenfreies Leben, Reichtum und Freiheit, andererseits muss er seinen Weg finden. Er bewundert seine Schwester, die sich wie die Mutter voll im Geschäft einbringt. Er weiß, das kann er nicht. Trotzdem beginnt er die Studienbereiche an der Uni und an den Fachhochschulen zu beobachten, aber auch wirklich nur zu beobachten. So hat er immer passende Antworten, wenn Fragen des Vaters auftauchen. Konfuzius hat begonnen, sich mit ihm zu beschäftigen.

Viel interessanter sind für ihn die Schauspielschulen. Er merkt jedoch sehr schnell, wie langwierig und auch teuer diese Ausbildungen sein werden. Er geht immer mehr ins Detail und erkennt, dass viele Schauspieler erst viele Jahre am Theater arbeiten, bevor sie beim Film Fuß fassen. Ihm wird immer klarer (hier wandert er zwischen der zweiten und dritten Stufe hin und her), dass der »American way of life« geeigneter für ihn ist. Er begreift, dass er seinen Lebensweg nicht in Deutschland weitergehen kann. Durch den Vater hat er einfach andere Wurzeln, und diese wurden durch Jane und ihre Familie gefestigt. All das ist bis jetzt nur nebulös in ihm vorhanden. Er ist hin und her gerissen zwischen Verantwortung und Sehnsucht nach der »Wärme« Kaliforniens.

Gehen wir zurück zu seiner Zielsetzung, dann sehen wir genau, wie er korrekt geführt wird:

Ich lebe in meiner Wahlheimat Kalifornien in einem schönen Haus, das mir gehört. (Er hat Deutschland nicht als Heimat gewählt!)

Um den Vater nicht misstrauisch zu machen, hat er sich inzwischen bereit erklärt, im Unternehmen eine Art Praktikum zu machen. Drei Tage in der Woche ist er dort und wird in verschiedenen Abteilungen eingesetzt. Offiziell ist er ja auf der Suche nach einem Studienplatz. Hier geht Hank immer wieder auf die fünfte, *rosa Stufe* der aktiven Intelligenz, verbunden mit Toleranz, Menschlichkeit und wirtschaftlichen Bereichen, aber auch in das chamäleonartige Verhalten des Ständigbeschäftigtseins, einer negativen Seite des rosa Strahls. Er hat außerdem erkannt, dass ihm das nicht schaden kann. Sein Vater hat ihm auch ganz klar zu verstehen gegeben, dass man für sein Geld etwas tun sollte. Trotzdem befindet er sich nach wie vor im Sinne seiner Präzipitation auf der *goldgelben Stufe*.

In jeder freien Minute steht er zwischenzeitlich mit Jane und ihrem Vater in Verbindung. Die modernen Kommunikationswege kommen ihm hier zu Hilfe. Ben hat ihm mehrere Drehbücher geschickt, die er verschlungen hat. Jane hat begonnen, sich in Hollywood über Ausbildungen und Workshops zu informieren. Sie hält ihn auf dem Laufenden. Wir sehen hier den Unterschied in der Kommunikation. Diese beiden sind Helfer auf seinem Weg, vergleichbar mit einem Architekt, der ein Haus planen muss.

Hank hat sowohl beim Studium der Drehbücher als auch in der Marketingabteilung seines Vaters gemerkt, wie kommunikativ er sein kann. Er hat ein sehr bildhaftes Verständnis, beim Lesen des Drehbuchs sieht er die Szenen vor sich, er kann sich in die Rollen hineinversetzen. Genauso leicht fällt es ihm, zusammen mit seiner Schwester eine Modenschau oder eine Werbekampagne für eine Modemesse zu planen. Er denkt und sieht gleichzeitig. Durch dieses Agieren auf verschiedenen Ebenen hält sich Hank völlig unbewusst immer wieder auf der magentafarbenen Stufe auf. Er bleibt so in seiner Mitte, er kann sich neutral auf dem Weg bewegen und bleibt in seiner Harmonie. Das ist ein sehr intelligentes Vorgehen, denn er lotet sich aus. Er gibt sich selbst die Möglichkeit, sich zu finden und zu erkennen, obwohl er arbeitet und sich weiterbildet. Für viele Menschen ist das nicht so einfach, da wir gelernt haben, Prioritäten zu setzen und uns festzulegen. Das ist nicht immer von Vorteil. Es kann auch nicht jedem gelingen, auf mehreren Hochzeiten zu tanzen, aber wenn man flexibel ist, kann das nur gut sein. Man kann trotz täglicher Arbeit den Horizont erweitern, das hat noch nie geschadet. Wir sehen also, Hank ist ständig unterwegs von Stufe goldgelb auf rosa, und dazwischen liegt magenta. Noch fehlt ihm das Konzept, aber noch sind auch die menschlichen Hürden nicht genommen. Und genau diese müssen sich zeigen.

Vierte Stufe, magenta Strahl:

Eines Tages ist Hank etwas unvorsichtig. Er sitzt alleine im Büro seiner Schwester, hat nichts zu tun und telefoniert mit Jane, die eine interessante Ausbildung gefunden hat. Ein sehr bekannter Drehbuchautor bietet eine Drehbuchausbildung in Los Angeles an, verbunden mit Schauspielunterricht. Das Ganze wird von einem Filmstudio gefördert, das Nachwuchskräfte auf beiden Gebieten sucht. Hank ist vollkommen fasziniert, will alles wissen, hat den PC gestartet und liest, was das Zeug hält. Das ist seine Chance, denn Janes Vater kennt diesen Autor persönlich und würde sich für ihn einsetzen. Hank bricht der Schweiß aus, vor allem, als er plötzlich Eva und Vicky neben sich stehen sieht. Ihm fällt das Handy aus der Hand, wie vom Blitz getroffen fährt er mit dem Bürostuhl herum. Vicky bemerkt nur ganz trocken, dass sein Vater mit einem Geschäftsfreund beim Essen sitzt. Handy aus, PC abgeschaltet, Hank völlig desillusioniert! Nun hilft alles nichts mehr, außer Klartext zu reden.

Eva holt erst mal für alle einen Cognac. Die grüne Stufe der Wahrheit ruft nach einem Kurzaufenthalt. Hilarion winkt mit dem Zaunpfahl. Seine Mutter gibt ihm zu verstehen, dass sie schon lange mit so etwas gerechnet hat. Sie will mehr wissen, und Hank weiß jetzt, dass es keinen Sinn mehr macht, sich herauszureden. Würde er jetzt alles beschönigen, käme er sich wie ein Lügner vor. Jetzt wird die Wahrheit von ihm verlangt. Seine Schwester versteht die Welt nicht mehr. Ihre erste Reaktion: »Wenn das nicht schon eine perfekte Rolle war, soll mich der Blitz treffen. Das ist in der Tat filmreif.« Hank merkt jetzt selbst erst, dass er seit Monaten schauspielert und muss lachen. Aber die Sache ist ernst. Vicky gibt ihm zu verstehen, dass sein Vater das alles andere als witzig finden wird. Eva versucht ihn zu unterstützen, aber alle wissen, dass sie gegen Terence nicht ankommt. Er hat das Sagen, und seine Enttäuschung wird sich in Wut und Aggression entladen, wenn man ihn nicht mit Samthandschuhen anfasst. Hank merkt, dass er zwar einen Bock geschossen hat, aber andererseits ist er jetzt mehr denn je davon überzeugt, wohin er gehört. Vicky schwankt zwischen Bewunderung und Verlustängsten. Sie hat Angst, alleine mit dem Vater das Unternehmen führen zu müssen. Eigentlich hatte sie mit ihrem Mann noch eine Familie geplant und wollte kürzertreten, sobald Hank eingearbeitet wäre. Aber Eva beruhigt sie und erwähnt den Sohn eines Geschäftsfreundes, der Betriebswirtschaft mit Schwerpunkt Marketing studiert und schon einmal Interesse an einer Mitarbeit bekundet hat. Er steht kurz vor dem Abschluss und wäre natürlich der perfekte Mann für die Firma. Hier wird die Situation ganz klar von Jesus unterstützt. Hank spürt, wie ihm die Frauen zugetan sind, dass sie verstehen, was in ihm vorgeht. Vor allem haben sie keine Trennungsängste, da sie gewohnt sind zu reisen, die ganze Welt steht ihnen offen. Mit ihnen im Rücken kann er dem Vater gegenübertreten, aber er weiß, dafür muss er noch vorarbeiten. Vor allem braucht er Geld für seine Ausbildung, das hat ihm Jane klar vermittelt. Ihm steht eine ziemliche Durststrecke bevor, denn in Amerika muss er studieren und lernen, für einen zusätzlichen Job bleibt keine Zeit. Er wird auf den Vater angewiesen sein, auf sein Kapital, sein Verständnis und seine Toleranz. Wie soll er ihm das beibringen? Er weiß genau, und da stimmt ihm Vicky zu, dass er den Vater überzeugen muss. Er braucht dafür auch ein Konzept, unterstützende Stimmen, jede Menge »Vitamin B.«

Die *rosa Stufe* und *Lady Rowena* erwarten ihn. Dennoch spürt er, dass es etwas geben muss, was bei seinem Vater immer wieder Ablehnung hervorruft. Er spricht mit Eva und Vicky darüber. Auch seiner Mutter ist aufgefallen, dass er, seit sie ihn kennt, die Kalifornier einerseits bewundert, andererseits fast verachtet und als Faulenzer bezeichnet. Nur sein Freund Francis, der sich auf seinem Weingut schier kaputt schuftet, verdient alle Achtung. Für ihn würde er durchs Feuer gehen. Vicky hört sich das alles interessiert an. So hat sie das noch nie gesehen. Sie erklärt Hank, dass er so wohl nicht weiterkommt. Eine ihrer Freundinnen hatte ein ähnliches Problem. Sie weigerte sich strikt, mit ihrem Mann in die Karibik zu reisen, und schon gar nicht brachte man sie auf ein Segelboot. Über eine Rückführung in ein früheres Leben mit ihrem jetzigen Mann konnte sie das Thema bearbeiten, und der Reise stand nichts mehr im Weg. Sie rät Hank, sich das Problem mit seinem Vater auf diese Weise anzuschauen.

Zunächst muss Hank jedoch sein Ziel wie folgt verändern:

Ich bin ein erfolgreicher, berühmter Drehbuchautor und Schauspieler für Film und Fernsehen.

Hank kümmert sich zügig um eine Reinkarnationstherapie, weil ihm klar geworden ist, dass jeder seiner künftigen Schritte in seinem Vater etwas auslösen könnte, das sie immer weiter voneinander entfernen würde. Er liebt seinen Vater, er verdankt ihm viel, und er will ihn nicht verlieren. So findet er einen Therapeuten, der mit ihm das Thema bearbeitet.

Er geht vorwärts auf *Stufe violett* und arbeitet mit *St. Germain*:

In der Rückführung sieht sich Hank in einem früheren Leben als Mann in England. Er entstammte einer Familie des Landadels, war verheiratet und Vater von zwei Töchtern. Da er mit den Anforderungen seiner Familie, die ein großes Gestüt besaß, nicht zurechtkam, beschloss er, mit seiner eigenen Familie nach Amerika auszuwandern. Er konnte sich einfach nicht als Pferdezüchter sehen. Von Kind an liebte er Bücher, und es war immer sein Traum gewesen, einen Roman zu schreiben. Aber das harte Leben in England ließ ihm weder Raum noch Zeit dafür. In einer Zeitung hatte er gelesen, dass es in Kalifornien eine Art Künstlerkolonie gab. Die Bewohner stammten aus der ganzen Welt, setzten sich für ihre Kunst ein und führten ein gemeinschaftliches, kreatives Leben. So verlangte er sein Erbe, zog sich den Groll des Vaters zu und verschwand mit Sack und Pack nach Kalifornien. Frau und Kinder mussten ihn begleiten, ob sie wollten oder nicht. Die Eltern und Geschwister ließen ihn gezwungenermaßen los. Sein heutiger Vater war damals seine Frau. Seine beiden Töchter waren seine heutige Mutter und seine Schwester. Das Ziel ihrer Auswanderung war Carmel, der Ort, den er besucht und an dem er sich so wohlgefühlt hatte. Er brauchte damals sein gesamtes Erbe auf, weil er zunächst ein Haus bauen musste und weil sie überleben mussten. Seine Frau hatte nichts gelernt, sie hatte auch große Schwierigkeiten, sich einzuleben, weil sie aufgrund ihrer Erziehung den Mann als Ernährer der Familie betrachtete. Die beiden Töchter liebten ihn, sie fühlten sich wohl, aber sie hatten auch Heimweh. Die Familie stürzte in eine Krise, als das Vermögen aufgebraucht und er immer noch als Schriftsteller erfolglos war. Er hatte nicht mit so viel Konkurrenz gerechnet. Aus der Not heraus begann er nebenbei auf einer Ranch zu arbeiten. Das machte die Sache nicht besser, denn seine Frau begann ihm vorzuwerfen, dafür hätte er auch in England bleiben können. Die Vorwürfe steigerten sich, sie bezeichnete ihn als faul, Schmarotzer und lebensfremd. Sie und die Kinder waren in ihren Augen die Opfer seiner Schmalfilmkarriere. Als er dann nach einiger Zeit die Möglichkeit bekam, an einem Theaterstück mitzuarbeiten, war die Ehe gescheitert. Seine Frau verließ ihn und kehrte mit den Kindern nach England zurück. Der Autor, der ihm damals eine Chance geben wollte, war Ben, den er jetzt wieder kennengelernt hatte. Jane war damals dessen Frau, in die er sich dann verliebte. Das führte zur Beendigung der Zusammenarbeit mit Ben, wodurch er zum Alkoholiker wurde. Er endete auf der Ranch im Delirium und brach sich bei einem Reitunfall das Genick. Die interessanteste Erkenntnis war jedoch, dass seine damalige Frau während all der Zeit ein Verhältnis mit einem Maler hatte, den er immer als Lebenskünstler bezeichnet und bewundert hatte, und das war der heutige Weingutbesitzer Francis.

Für Hank erschließt sich so eine ganz andere Sichtweise der Dinge. Er befindet sich nach wie vor auf der *Stufe rosa*. Er versteht, dass er vom Vater niemals Geld verlangen darf, um eine Karriere in Kalifornien anzustreben, denn für diesen wäre klar, dass er es sowieso in die falschen Kanäle lenken würde. Aber eines erkennt er: Aus dem alten Leben heraus muss im Vater eine Ambivalenz herrschen, eine Art Liebe zu diesem Land und den Menschen, vor allem Francis gegenüber, aber auch die Panik vor Verlust auf allen Ebenen. Hank begibt sich mehrere Male in dieses Leben und bearbeitet sehr viele Punkte und Momente.

Er geht auf die *Stufe weiß*. *Serapis Bey* erstellt mit ihm ein Konzept:

Hank begreift, er muss sich seine Zukunft selbst erarbeiten, er muss auf sich selbst gestellt dorthin gehen und dem Vater so beweisen, dass er es schafft. Aber er weiß auch, dass er ihm Sicherheit schuldet, materielle und emotionale Sicherheit. Deshalb ist ihm klar, bevor er die Familie verlässt, muss ein Ersatz für ihn da sein, ein Mensch, der dem Vater das Gefühl gibt, nicht unterzugehen. Auch seine Mutter und seine Schwester müssen ausreichend abgesichert sein. Er setzt sich mit Vicky und Eva zusammen und bespricht mit ihnen mögliche Vorgehensweisen. Obwohl Vicky ihn nach der Rückführung fragt, gibt er keine Auskunft. Er hat aus seiner Erfahrung gelernt. Am Verhalten von Mutter und Schwester erkennt er jedoch die positive Auswirkung. Sie sind bereit, eine Lösung mit ihm zu finden. Es ist, als hätten sie sich bereits mit seinem Weggehen abgefunden. Eva hat sich in der Zwischenzeit mit dem Geschäftsfreund unterhalten, dessen Sohn sein Studium erfolgreich abgeschlossen hat. Er befindet sich gerade in Cornwall, interessanterweise auf dem Gestüt eines Freundes der Familie, um dort betriebliche Umstrukturierungen vorzunehmen. Durch den Eintritt eines Erbfalls hatten sich dort notwendige Maßnahmen ergeben. Nach seiner Rückkehr wäre er gerne bereit, über eine künftige Zusammenarbeit zu verhandeln. Hank grinst in sich hinein, so bekommt er insgeheim seine Beweise. Dieser Punkt seines Ziels beginnt also Formen anzunehmen. Der Einzige, der von all dem noch nichts weiß, ist allerdings sein Vater, aber er fühlt, dass es auch noch nicht an der Zeit ist, darüber zu sprechen.

Er erhält einen Anruf von Ben, der ihn bittet, nach Kalifornien zu kommen, da ein Auswahlverfahren für die anstehende Ausbildung stattfindet. Er hat ihn vorgeschlagen, und die Chancen stehen gut. Hank spürt, dass es für Ben wohl sehr wichtig ist, ihn dort unterzubringen, was ja auch aufgrund des alten Lebens kein Wunder ist. Als er dann noch mit Jane spricht, hört sich ihre Stimme plötzlich anders an. Sie ist weicher, und in Hank kommt ein seltsames Gefühl an die Oberfläche. Irgendetwas bewegt sich in seinem Herzen. Er freut sich auf die Reise und sagt spontan zu. In seinem Inneren spürt er, es kommt etwas ins Rollen, was auch immer. Am nächsten Tag will er den Flug buchen. Sein Vater ist von einer Geschäftsreise zurückgekehrt, die sehr erfolgreich war. Er lädt die Familie zum Abendessen in ein Restaurant ein. Ganz spontan macht er den Vorschlag, Francis auf dem Weingut zu besuchen. Er ist der Meinung, es würde allen guttun, einmal für ein paar Tage die Sonne Kaliforniens zu tanken. Hank bleibt der Bissen im Hals stecken. Das ist fast zu viel des Guten. Eva tritt ihm ans Bein und zeigt sich äußerst erfreut über den Vorschlag. Vicky lehnt ab, sie meint, einer müsse in der Firma bleiben und die Stellung halten. Außerdem habe sie im Moment keine Lust auf eine Amerikareise. Sie habe mit ihrem Mann schon eine Reise nach Schottland geplant, es soll ein Reiturlaub werden, und Cora ist ja auch noch da. Also ist klar, Hank, Terence und Eva machen diese Reise in die Vergangenheit allein. Vicky scheint schon wieder in England angekommen zu sein.

Am nächsten Tag wird die Reise gebucht. Hank schlägt vor, mit Francis zu telefonieren, um alle anzukündigen. Der freut sich riesig auf den Besuch, vor allem Terence hat er schon lange nicht mehr gesehen, meint er. Ist ja auch kein Wunder, denkt Hank. Nebenbei erwähnt Francis, er habe ein neues Hobby, die Malerei. Es wäre einfach so über ihn gekommen, nachdem er total ausgepowert war. Eine gute Bekannte sei Malerin, er habe sie in Sacramento besucht, und sie hätte ihm ein wenig Unterricht gegeben. Jetzt male er, was das Zeug hält, und es täte ihm gut, eine gute Art abzuschalten. Hank versteht die Welt nicht mehr, er ist überwältigt. Er sieht jetzt die Chance, Francis einzuweihen, und erzählt ihm von seinen Plänen, aber auch, dass sein Vater noch ziemlich im Dunkeln tappt. Francis erfasst sofort die Zusammenhänge und erkennt Hanks Zwickmühle, sowohl menschlich als auch wirtschaftlich. Er will ihm helfen, diesen Weg zu gehen. Außerdem hat er sich schon viele Gedanken über Hanks Zukunft gemacht. Hank erklärt ihm, dass es einen guten Ersatz für ihn im Unternehmen des Vaters geben könnte, die Gespräche stünden im Raum. Das beruhigt Francis sichtlich.

Hank hat die Reise umgebucht, da Ben ihm zu verstehen gegeben hat, dass es drängt. Da meldet sich der Geschäftsfreund bei Eva. Sein Sohn ist aus England zurück und muss sich entscheiden, wie sein Weg jetzt weitergehen soll. Eva vereinbart einen Termin mit Vicky und Hank. Es trifft sich gut, denn Terence ist an diesem Tag für einen Gesundheitscheck beim Arzt angemeldet. Alles passt ins Konzept. Der Termin verläuft sehr vielversprechend. Der junge Mann ist sehr gebildet, spricht perfekt Englisch, er ist dynamisch, sehr sympathisch und würde gut in das Team passen. Seine Gehaltsvorstellungen sind vernünftig, und er wäre jederzeit bereit, einzusteigen, sogar mit der Perspektive als zukünftiger Teilhaber. Er wundert sich zwar, dass der Chef bei diesem Gespräch nicht dabei ist, aber Vicky kann das gut überspielen und ihn ablenken. Man informiert ihn über die anstehende Reise und verbleibt so, dass jeder über die Angelegenheit nachdenken wird. Nach der Rückkehr soll dann ein weiteres Gespräch, diesmal im Beisein des Chefs, stattfinden. Für Hank könnte es nicht besser laufen. Serapis Bey hat die Diplomatie ins Spiel gebracht, es wird ein klares Konzept aufgebaut.

Terence kommt vom Arzt zurück und hat den dringenden Rat bekommen, kürzerzutreten. Er soll mehr Sport treiben, seine Ernährung umstellen und mehr ausruhen. Eva bemerkt, dass es ihm und seinem Pferd guttun würde, mehr Zeit miteinander zu verbringen. Cora hat ihn früher oft begleitet, wenn er mit »Rising Sun« unterwegs war. Er muss ihr Recht geben, das Reiten, sein Hobby, hat er sehr vernachlässigt. Das soll sich nach dem Urlaub ändern. Hank hat das Gespräch mit einem Ohr mitgehört und staunt. Er hört seinen Vater aber auch sagen, dass es dann wohl an der Zeit wäre, wenn sein Sohn langsam in die Gänge käme und sich betrieblich mehr einbringen würde. Er hätte sich wohl genug ausgeruht und orientiert. Hanks Staunen hört nicht auf. Das zeigt uns, dass Erkenntnisse auf allen Ebenen stattfinden, wenn wir Karma bearbeiten. So erzeugt die *Stufe weiß* auch Klarheit und Disziplin.

Im Übrigen können wir hier erkennen, wie der Wechsel von *weiß auf rosa* und zurück immer wieder erfolgt, da auch die aktive Intelligenz, speziell im Sinne der Neuorganisation des Unternehmens Fuß fasst. Die Menschlichkeit spielt ebenfalls eine große Rolle, so auch die Toleranz, die im Hintergrund aufgebaut wird, da man Terence noch nicht mit dem Wechsel konfrontiert. Dieser freut sich sehr auf den Besuch bei Francis, vor allem interessieren ihn dessen neue Malkünste. So machen sich die drei auf den Weg nach Kalifornien - zur Stunde der Wahrheit.

Bitte beachten Sie auch immer wieder die Stufe *magenta*, die ständig unbewusst aufgesucht wird. Versuchen Sie herauszufinden, wann diese Stufe erforderlich ist.

Hilarion wartet auf der *grünen Stufe*.

Hank und seine Eltern befinden sich auf dem Weg nach Kalifornien. Ben und Jane sind ebenfalls informiert über Hanks anstehenden Besuch. Francis hat das Gästehaus auf seinem Weingut herrichten lassen. Jeder wird dort genügend Platz haben, um sich einzurichten. Alles scheint in Ordnung, bis Terence auf dem Flug plötzlich massive Herzrhythmusstörungen bekommt. Er kennt das Problem, aber in einem Flugzeug stellt sich das alles anders dar. Ein Arzt, der sich an Bord befindet, kümmert sich um ihn. Er spricht anschließend mit Eva und Hank und meint, die Beschwerden seien eindeutig psychosomatisch. Er hat viele Patienten mit diesen Anzeichen, die großem Stress unterliegen. Dennoch ist er der Meinung, irgendetwas könnte Terence innerlich stark belasten. Deshalb rät er dringend zu einer psychologischen Betreuung. Hank beruhigt Eva, die sichtlich nervöser wird, je näher die Landung in San Francisco rückt. (Hier wieder *Stufe magenta*!) Er ahnt, dass sich hier die karmischen Strukturen zeigen, weiß aber auch, dass er jetzt schweigen muss. Das ist nicht einfach, denn immerhin geht es hier um die Gesundheit seines Vaters. Nicht immer können und dürfen Menschen in solchen Situationen einfach vertrauen, dass geistig alles gelenkt wird, zumal nicht alle Beteiligten im Bilde sind. Aber Terence weiß sich selbst zu helfen. Für ihn ist es in der Tat der Stress der letzten Monate, er war ja schließlich beim Arzt und weiß, dass er aufpassen muss. Kurz vor der Landung sieht er aus dem Fenster und meint zu seiner Frau, eigentlich sei Kalifornien doch ein schönes Land, man solle sich überlegen, ob man sich im Alter nicht dort niederlassen solle. Immerhin lebe hier sein bester Freund, das Wetter sei immer angenehm, und er könne sich gut vorstellen, hier alt zu werden und mit dem Reiten wieder so richtig zu beginnen. Hank überhört all das ganz bewusst, grinst aber wieder in sich hinein. Er schöpft immer mehr Vertrauen, dass sein Vater auf einem guten Weg ist. Hier arbeitet *Jesus* auf der *magenta Stufe* ganz intensiv, damit die Stimmung auf ein gutes Niveau angehoben wird.

Francis holt sie am Flughafen ab. Er freut sich sehr über den Besuch. Hank ist für ihn wie ein Sohn, er hat einen großen Platz in seinem Herzen, und das zeigt er auch. (*Magenta* arbeitet sehr stark!) Noch bevor er sein Haus verließ, hatte er entschieden, Hank bei sich im Herrenhaus wohnen zu lassen. Das Studio im Dachgeschoss passt zu ihm, dort ist er für sich alleine und kann ungestört kommen und gehen, wie es ihm passt. Außerdem kann Hank so ungestört mit ihm reden, wenn ihm danach ist. Seine Eltern sollen im Gästehaus im Park wohnen. Diese Lösung ist allen recht, Eva sieht in Francis Augen einen bestimmten Funken, der sie ahnen lässt, dass er im Bilde ist. Sie weiß ohne Worte damit umzugehen.

Terence erholt sich sehr schnell wieder und genießt die kalifornische Sonne auf der Terrasse des Hauses. Er hat sich eines der Pferde ausgesucht und ist jeden Morgen unterwegs. In dieser Zeit können sich die anderen sehr gut austauschen. Hank war über das Wochenende in Carmel zu Besuch. Ben hat ihm klare Instruktionen für das Casting erteilt. (Hier wieder der Sprung auf die *Stufen aquamarin und gelb.*) Es gibt viele Bewerber. Man muss vor allem beweisen, dass man schreiben und spielen kann. Es werden wirkliche Nachwuchstalente gesucht, die sich dann in Ruhe entwickeln können. Hank hat gute Chancen aufgrund seines perfekten Englisch und seiner deutschen Muttersprache, zudem spricht er ganz gut Spanisch. Jane wird ihn zu den Filmstudios begleiten, sie kennt sich dort sehr gut aus.

Wieder zurück auf dem Weingut kommt es zu Diskussionen zwischen ihm und seinem Vater, weil er wieder für einige Tage weg will. Terence hatte sich auf lange gemeinsame Abende gefreut, mal wieder Schach zu spielen und gemütlich eine Flasche Wein zu genießen. Francis beruhigt ihn und springt für Hank ein. Er bringt Jane ins Spiel und meint, der Junge hätte sich wohl ein wenig in sie verguckt. Es sei doch völlig normal, dass er seiner Wege gehe. In diesem Sinne lügt er auch nicht, denn in der Tat hat er recht. (Hier wieder *magenta*!) Da Eva ihm von den Gedanken ihres Mannes bezüglich Altersruhesitz erzählt hat, nutzt Francis die Gelegenheit, sich mit Terence ein paar Häuser in der Umgebung anzuschauen, von denen er weiß, dass sie zu verkaufen sind. (Hier ein Ausflug auf *Stufe weiß.*) Als sie nach Monterey gelangen, bleibt Terence plötzlich stehen. Auch Eva schaut sich intensiv um. Beide haben das Gefühl, hier schon einmal gewesen zu sein, aber sie wissen, in diesem Leben sind sie hier zum ersten Mal. Es ist ein Déjà-vu, das sie hier erleben, denn damals wohnten sie ganz in der Nähe. Ein großes Haus, auf den Klippen erbaut, steht zum Verkauf. Terence ist begeistert, es gefällt beiden. Man vereinbart ein Treffen mit dem Besitzer. Auch Hank soll dabei sein, denn die Kinder sollen sich dort ebenfalls wohlfühlen, wenn sie zu Besuch kommen. Auf dem Rückweg wundert sich Terence immer wieder über das Heimatgefühl, das ihn hier überkommt. Eva kann sich nicht ganz so intensiv begeistern, sie muss an Vicky denken, die dann alleine in Deutschland zurückbleiben würde. Die Trennung würde ihr bestimmt schwerfallen.

Hank kommt drei Tage später zurück. Es hat geklappt, er hat den Test bestanden und kann mit der Ausbildung beginnen. (Hank ist hier auf die *Stufe opal* gegangen, indem er intensiv an seine alten Wurzeln angeknüpft hat.) Der nächste Kurs beginnt in zwei Monaten. Ben hat alles getan, um ihm zu helfen. Jetzt ist er an der Reihe. Er muss sich entscheiden und den Vertrag unterschreiben, und zwar innerhalb von zwei Tagen, dann läuft die Frist ab. Die *Stufe grün* fordert ihn heraus, er muss zur Wahrheit stehen. Die Konzentration ist erfolgt, jetzt muss er dem Vater die Wahrheit sagen. Zunächst spricht er mit Francis, der ihn voll unterstützt. Francis liebt ihn wie einen Sohn, aber er sagt ihm nichts von dem eventuell bevorstehenden Hauskauf. Er weiß, dass er alles seinen Lauf nehmen lassen muss. Trotzdem bietet er ihm an, während seiner Ausbildung bei ihm zu wohnen. Das Gästehaus steht ihm zur Verfügung. So kann er zwischen Los Angeles und San Francisco hin und her pendeln. Er stellt ihm auch einen Wagen zur Verfügung. Für ihn ist alles geregelt. (Hier auch wieder *Stufe weiß* im Sinne des Konzepts.)

Eva hat Angst, sie ahnt, dass etwas geschieht, was ihre Welt aus den Angeln hebt. Nach dem Abendessen ist es dann so weit. Hank rückt mit der Wahrheit heraus. Bei einer Flasche Wein sitzen alle auf der Terrasse des Herrenhauses. Francis wirkt wie ein Leuchtturm im Meer, er verströmt eine unglaubliche Ruhe, das merkt Eva jetzt erst so richtig (wieder *magenta*). Terence bleibt vollkommen ruhig, man spürt, dass ihm diese Umgebung gut bekommt. Er sieht an Hank vorbei und gibt zu verstehen, dass er immer mit so etwas gerechnet hat. Eva ist verblüfft, das hat sie nicht erwartet. Hank sieht Francis fassungslos an, der bleibt völlig regungslos und wartet ab. Dann übernimmt Terence die Führung. Er hat viel nachgedacht, seine Entscheidung, sich hierher zurückzuziehen, ist längst gefallen. Aber zunächst muss er seinen Sohn zur Verantwortung ziehen, das weiß er. So stellt er eine Bedingung. Hank muss mit Vicky zusammen für eine optimale Leitung des Unternehmens sorgen. Nur dann entlässt er ihn aus der Verantwortung der Nachfolge. Hank und Eva müssen ihm nun sagen, dass sie längst damit beschäftigt sind. Er reagiert zunächst etwas aufgebracht, weil er sich den jungen Mann gerne selbst angeschaut hätte. Francis geht hier wieder auf die Stufe *magenta* und lenkt ein, man hätte ihn nicht überstrapazieren wollen, bevor der junge Mann wirklich Interesse gezeigt hätte. Aber jetzt wäre das geklärt, und so könne man an neue Wege denken. Vicky sei ja in das Geschäft hineingewachsen. Eva hat Bedenken, sie weiß, dass sich Vicky Kinder wünscht. Aber sie weiß auch, dass ihre Tochter sehr sozial eingestellt ist und schon lange vorhat, im Unternehmen für die Frauen eine Kinderbetreuung einzurichten. Wenn sie die Führung übernimmt, wird sich vieles ändern.

Hank ist sehr überrascht, was seinen Vater angeht, vor allem, als dieser ihm von dem Haus erzählt, das er eventuell kaufen möchte. Für ihn bestätigt sich hier auf perfekte Weise die Wirkung der Karmabearbeitung. Die Rückkehr in alte Gefilde auf friedliche Weise wird vorbereitet. Er geht mit einem unglaublich zufriedenen Gefühl schlafen. Es hat sich gelohnt, am Ball zu bleiben und seine Ziele zu verfolgen.

Zwei Tage später vollzieht sich dann die *grüne Stufe*, indem er seinen Ausbildungsvertrag unterschreibt. Auch seine Eltern haben sich für das Haus in Monterey entschieden, die Verhandlungen können beginnen. Francis ist überglücklich, seine Freunde bald um sich zu haben. Hank hat sich entschieden, im Gästehaus zu wohnen. Er möchte ungestört lernen und arbeiten können. Außerdem sind er und Jane sich nähergekommen. Ben ist zufrieden mit seinem neuen Nachwuchstalent.

Gleichzeitig hat Hank die *Stufe opal* mit Hilfe von *Sanat Kumara* bestens gemeistert. Verbunden mit seinem Wissen über das uralte Karma, seine Auflösung, aber auch seinem Willen, sein altes Talent wieder aufleben zu lassen, kann er nur Positives aus allem schöpfen. So zeigt sich durch die konkrete Karmabearbeitung, wie aus Karma Potenzial wird. Es erwachsen für ihn auch Erkenntnisse, die er für immer in sich tragen und nutzen kann. Auch seine Wahrnehmungsfähigkeit für Impulse ist intensiv geschärft worden. Er kann sofort die Querverbindungen sehen, er erkennt, wo die Karmabearbeitung Früchte trägt, und so kann er auch eine gewisse Demut pflegen, die ihm zeigt, dass alles korrekt gelenkt wird.

Stufe violett. St. Germain erwartet Hank.

Die Familie kehrt geschlossen nach Deutschland zurück, nachdem der Kaufvertrag für das Haus in Monterey auf den Weg gebracht wurde. Für alle ist klar, das Leben wird sich komplett verändern. Hank und sein Vater unterhalten sich im Flugzeug zum ersten Mal sehr vertrauensvoll. Eva hält sich bewusst zurück, denn sie spürt, dass eine große Veränderung in ihrer Familie bevorsteht. Sie ist froh, denn in ihrem Herzen spürt sie, dass sie erst jetzt richtig »ankommen«. Terence gesteht Hank, dass er sich trotz des großen beruflichen Erfolgs nie am richtigen Platz gefühlt hat.

Sein Vater war ein amerikanischer Soldat, der nach dem Krieg in Deutschland geblieben war. Für ihn war es wichtig, dass sein Sohn es zu etwas bringen sollte. Seine Mutter, die sehr früh starb, fühlte sich immer wie entwurzelt. Je mehr Terence Hank davon erzählt, desto mehr spürt er, wo er eigentlich zu Hause ist. Es fällt ihm immer leichter, in Gedanken loszulassen.

In Deutschland angekommen, hat sich viel getan. Vicky hat sich mit dem jungen Mann wieder getroffen. Dieser möchte unbedingt als Teilhaber einsteigen. Sein Vater stellt das Kapital zur Verfügung. Seine Verlobte ist auf dem Weg zur Steuerberaterin, und auch sie könnte sich vorstellen, eine Position zu übernehmen. Vicky verkündet, dass sie schwanger ist. Sie wird aber nicht aufhören zu arbeiten. Ihr Mann wird sich entsprechend einbringen, und sie wird im Unternehmen für die Kinderbetreuung eine Lösung für alle finden. So startet eine allumfassende Transformation. Hank kann es kaum fassen. Sie treffen sich alle, um der Zukunft ein Fundament zu geben.

Jetzt kommt wieder die *Stufe weiß,* aber auch *rosa* ins Spiel. Es werden klare Konzepte erstellt, wie und wann ein Wechsel stattfinden soll. Eva erklärt sich bereit, für eine Übergangszeit noch mitzuarbeiten. Ihr macht die Arbeit Spaß, und schließlich muss auch für sie eine adäquate Vertretung gefunden werden. Sie möchte die Wahl selbst treffen. Es findet mehrmals eine Konferenz statt, um alles zu klären. Die Teilhaberschaft wird unter Dach und Fach gebracht, und so können sich die »Auswanderer« langsam, aber sicher lösen.

Hank hat sich der Diplomatie gebeugt und ist so lange geblieben, bis Terence der Meinung war, er könne sich jetzt auf den Weg in seine neue Heimat machen. Die Eltern haben Zeit, loszulassen, die Neuen einzuarbeiten, um dann ihr Haus in Monterey zu beziehen. Cora und Rising Sun müssen sie natürlich begleiten.

Hank kehrt nach Kalifornien zurück. Dort wird er sehnlichst erwartet. Francis übergibt ihm die Schlüssel für das Gästehaus. Hank spürt, dass dieser Mann sich auf ihn gefreut hat, und er kann es verstehen. Er ist alleine, hat weder Frau noch

Kinder, und offensichtlich sieht er in ihm eine Art Sohn. Als sie abends bei einer Flasche Wein zusammensitzen, friedlich und gelassen, erzählt ihm Francis, dass er schon lange überlegt, das Weingut zu verkaufen. Er wird immer älter, und die Arbeit fällt ihm schwer. Außerdem möchte er das Malen zu seiner Aufgabe machen. Andererseits ist er auf das Geld nicht angewiesen. So hat er sich überlegt, sollte Hank in Amerika bleiben und seine Karriere starten wollen, ihm das Weingut zu überlassen. Hank soll das Herrenhaus beziehen (Vielleicht mit Familie?) und er zieht sich ins Gästehaus zurück. Dort will er seinen Lebensabend mit Malen und Genießen verbringen. Die Weinberge kann man gut verpachten und so noch einiges daran verdienen. Hank ist sprachlos. Schon als Kind hat er dieses wunderschöne Herrenhaus geliebt. Er braucht Zeit, um zu verstehen, dass er es nun erben soll. Aber zunächst wird er im Gästehaus wohnen, um sich auf seinen Beruf vorzubereiten. Alles nimmt jetzt seinen Lauf. Jane, für die er übrigens immer mehr empfindet, und Ben sind stets an seiner Seite. Er ist ein guter Schüler (Hier wieder *Stufe gelb,*) und das Lernen und Studieren macht ihm große Freude. Er findet viele Freunde, ist sehr beliebt, auch bei den Lehrern. Da er jetzt frei ist, völlig unbelastet, kann er sich voll einbringen. Zu Jane entwickelt sich eine tiefe Liebe, denn er weiß ja auch, dass Ben sie heute auf ganz andere Weise an ihn »verlieren« darf. Er kehrt zu seiner Zielsetzung zurück:

Ich lebe in einer erfüllten, vertrauensvollen Partnerschaft, voller Treue, Toleranz und Nächstenliebe.

Schon nach einem halben Jahr hat er immense Fortschritte gemacht. Ben hat ihm als Nebenverdienst die Chance verschafft, Drehbücher ins Deutsche und Spanische zu übersetzen. So lernt er gleichzeitig sehr viel.

Stufe gold:

Kuthumi erwartet ihn. Hank übernimmt seine erste Rolle in einer Fernsehserie. Jane, mit der er fest liiert ist, hat sich für ihn eingesetzt. Zum ersten Mal muss er für sich einstehen. (Hier kurz auf *Stufe rosa.*) Er muss einen Vertrag aushandeln, seine Gage, auch die Dauer seines Engagements. Das ist für ihn nicht leicht, so etwas musste er früher nicht einmal andenken. Aber da er sich die Fülle und den Reichtum präzipitiert hat, muss Kuthumi ihn prüfen. In der Zwischenzeit sind seine Eltern nach Monterey übergesiedelt. So kann ihn sein Vater gut beraten. Auch Francis steht ihm bei, wenn er Skrupel hat, seine Forderungen zu stellen. Er schafft es, für sich das Beste herauszuholen, und so ist er sehr stolz auf sich selbst. In der Zwischenzeit hat er einen kleinen Neffen namens Percy bekommen, den Vicky ihnen schon stolz vorgeführt hat. Vicky möchte noch so schnell wie möglich ein zweites Kind, um sich dann wieder voll der Firma widmen zu können. Percy hat Janes Herz erobert. Hank hat das genau beobachtet. Er fragt sich oft, wie es in dem damaligen Leben mit ihr hätte weitergehen können. Da er sich das nicht vorstellen kann, gibt es nur die Möglichkeit, es auszuprobieren. Aber er ist noch ein wenig zurückhaltend. Immerhin muss er es ja zuerst zu etwas gebracht haben. Schließlich will er nicht wieder auf einer Ranch landen.

So strengt er sich an. Trotz allem fühlt er sich sehr geborgen. Seine Familie ist da, Francis ist für ihn wie ein Vater, Ben ist einer seiner besten Freunde, und Jane kann mit ihm ruhig in die Zukunft blicken. Er hat gelernt, seinen Wert zu schätzen, und er wird immer wieder bestätigt.

Stufe pfirsich:

Maitreya ist an seiner Seite.

Hank hat es geschafft. Zwei Filmrollen hat er bekommen, die ihn in der Welt bekannt gemacht haben. Er schreibt an seinem ersten Roman, denn das war auch damals sein Traum. Ben schult ihn, damit er ein perfekter Drehbuchautor wird. (Hier immer wieder *Stufe gelb.*) Er wird immer selbstsicherer. Drei Jahre sind ins Land gegangen. Er hat mit Francis das Haus getauscht. Die Weinberge wurden verkauft. So hat Francis sein Auskommen und kann unbeschwert malen. Hank und Jane bewohnen das Herrenhaus. Francis hat sie als Erben in seinem Testament eingesetzt. So können sie in Ruhe ihre Zukunft planen und neue Ziele ins Auge fassen. Sie reiten oft zusammen aus, drei Hunde und vier Katzen leben mit ihnen zusammen. Hank hat niemals über das Karma gesprochen, und er wird es auch niemals tun. Er weiß, dass er so aus dem »alten« Vollen schöpfen kann. (So geht er immer wieder auf *opal* zurück, alle anderen übrigens auch.) Für Hank hat sich bewiesen, dass Karma immer Potenzial ist, man muss es nur herausfiltern. Er hat so auch gelernt, immer seinen Impulsen zu folgen, sich führen zu lassen. Sein Enthusiasmus kennt keine Grenzen. Vicky ist mit Percy für ein paar Wochen bei den Eltern zu Gast. Da sie eine Reise nach Las Vegas machen möchten, haben Hank und Jane sich bereit erklärt, Percy so lange bei sich aufzunehmen.

Hier steht *Rowena* wieder auf *rosa* bereit. Percy öffnet alle Herzen. Seine Liebe zu den Tieren ist rührend. Er besteht darauf, bei ihnen zu schlafen. Man muss ihm dort sein Bett einrichten. Er strahlt alle glücklich an, wenn er zwischen seinen Hunden und Katzen einschlafen darf. Jane ist von ihm begeistert. Hank beobachtet sie intensiv und erkennt, dass sie eine sehr gute Mutter wäre. Ihre Herzlichkeit überwältigt ihn manchmal. Der kleine Kerl schenkt ihr sein ganzes Vertrauen.

Stufe rot:

Hank macht Jane einen Heiratsantrag. Sie hat schon lange darauf gewartet. Sie wissen beide, dass sie auf dem richtigen Weg sind. Ihre Familien verstehen sich, alle haben ihre klaren Ziele vor Augen, die sie auch erreichen, und so kann die Zukunft nur den Erfolg bringen. Hank hat seinen ersten Auftrag für ein Drehbuch bekommen, sein Roman ist fast fertig, und beide wissen, dass sie immer wieder Rollen bekommen werden. So nimmt sie seinen Antrag an. Der Hochzeitstermin muss gut geplant werden, damit auch alle anreisen und teilnehmen können. Percy wird die Rolle als Ringträger übernehmen. Francis und Vicky werden Trauzeugen, und Jane bringt auch schon jemanden mit - little Tiffany, von der aber noch niemand etwas weiß.

Alles ist gefestigt. Wichtig ist, dass alle nun loslassen. Das hat nichts mit Trennung oder verlassen zu tun. Loslassen bedeutet einfach, alles im Frieden annehmen, dankbar sein und sich öffnen für neue Dinge und Wege. Was immer die Zukunft und der Plan bereithalten, kann sich nur dann offenbaren.

- 12 -
Mona auf dem Weg zur Selbstständigkeit

Mona ist 26 Jahre alt, wurde sehr konservativ erzogen, hat eine Schwester und ist verheiratet mit Leo, 29 Jahre alt, Polizeibeamter. Die beiden kennen sich schon circa zehn Jahre, Leo war Monas erste große Liebe. Sie haben vor vier Jahren geheiratet. Mona hat eine normale Ausbildung zur Bürokauffrau in einer Anwaltskanzlei durchlaufen und arbeitet seit zwei Jahren als Sekretärin in einer Hausverwaltung. Sie bewohnen eine Mietwohnung in einem Objekt, das ihr Chef Dieter verwaltet. Die Arbeit ist einerseits sehr abwechslungsreich, da sie viel mit Menschen zu tun hat, andererseits aber auch sehr stressig. Ständig müssen unvorhergesehene Probleme gelöst werden, Handwerker müssen kontaktiert werden, ebenso sind Architekten und Makler immer wieder im Haus, aber ihr Chef hat auch viel mit dem Gericht zu tun, da es immer wieder zu Kleinkriegen zwischen Eigentümern und Mietern kommt. Dieter, ihr Chef, ist ein kleiner Choleriker, der sich über alles tierisch aufregen kann. Er verbreitet ständig Unruhe, wird auch sehr verletzend, wenn er seine Wut an anderen auslässt. Außerdem muss Mona eine Auszubildende beschäftigen und dafür sorgen, dass sie etwas lernt. Wenn sie abends nach Hause kommt, ist sie kaum ansprechbar. Zu vieles hängt noch in ihren Kleidern, sie muss die täglichen Attacken verarbeiten und braucht Abstand. Für Leo ist das eine ständige

Prüfung. Er liebt seinen Job, der auch nicht immer einfach ist. Er arbeitet im Schichtdienst, und wenn er nach einer Frühschicht schon stundenlang allein zu Hause ist, freut er sich natürlich abends auf seine Frau. Für Mona ist das alles zu viel, sie sieht nur noch Stress. Der Haushalt will erledigt werden, man hat Freunde, für eine Putzfrau ist kein Geld übrig, und Leo kann sich nur bedingt einbringen. Er brauchte seiner Mutter nie im Haushalt zu helfen. Zwar erledigt er Einkäufe, auch handwerklich ist er ganz gut versiert, aber alles andere ist nicht seine Sache. Mona weiß das und auch, dass es keinen Sinn hat, ihn erziehen zu wollen. Schon lange trägt sie insgeheim die Thematik der Mutterschaft mit sich herum. Sie hätte gerne zwei Kinder, aber dafür reicht die Wohnung nicht aus. Außerdem, wie soll es mit der Betreuung funktionieren? Ihre Mutter und ihre Schwiegermutter sind beide berufstätig und froh, mit der Kindererziehung fertig zu sein. Sie hat mit Leo zwar schon darüber gesprochen, aber der ist der Meinung, dafür sei noch Zeit. Er träumt von einem eigenen Haus im Grünen, zwar in Stadtnähe, aber da Tiere zu seinem Leben gehören, möchte er mindestens zwei Hunde haben. Das alles möchte er zuerst umsetzen, bevor man über Kinder nachdenkt. Schön, und so lange soll Mona warten?

Mona weiß genau, dass sie mitarbeiten muss, wenn ein Haus gebaut wird. Leos Gehalt wird nicht reichen, zumal sie nichts gespart haben. Und eines weiß sie: Sie will keine Kinder, die den ganzen Tag in der Kita verbringen oder die hin und her geschoben werden. Wenn sie dann nur halbtags arbeiten kann, wird es auch schwierig. Mona hat niemanden, mit dem sie sich beraten kann. Ihre Schwester Franka lebt mit ihrem Mann in Skandinavien, sodass sie nicht ständig miteinander in Verbindung stehen. Also muss sie sich alleine gedanklich auf den Weg machen.

Kurze Zeit später: Mona ist krank. Sie hat sich den Fuß gebrochen und musste operiert werden. Jetzt ist sie zu Hause, muss den Fuß schonen und ist mehr oder weniger handlungsunfähig. Leo gibt sein Bestes, aber er fühlt sich ständig auf dem Prüfstand. Es ist das erste Mal, dass Mona so lange »untätig« ist und viel Zeit zum Lesen und Nachdenken hat. Als Ergebnis schmiedet sie Pläne, und mit diesen Plänen wird Leo eines Abends konfrontiert. Er spürt sofort, dass seine Frau an einem Punkt angelangt ist, der Veränderungen unabdingbar macht. Er ahnt, was ihm bevorstehen könnte, wenn er jetzt nicht zuhört und Anteil nimmt. Da er Mona liebt, hört er ihr genau zu. Mona schlägt ein Notizbuch auf und liest ihm ihre Ideen vor.

Stufe blau (El Morya):

Wir leben in einem eigenen Haus im Grünen, aber in Stadtnähe. Das Haus hat sieben Zimmer, davon sind drei Schlafzimmer, damit später Platz für zwei Kinder ist. Das Haus ist optimal finanziert.

Ich habe eine sehr gut bezahlte Position als Chefsekretärin in einem großen Unternehmen. Die Arbeit macht mir viel Freude, ich kann mir meine Arbeitszeit einteilen und sehr selbstständig arbeiten. Unser Einkommen bietet die Möglichkeit zur Beschäftigung einer Haushaltshilfe.

Stufe aquamarin (Maha Cohan):

Für Leo sind das klare Ansagen. Er weiß, das bisherige Leben ist Geschichte. Für ihn bedeutet das viel mehr Verantwortung. Die nächste gemeinsame Lebensphase beginnt nun. Beiden wird klar, dass vieles zu beraten ist und dass man bisher mehr oder weniger in den Tag gelebt hat. Mona ist zur Ruhe gekommen, weil ihr Körper sie dazu gezwungen hat. Diese Ruhe ließ sie vieles erkennen und Entscheidungen treffen. Hier geht es um eine gemeinsame Präzipitation, was das Haus betrifft. Sie hat aber auch ganz klar ihr Potenzial beleuchtet und erkannt, dass sie etwas

Besseres verdient hat. Nun muss sie sehr aufpassen, wie sie weiter verfährt. Einerseits muss ihr Mann wissen, dass sie sich verändern will, damit das Einkommen gesichert ist. Das ist die grundlegende Entscheidung, die er letztlich befürworten muss. Wenn es aber darum geht, wie sie sich beruflich verändert, wird sie ihren Weg alleine gehen müssen, damit er sie nicht beeinflussen und sie sich frei entfalten kann. Er wird ihre Arbeit niemals tun, also muss sie hier frei sein.

Die beiden beginnen darüber zu besprechen, wie sich jeder diese neue Zeit vorstellt. Leo ist grundsätzlich einverstanden, schließlich hat er auch schon über all das nachgedacht. Dass sie sich beruflich verändern will, begrüßt er, denn so kann es nicht weitergehen. Er weiß aber auch, dass sie ihren Weg gehen wird, und so überlässt er ihr diese Dinge. Was das Haus betrifft, stimmt er nicht ganz zu. Hier geht es also um das Gemeinsame, und deshalb muss hier Klarheit geschaffen werden. So verschiebt man dieses Thema auf den nächsten Abend, damit sich jeder nochmals Gedanken machen kann. Das ist immer ratsam, denn so vermeidet man unnötige Diskussionen, vor allem, wenn sich jemand vor vollendete Tatsachen gestellt fühlt.

Am nächsten Abend sitzen beide wieder bei einem Glas Wein zusammen. Leo hat jetzt auch ein Notizbuch dabei. Darin steht (Wieder zurück auf *Stufe blau* - Zielveränderung.):

Unser Haus hat zusätzlich eine Einliegerwohnung mit drei Zimmern/Küche/Bad. Diese Wohnung wird vermietet und dient mit zur Finanzierung. Außerdem kann sie später von den Kindern oder Eltern genutzt werden.

Das Haus hat einen schönen Garten, nicht zu groß, aber so, dass zwei Hunde, die dann unser Leben bereichern, dort toben können. In der Nähe des Hauses ist auch ein Wald, damit wir dort spazieren gehen können.

Das Haus ist umweltfreundlich gebaut, wir nutzen die Sonnenenergie und das Regenwasser. In unserem Garten bauen wir unser eigenes Gemüse an. Es gibt dort Obstbäume, außerdem eine schöne, sonnige Terrasse. Ein kleiner Teich ist auch vorhanden. Die Zimmer unseres Hauses sind alle auf einer Ebene. Alles ist behindertengerecht gebaut.

Unser Einkommen ist absolut gesichert. Wir haben die Fülle und den Reichtum, damit wir uns auch die schönen Dinge des Lebens leisten können.

Mona ist überrascht. An viele Dinge hatte sie noch gar nicht gedacht. Immerhin hat Leo die Kinder zumindest mit erwähnt, wenn er sie auch noch nicht direkt eingeplant hat. Sie spürt, dass sie ihn nicht drängen darf. Immerhin, sie sind auf dem richtigen Weg. Hier kommt die *Stufe magenta* mit ins Spiel, damit sie in ihrer Mitte bleibt.

Bei beiden Partnern entsteht der Eindruck, dass sich die Partnerschaft nun auf eine neue Ebene begibt. Die *Stufe rot (Nada)* kommt hier mit ins Spiel, denn der gemeinsame Plan schweißt sie zusammen. Man ist sich einig, ein gewisser Friede und Idealismus stellt sich ein. Auch die *Stufe rosa* wird kurzfristig betreten, wenn es um Kreativität und Toleranz geht.

Stufe goldgelb (Konfuzius):

Mona kennt durch ihre Arbeit einige gute Architekten. Sie wählt einen aus, mit dem sie sich dann zusammensetzen und ihren Plan grundsätzlich besprechen. Leo kommt gut mit ihm zurecht, und so überlässt sie ihm zunächst das weitere Vorgehen. Sie hat beschlossen, sich um ihre berufliche Veränderung zu kümmern, damit sich die wirtschaftliche Seite zügig verändern kann. Sie beginnt sich zu informieren, sie studiert die Stellenanzeigen in der Zeitung, sie stöbert im Internet, und sie erkennt, dass sie ihre neue Arbeitswelt klar definieren muss, um nicht wieder im gleichen Fahrwasser zu landen.

Leo hat sich zwischenzeitlich daran gemacht, herauszufinden, wo neue Wohngebiete geplant sind oder wo es Grundstücke geben könnte, die ihrem Wunsch entsprechen.

Mona zückt ihr Notizbuch und notiert:
(Wieder auf *Stufe blau* - Zielerweiterung.)

» Ich habe eine Führungsposition in einem großen Unternehmen.
» Ich habe mein eigenes Büro.
» Ich bin für die anderen Mitarbeiter und natürlich für meinen Vorgesetzten die absolute Vertrauensperson.
» Meine Arbeitszeit ist flexibel, ich kann sie den privaten und betrieblichen Erfordernissen anpassen.
» Mein Arbeitsgebiet führt mich mit vielen Menschen zusammen.
» Mein Chef behandelt mich mit Respekt und Achtung. Er lässt mich vollkommen selbstständig arbeiten.
» Wenn ich krank oder im Urlaub bin, habe ich eine perfekte Vertretung, die aber nicht in Konkurrenz zu mir tritt.
» Wenn ich ein Kind habe, kann ich trotzdem weiter arbeiten.
» Es gibt eine Möglichkeit der Kinderbetreuung. Falls nicht, werde ich diese Möglichkeit schaffen.
» Meine Mutter und meine Schwiegermutter sind gerne bereit, einmal einzuspringen.
» Ich werde optimal bezahlt für meine Arbeit. Ich lebe in Fülle und Reichtum.

Aber was hat Mona vergessen? Sie hat den Architekten nicht klar darum gebeten, Stillschweigen zu bewahren. Während sie sich mit ihrem gebrochenen Fuß, der fast verheilt ist, zu Hause über ihre weitere Entwicklung Gedanken macht, sitzt der Architekt bei ihrem Chef Dieter im Büro und berichtet ihm brühwarm über ihre Hausplanung. Dieter ahnt Schlimmes.

Stufe magenta (Jesus):

Mona beginnt wieder zu arbeiten. Als sie im Büro erscheint, blickt sie nicht mehr durch. Das Chaos hat zugeschlagen. Ihr wird klar, sie muss Überstunden machen. Die Auszubildende hat völlig versagt. Sie beginnt sofort zu weinen, weil Dieter sie angeblich schikaniert hat. Mona muss sich beherrschen. Sie spürt in diesem Moment, dass sie innerlich bereits gekündigt hat.

Dieter erscheint auf der Bildfläche, ziemlich gereizt, denn er sucht eine Akte. Immerhin bringt er es fertig, sich einigermaßen zu freuen, dass sie wieder anwesend ist. Sie findet die Akte mit einem Griff und reicht sie ihm. Dieter murmelt ein Anzeichen von »Danke« vor sich hin und gibt ihr zu verstehen, dass sie mit ihm in sein Büro kommen soll, damit man die Lage besprechen kann. Mona erkennt bei der Besprechung, dass sie sehr flexibel und kontrolliert sein kann. Dann aber fällt Dieter mit der Tür ins Haus. Eigentlich ist es eine Unverschämtheit eines Vorgesetzten, sich darüber aufzuregen, wenn ein Mitarbeiter plant, ein eigenes Haus zu bauen, aber Dieter sieht es schon fast als konspirativen Angriff auf sein Unternehmen. Er ahnt, dass dieser Plan einiges an Folgen nach sich zieht. Mehr wird er aber auch nicht an diesem Tag erfahren. Mona ist sichtlich verärgert, dass der Architekt eine Plaudertasche ist, außerdem ist sie damit beschäftigt, selbst Ruhe zu bewahren. Sie kennt ihren Chef. Jede Diskussion würde in seinem Gehirn auf der Festplatte gespeichert werden, und zwar in der Datei »wiederverwendbare Gemeinheiten«. Sie lässt ihn einfach sitzen mit der Bemerkung, es gäbe noch genug zu tun.

Wieder an ihrem Arbeitsplatz angekommen, muss sie sich zuerst sammeln. Das hat sie nicht erwartet. Sie erkennt ihren Fehler in Bezug auf den Architekten. Bei der nächsten Gelegenheit wird sie mit ihm sprechen müssen.

Stufe rosa (Rowena):

Leo hat für beide einen Termin bei der Bank vereinbart. Die Finanzierung des Hauses muss besprochen werden. Der Architekt kommt abends zu ihnen nach Hause, er hat einen groben Plan erstellt, der auch wichtige Details für die Bank enthält. Mona muss sich jetzt mit ihm unterhalten. Er wirkt sichtlich bestürzt, als sie ihm Dieters Verhalten erklärt und verspricht ihr, künftig darüber zu schweigen. Sie spürt, dass er es ehrlich meint, er hat nicht so weit gedacht. Dennoch weiß sie, dass ein grober Fehler gemacht wurde.

Am nächsten Tag gehen Leo und Mona zur Bank. Leo hat zusammen mit dem Architekten ein neues, in Planung befindliches, interessantes Wohngebiet gefunden. Alle Aspekte, die er in seinem Ziel verankert hatte, sind dort anzutreffen, allerdings sind die Grundstücke sehr teuer. In der Nähe soll ein Golfplatz mit einem Fünf-Sterne-Hotel errichtet werden. Der Banker sieht sich die Unterlagen an und erkennt sofort die Hürden, die zu nehmen sind. Leo kann ihn beruhigen, indem er ihm sagt, es würde beim Bau viel Eigenleistung erbracht werden. Einige seiner Freunde sind Handwerker, sein Vater ist Dachdecker und sein Bruder arbeitet als Elektriker. Die wissen zwar alle noch nichts von ihrem Glück, aber das muss der Banker ja nicht wissen. Er rechnet hin und her, Leo und Mona haben kein anderes Darlehen abzubezahlen, es gibt auch keine negativen Kontobewegungen, Leos Job ist sicher, aber Monas Einkommen lässt zu wünschen übrig, und der Mann am anderen Ende des Tisches weiß, wie schnell man seinen Job verlieren kann. Er zeigt sich skeptisch, zweifelt, ob er das Darlehen bei seinem Vorstand durchdrücken kann. Mona kann ihm im Augenblick nur versichern, dass sie schon dabei ist, sich um eine Veränderung zu bemühen, und das tut sie ja auch. So trennt man sich in gutem Einvernehmen, der Finanzierungsantrag soll in der nächsten Vorstandssitzung berücksichtigt werden. Alles ist offen.

Mona verwendet jede freie Minute darauf, auf Stellensuche zu gehen. Es ist in ihrer Region nicht einfach, das zu finden, was sie in Bezug auf ihr Ziel braucht. Sie führt ein paar interessante Gespräche, aber es zeigt sich keine Lösung. Grundsätzlich bietet ihr auch niemand ein höheres als Gehalt, als sie jetzt hat. Ihr Chef Dieter spürt irgendwie, dass sie sich entfernt. Das macht ihn ärgerlich, er kritisiert ständig an ihr herum und lädt ihr immer mehr Verantwortung auf. Seine häufigen cholerischen Ausbrüche bescheren ihm immer mehr Feinde im Innen und Außen. Plötzlich erleidet er einen Herzinfarkt - mit gerade zweiundfünfzig Jahren. Es ist ein schwerer Infarkt gewesen, und es ist klar, dass er für einige Zeit komplett ausfällt. Hier zeigt sich jetzt Monas Stabilität. Sie ist jeden Tag im Krankenhaus, sie hält mit ihm Kontakt, sie führt das Geschäft, so gut es geht, alleine weiter.

Leo verfällt in Panik, denn er sieht sie kaum noch, außerdem wird er maßlos eifersüchtig. Die Rettung kommt durch einen seiner Kollegen, der ihm eines Tages einen kleinen Schäferhundwelpen zum Dienst mitbringt. Leo ist hin und weg. Der Knirps erobert sofort sein Herz. Ohne an seinen Vermieter zu denken, schnappt er den Kleinen und nimmt ihn mit nach Hause. Mona trifft fast der Schlag, als sie nach Hause kommt. In der Wohnung dürfen keine Hunde gehalten werden. Da Leo durch ihre Überstunden so überstrapaziert wird und sich sowieso demnächst alles ändert, akzeptiert sie den Hund. Sie muss nun versuchen, Dieter zu überzeugen, dass er den Hund erlaubt. Leo ist jetzt zwar ständig mit »Leonid« unterwegs, aber irgendwie kommt er nicht zur Ruhe. Mona hat jedoch keine andere Wahl, sie muss so hart arbeiten, da sie ihren Job braucht, bis sie etwas anderes findet. Als Dieter dann in der Reha ist, besucht sie ihn und erklärt ihm, dass der kleine Leonid eingezogen ist. Zähneknirschend stimmt er zu, aber als Mona dann eine beträchtliche Gehaltserhöhung fordert, flippt er völlig aus. Er sieht sich übers Ohr gehauen, in die Enge getrieben und fast erpresst. Mona merkt sofort, dass da etwas nicht stimmt. Er muss einsehen, dass sie für zwei arbeitet, wichtige Entscheidungen trifft und ihn in der Tat vertritt. Sie ist die Geschäftsführerin, das muss er verstehen. Aber Dieter ist weit davon entfernt. Er wirft sie fast hinaus, will alleine sein, ruft ihr aber nach: »Bis nächste Woche dann.«

Mona ist verzweifelt. Als sie nach Hause kommt, weint sie. Leo ist außer sich, als sie ihm alles erzählt. Doch er weiß, er darf das Feuer nicht noch schüren, sie brauchen das Geld. Kurze Zeit später ruft Franka an. Sie ist zu Besuch bei den Eltern und möchte gerne vorbeikommen. Sie verabreden sich für den nächsten Tag. Die beiden Schwestern haben sich lange nicht gesehen. Mona tut es gut, sich abzulenken. Es ist Wochenende, Leo trifft sich mit dem Architekten. Die Entscheidung für das neue Wohngebiet ist gefallen, und die beiden wollen das Grundstück aussuchen. Nur die Bank muss noch zustimmen.

Franka hat es auch nicht leicht, ihr Sohn hat große Schwierigkeiten in der Schule, und ihr Mann hat eine Geliebte. Sie steht wohl kurz vor der Trennung. Dabei tauchen aber viele Probleme auf, die sie alleine nicht lösen kann. Die Schwestern sind beide in schwierigen Lebenslagen, das erkennen sie sofort. Am Abend treffen sie sich mit Hanna, einer gemeinsamen Freundin aus der Schulzeit, zum Essen. Hanna ist Heilpraktikerin, sie hat eine gut gehende Praxis, in der sie auch Reinkarnationstherapie anbietet. Sie erklärt den Schwestern, dass man bei ihren Problemen sicherlich in die Tiefe gehen und einiges bearbeiten könnte. Franka ist noch etwas skeptisch, vor allem, weil sie in Kürze wieder nach Hause reist, aber Mona ist von dieser Idee sehr angetan. Hanna bestätigt ihre Ansicht, dass Dieter wohl momentan die größte Baustelle darstellt, nicht das Haus an sich. Es ist offensichtlich, dass Mona dort nicht wegkommt, ohne etwas gelöst zu haben. Also vereinbaren die beiden einen Termin.

Stufe violett (St. Germain):

Mona muss sich jetzt auf diese Stufe begeben, sonst kommt sie nicht voran. Sie findet keine neue Stelle, und ihr Chef versteht nicht, dass sie durchaus ohne ihn klarkommen könnte, aber von ihm ausgebeutet wird. Die Bank wird Monas Gehalt als zu gering einstufen, und so wackelt die ganze Geschichte.

Zwei Tage später sucht sie Hanna in ihrer Praxis auf. Sie fühlt sich sofort sehr wohl. Alles ist in Violett getaucht, eine angenehme Ruhe umgibt sie, der Geruch von Weihrauch beruhigt sie. Gemeinsam mit Hanna geht Mona in ein früheres Leben. Sie sieht sich im Mittelalter als jungen Mann auf einer riesigen Burganlage. Sie ist der älteste Sohn des Burgherrn, in dem sie Leo erkennt. Dieter ist ihr jüngerer Bruder, der vom Vater kaum beachtet wird. Die Burg ist das Erbe einer mächtigen Adelsfamilie, die seit Generationen die Umgebung beherrscht. Mehrere Dörfer gehören zu ihrem Einzugskreis. Die Familie muss für alle sorgen, man herrscht über viele Menschen, denen man in Kriegszeiten Sicherheit gewähren muss. Es ist eine umfangreiche Verwaltung nötig, die Burg muss im Krisenfall eine ausreichende Versorgung mit Nahrung bieten, es ist also viel zu tun. Sie ist der Kronprinz des Vaters, der im Übrigen Jagdhunde züchtet. Sie erkennt auch Leonid in einem der Hunde. Der jüngere Bruder tut ihr leid, denn er ist bereit, vieles zu tun, aber er ist immer nur das fünfte Rad am Wagen. Der Vater ist ein wahrer Patriarch, er verlangt von seinen Söhnen absoluten Gehorsam, die vier Töchter spielen für ihn keine Rolle. Vor allem die Bewachung der Burg ist sein Ein und Alles (Kein Wunder, dass er heute Polizist ist.) Je älter Mona wird, umso mehr stößt sie beim Vater auf Widerstand. Sie hat andere Vorstellungen von der Führung einer Burg und des Volkes. Der Bruder hingegen schließt sich immer wieder dem Vater an, da er die Macht liebt. Für ihn ist das Volk nur ein Garant für eigenen Reichtum. Die Untertanen sollen für ihre Sicherheit schuften. Mona aber möchte mit den Menschen leben und arbeiten, sie sollen es gut haben, Lebensfreude empfinden und die Burg gerne besuchen. Das kommt bei Vater und Bruder gar nicht gut an. Es gibt immer wieder Streit, bis sie sich entscheidet, die Burg zu verlassen und dem Templerorden beizutreten. Sie weiß, es ist eine Flucht. Sie wählt freiwillig die Armut, das Leben als Mönch und Soldat, weil sie keinen anderen Ausweg sieht. Der Vater ist bitter enttäuscht und verärgert. Er wird sie ewig vermissen, obwohl er es nicht zeigt. Er ist eifersüchtig auf den Orden, der sie jetzt haben darf. Aber das Schlimmste kommt noch. Sie muss die Burg dem Orden vermachen, denn die Burg wird als Stützpunkt auf dem Pilgerweg gebraucht. Die Familie behält dort weiterhin ihren Sitz, aber die Burg gehört dem Orden. Man kann sich leicht vorstellen, wie sich Vater und Bruder gefühlt haben müssen. Der Bruder rückte automatisch in ihre Position, doch er bedeutete dem Vater nichts. Er musste arbeiten wie ein Pferd, erhielt dafür nicht den geringsten Lohn, geschweige denn die Achtung des Vaters. Dieser war verbittert und zornig, weil er seinen gesamten Besitz hatte hergeben müssen. Die Familie lebte und arbeitete weiterhin für die Dörfer, die Menschen und den Orden. Mona ging es letztlich nicht viel besser, denn auch sie bekam ihre Aufgaben, und das in Besitzlosigkeit. Als sie dann auf einem Kreuzzug ums Leben kam, wurde ihr im Todesmoment die Sinnlosigkeit ihrer damaligen Entscheidung bewusst. Es tat ihr leid, aber sie musste gehen.

Franka kam in dem Leben als eine ihrer Schwestern vor, die vom Vater mit einem Raubritter verheiratet wurde, damit der seine Burg verschonte. Sie führte ein fürchterliches Leben auf einer düsteren Burg, die nur von Gewalt und Grauen beherrscht wurde.

Mona ist sichtlich geschockt über all diese Dinge, aber Hanna beherrscht ihr Handwerk. Sie bearbeitet das Thema mit ihr bis ins letzte Detail. Sie gehen mehrmals an die Sache heran, bis Mona spürt, dass sie Dieter jetzt verstehen kann. Sie weiß jetzt auch, dass Leo an seinem Haus wohl als Erstes ein Schild anbringen wird: »My home is my castle.«

Da sie Vegetarier sind, hat Leonid keine Chance als Jagdhund und wird wohl oder übel mit aufs Revier gehen müssen, um wenigstens Verbrecher zu jagen.

Wichtig ist jedoch, dass sie gelernt hat, hinter allem einen Sinn zu sehen, auch wenn sich Menschen nicht unbedingt adäquat verhalten.

Zurück zu Stufe rosa (Rowena):

Dieter ist aus der Reha zurück, aber er ist noch nicht einsatzfähig. Eine Untersuchung hat ergeben, dass er einen Herzschrittmacher benötigt. Obwohl er sich lange dagegen gewehrt hat, ist bei ihm definitiv ein Burn-out diagnostiziert worden. Der Arzt hat ihm dringend dazu geraten, massiv kürzerzutreten. Sein Sohn Holger hat sich bereit erklärt, nach Abschluss seines BWL-Studiums in die Firma als Teilhaber einzusteigen. Er möchte allerdings mehr im »hochwertigen Immobilienbereich« tätig werden. Doch bis dahin ist es noch ein gutes Jahr. Die Zeit muss überbrückt werden. Holger kann immer mal für ein paar Tage mitarbeiten, aber sein Studium ist vorrangig. Mona geht sofort ein Licht auf. Holger könnte der Raubritter von damals sein.

Ob es Dieter nun passt oder nicht, Mona muss an die Front, und zwar ganz offiziell und vor allem gerecht bezahlt. Er ernennt sie auf Anraten seines Sohnes für die Zeit der Überbrückung zu seiner Stellvertreterin. Sie bekommt alle Vollmachten und den Zugang zu allen finanziellen Angelegenheiten. Jetzt hat sie es geschafft. Die Arbeit mit Hanna hat sich gelohnt. Leo ist angenehm überrascht, wusste er doch, dass seine Frau das Zeug zur Geschäftsführung hat. Mona grinst in sich hinein. Als die nächste Gehaltsabrechnung kommt, lächelt sie zufrieden. Sie ist jetzt zwar in keinem größeren Unternehmen, aber sie ist ihren Zielen schon deutlich näher gekommen. Sie bezieht auch Dieters Büro. Er erhält dort einen kleinen Bereich für sich, wenn er oder Holger zeitweise anwesend sind.

Stufe weiß (Serapis Bey):

Leo ist relativ zufrieden. Er hat zu dem Architekten eine sehr gute Verbindung aufgebaut. Dieser Mann versteht ihn und hat ein gutes Konzept entwickelt. Das Grundstück ist gefunden, es ist recht gut bezahlbar, da es kein Eckgrundstück ist. Ein Wald ist direkt in der Nähe, und auch sonst sind die Bedingungen so, wie sie es sich gewünscht haben. Die Bauweise ist frei, und nun kann es an die detaillierte Bauplanung gehen.

Mona muss auch für sich ein Konzept erstellen. Sie hat natürlich gemerkt, dass diese neue Position sie viel stärker fordert. Ihre Arbeitszeit ist nicht mehr geregelt, aber sie kann sich auch mehr Freiheiten nehmen. Wenn Holger zum Beispiel im Büro ist, kann sie für sich Dinge erledigen. Sie nimmt dann schon mal Arbeit mit nach Hause. Trotzdem ist vieles unberechenbarer geworden. Sie kommt kaum noch zum Einkaufen, der Haushalt, die Wäsche, alles bleibt fürs Wochenende liegen, und selbst dann muss sie oft noch ins Büro. Daran wird sich vorläufig nichts ändern, das weiß sie.

Zurück auf Stufe rosa (Rowena):

Der Punkt der Haushaltshilfe ist nun an der Reihe. Leo ist zwar nicht gerade begeistert, dass eine fremde Frau in seinen Sachen wühlen soll, aber er muss sich der Tatsache beugen. Das Thema ist schnell erledigt, denn in der Nachbarschaft gibt es eine Zugehfrau, die man schon kennt und die noch eine weitere Stelle sucht. Man ist sich schnell einig über die Arbeitszeit und die Bezahlung.

Die Bank hat sich gemeldet, die Vorstandssitzung hat stattgefunden, ein nächster Termin wird vereinbart. Mona ist innerlich stolz. Sie kann dem Banker ihren neuen Arbeitsvertrag mit dem deutlich verbesserten Gehalt vorlegen. Das ändert natürlich alles. Zudem sieht dieser, dass auch Leo mit dem Baukonzept weit fortgeschritten ist und die Planung bereits läuft, all das zeigt ein deutliches Engagement des Ehepaars. Er kann so eine erste persönliche Zusage für das Darlehen geben.

Bereits am nächsten Tag ruft er an und bestätigt, dass sein Vorstand zugestimmt hat. Zwei Tage später wird der Darlehensvertrag mit der Bank abgeschlossen. Die Finanzierung ist gesichert. Eine Woche später ist auch der Kaufvertrag für das Grundstück abgeschlossen, das Geld fließt.

Wieder auf Stufe weiß (Serapis Bey):

Nun kann es mit der Planung des Hauses vorwärtsgehen. Der Architekt kommt sehr gut voran. Er ist ein absoluter Ästhet. Leo und Mona sind von seinen Ideen begeistert. Aufgrund der Grundstückslage kann auch die Einliegerwohnung sehr schön gestaltet werden.

Neben alldem kommt auch Leo mit Leonid an seine Grenzen. Der heranwachsende Welpe ist sehr temperamentvoll und denkt nicht daran zu gehorchen. Ständig kämpft er mit seinem Herrchen um die Vormachtstellung und zeigt einen Hang zur Eifersucht. Man merkt, dass er die angestrengte Allgemeinsituation gehörig ausnutzt. Er macht in jedem unbeobachteten Moment Alleingänge und richtet dabei auch so allerhand an. Hier muss Leo strikt einschreiten, zumal er sich für später noch einen zweiten Hund wünscht. Er wird mit Leonid in die Hundeschule gehen. Das kostet Zeit und Geld, aber es ist nicht zu ändern.

Mona muss leider erkennen, dass sie sich beruflich sehr viel zugemutet hat. Sie muss eine Weiterbildung ins Auge fassen, gerade was Buchhaltung, aber auch Miet- und Arbeitsrecht betrifft.

Zurück auf Stufe goldgelb (Konfuzius):

Sie wählt keine Abendschule, das wäre ihr zu anstrengend. Es gibt jedoch die Möglichkeit, Seminare zu besuchen, die kompakt und überschaubar sind. Leo nimmt das zähneknirschend in Kauf. Er studiert derweil Bücher über Hundeerziehung, denn Leonid stellt weiterhin eine echte Herausforderung dar. Trotzdem hat er in der Hundeschule festgestellt, dass sein vierbeiniger Freund das Zeug zum Polizeihund hätte. Er überlegt, ihn später auszubilden. Seine Aufgabe ist es zudem, sich über die Baumaterialien, die gesamte Ausstattung des Hauses, auch des Gartens usw. Gedanken zu machen. Mona kann sich immer nur sporadisch mit ihm zusammensetzen, um mit ihm Neues zu entscheiden. Er begleitet den Bau des Hauses und ist fast ständig mit dem Architekten zusammen. Zwischenzeitlich hat er auch Interesse an Feng Shui gefunden. Er lässt das alles einfließen, und es macht ihm auch Freude.

Stufe magenta (Jesus):

Plötzlich steht Franka vor der Tür. Mona und Leo sind entsetzt über ihren Zustand. Sie hat sich getrennt und ist mit den Kindern bei ihren Eltern aufgetaucht. Nachdem ihr Mann sie verprügelt hatte, war ihre Entscheidung gefallen. Die Scheidung ist eingereicht, sie muss sich neu orientieren. Die Eltern haben vor Kurzem ein kleines Haus geerbt, das sie ihr zur Verfügung stellen können. Es ist zwar sehr klein, aber fürs Erste ist es gut. Mona ist sehr besorgt, aber sie erkennt sofort den Zusammenhang zu ihrer Rückführung. So zeigen sich dann die karmischen Muster. Franka muss Geld verdienen, das steht fest. Sie hat vor ihrer Ehe als Steuerfachgehilfin gearbeitet. Das ist lange her, aber es ist ein Fundament. Mona gibt ihr erst einmal das Gefühl, dass man für sie da ist, obwohl sie selbst sehr unsicher ist.

Stufe grün (Hilarion):

Das Haus ist in Kürze bezugsfertig. Mona und Leo haben lange überlegt, ob sie die Einliegerwohnung größer gestalten und Franka anbieten sollten, aber dann haben sie sich dagegen entschieden. Sie wollen ihr nicht zu viel abnehmen, sie muss ihren Weg in die Heilung selbst gehen. Außerdem hätten sie sicherlich Skrupel, von ihr eine realistische Miete zu verlangen. Die Wohnung sollte jedoch zur Finanzierung beitragen, wobei Monas neues Gehalt die Lage jetzt schon sehr erleichtert.

Mona hat mit Dieter und Holger gesprochen. Da die Buchhalterin in einem Jahr in Rente geht, besteht für Franka die Möglichkeit, ihre Stelle zu übernehmen. Sie kann sich für ein geringeres Gehalt einarbeiten und wäre dann fit für den Job. Man vereinbart einen gemeinsamen Termin zur Besprechung. Franka erscheint und bleibt wie angewurzelt stehen, als sie Holger sieht. Der reagiert ähnlich, irgendetwas stimmt nicht. Mona ist wie versteinert. Ihre Vermutungen waren richtig. Er muss damals Frankas Mann, der Raubritter, gewesen sein. Sie ahnt, welche Baustelle sich auftun wird. Für die beiden wird es eine große Prüfung werden. Aber alles verläuft gut, sie finden einen gemeinsamen Nenner, Franka möchte ein Praktikum machen, was sehr vernünftig ist. Dann wird man weitersehen. Alle sind zufrieden.

Stufe opal (Sanat Kumara):

Leo bereitet den Einzug ins Haus vor. Es war eine sehr anstrengende Phase, aber er hat sehr viel gelernt, auch über sich selbst. Er konnte den Handwerkern gut zur Hand gehen, auch die Zusammenarbeit mit seinem Vater, der das Dach konstruiert hat, war sehr angenehm. Er entdeckte in sich ein uraltes Wissen über die Integration der Natur, sei es nun bei der bevorstehenden Gartengestaltung, der Nutzung der Sonnenenergie, der Planung der Regenwassernutzung, der Suche nach natürlichen Baumaterialien - all das faszinierte ihn.

Aber auch das Leben mit Leonid hat ihn weitergebracht. Er hat sich entschlossen, mit dem Hund eine neue Phase einzuleiten. Er möchte mit ihm in den Katastropheneinsatz gehen. Leonid ist sehr gewachsen, charakterlich und äußerlich, er eignet sich sehr gut für eine Ausbildung zum Spürhund. Für Leo bedeutet das eine große Wendung, er spürt, dass er das alles schon einmal erlebt haben muss. Mona rät ihm, sich das über eine Rückführung anzuschauen, was er auch macht. Er sieht sich in einem alten Leben als Wandergeselle, der als Spezialist für Fachwerk unterwegs war. Leonid hat ihn damals als sein treuer Hund begleitet. Auf dem Rückweg in seine Heimat wurde er von Wegelagerern überfallen, die ihm sein ganzes Geld rauben wollten. Leonid hat ihn verteidigt und gekämpft, bis Hilfe kam. Leider war der Hund durch Schläge und Tritte so schwer verletzt, dass er starb. So erklärt sich auch sein anfängliches eifersüchtiges Verhalten. Leo ist sehr gerührt von all den Erkenntnissen und ist sich sicher, dass dieser neue Weg für sie beide ein Erfolg sein wird.

Auch Mona ist gewachsen. Sie weiß jetzt, dass sie Führungsqualitäten hat, dass sie sehr selbstständig arbeiten kann und dass ihre Leistung etwas wert ist. Sie konnte Franka helfen, ihre Misere in den Griff zu bekommen und eine alte Verbindung neu aufzurollen, was auch geschehen ist. Franka und Holger verstehen sich sehr gut, obwohl Franka noch einen »gesunden« Abstand hält.

Stufe violett (St. Germain):

Mona geht es nicht gut. Sie führt alles auf den Stress zurück. Der Einzug ins Haus soll in einer Woche stattfinden. Dieter hat ihr gesagt, dass er sich wieder mehr einbringen will. Holgers Aufgabe stellt sich doch etwas anders dar, als ursprünglich angenommen. Er sitzt nicht gern am Schreibtisch, er will draußen im Immobiliengeschäft sein. Außerdem hat Dieter wieder Kraft gesammelt und langweilt sich zu Hause. Mona hat das innerlich geschockt, sie ahnt, dass wieder Konflikte auf sie zukommen werden. Sie hat in der Zwischenzeit so viel dazugelernt, sich abgemüht, und jetzt soll sie wieder Platz machen für den alten Nörgler?

Mehrmals hat sie sich morgens übergeben müssen. Leo macht sich Sorgen, er besteht darauf, dass sie zum Arzt geht. Er hat Angst um Mona. Als er abends von der Spätschicht nach Hause kommt, ist Mona völlig aufgelöst. Er erschrickt, macht sich die schlimmsten Vorstellungen, ist sie etwa sehr krank? Nein, Mona ist nicht krank, sie ist schwanger. Aber ausgerechnet jetzt. Es klingelt, Franka und Holger stehen mit einer Flasche Champagner vor der Tür. Sie sind endlich ein Paar, und das wollen sie feiern. Außerdem wollen sie beim Umzug helfen. Mona macht nicht gerade den besten Eindruck, aber als sie dann hören, was passiert ist, meint Holger nur ganz trocken: »Du weißt doch, in ein neues Haus zieht immer jemand mit ein oder aus. Was ist dir lieber?« Leo findet das gar nicht lustig. Das nächste Thema tut sich also auf. Sie werden Eltern, ein neues Haus, das abzuzahlen ist, das Geld reicht jetzt gut, aber was soll werden? Er weiß, dass Mona eine Glucke ist, sie würde ihr Kind nie in fremde Hände geben. Er spürt aber, dass es noch zu früh ist, darüber zu sprechen. Jetzt wird erst einmal gefeiert, dann wird umgezogen, und dann geht es weiter.

Zurück auf rosa (Rowena):

Holger hat das alles sehr berührt. Er weiß auch, dass Mona und Dieter wie Hund und Katze sind. Franka wird die Buchhaltung übernehmen, das ist bereits klar. Sie findet sich in diesem Bereich sehr gut zurecht. Er spricht mit seinem Vater. Dieter ist nicht gerade begeistert, als er erfährt, dass Mona schwanger ist.

Das war für ihn immer ein Problem. Holger macht ihm einen Vorschlag: Die Auszubildende steht kurz vor ihrer Prüfung. Mona hat sie sehr gut betreut, sie hat sehr gute Noten in der Schule. Er ist dafür, sie für die Büroarbeit zu übernehmen, die Mona früher gemacht hat. Dieter übernimmt wieder offiziell die Geschäftsführung, und Mona bleibt noch bis zum Mutterschaftsurlaub da, um alle in ihre Bahnen zu lenken. Dieter sieht auch keine andere Lösung. Am nächsten Tag setzen sie sich mit Mona zusammen, die natürlich auch nachgedacht hat. Sie weiß, sie muss Geld verdienen, sonst reicht es nicht für das Haus. Aber sie wird auch Mutter, und bei einem Kind soll es nicht bleiben. Sie hat bereits mit Leo gesprochen, und so schlägt sie vor, ihre Einliegerwohnung als Büro zu nutzen. Sie will sich selbstständig machen. So kann sie für Dieters Hausverwaltung freiberuflich Arbeiten erledigen, aber auch anderen Kunden ihre Dienste anbieten. Wenn Not am Mann ist, kann sie auch durchaus ein paar Tage wieder im Unternehmen aushelfen, und bezahlt wird sie nach Aufträgen. Es fällt ihr nicht leicht, diesen Schritt in die Selbstständigkeit zu unternehmen -so ganz ohne Netz und doppelten Boden -, aber sie fühlt sich reif dafür, und Franka wird ihr bei ihrer Buchhaltung helfen.

Dieter und Holger sind angenehm überrascht, das ist die Lösung für alle. So wird man sich einig.

Auch Monas Mutter und ihre Schwiegermutter freuen sich auf ihr Enkelkind. Sie haben ihr Unterstützung angeboten, wenn sie gebraucht wird.

Zurück auf *Stufe blau*, Zielsetzung *(El Morya):*

» Unsere Einliegerwohnung ist mein Büro.
» Ich arbeite absolut selbstständig für verschiedene Kunden.
» Ich wende all meine Kenntnisse an, die ich mir erworben habe.
» Ich bin gefragt, ich bin voll ausgelastet.
» Ich lebe in Fülle und Reichtum.

» Mein Kind ist optimal versorgt. Ich bin immer da, um es zu betreuen, bis es wie alle anderen Kinder in die Kita und in die Schule geht.
» Ich kann mir meine Arbeitszeit vollkommen frei gestalten.
» Meine Haushaltshilfe ist da, sie entlastet mich vollkommen.
» Auch ein zweites Kind ist zum richtigen Zeitpunkt in unsere Familie integriert.
» Wir haben auch einen zweiten Hund, der als Familienhund für uns alle da ist. Er ist für Leonid ein guter Ausgleich.

Wieder auf *Stufe violett (St. Germain):*

Der Tag des Einzugs ist da. Franka und Holger helfen, das war vereinbart. Alles klappt sehr gut, Mona muss sich schonen. Leo ist da sehr aufmerksam, sie darf nichts Schweres heben. Auch ihre Eltern sind da, selbst Dieter schaut vorbei und hat für das leibliche Wohl vorgesorgt. Es gibt Pizza für alle. Außerdem überreicht er Mona einen Gutschein für den Kauf einer Büroausstattung. So wäre das auch gesichert.

Auch Leonid ist ganz aufgeregt. Er inspiziert das ganze Haus, geht geschäftig herum und legt sich groß und breit in die Badewanne. Das ist das erste Foto, das gemacht wird. Franka ist verschwunden. Alle sitzen auf Kisten und leeren die letzte Flasche Bier, als es klingelt. Mona öffnet die Tür, Leonid steht dienstbeflissen hinter ihr und erstarrt. Draußen sitzt einsam und alleine ein kleiner Mops. Er trägt ein Schild um den Hals: »Suche eine neue Hütte«. Dann taucht Franka neben ihm auf. Es ist ihr Geschenk, auch er zieht mit ein. Leonid steht daneben wie ein begossener Pudel. Er begutachtet den Knirps von oben herab, als wolle er sagen: Was soll ich denn mit dem anfangen? Alle finden das Bild zum Schreien. Er dreht sich einfach um und räumt das Feld, was bedeutet, er hat ihn gnädig aufgenommen.

Stufe gold (Kuthumi):

Mona, Leo und die beiden Hunde haben sich gut eingelebt. Das Büro ist eingerichtet. Es hat zwar etwas gedauert, bis sie alles zusammengetragen hatten, aber die Geburt des Babys steht bevor, und so kann Mona ihre Arbeit in Dieters Firma langsam, aber sicher abschließen und in der alten Form loslassen. Die Auszubildende hat eine sehr gute Prüfung abgelegt, sie wurde übernommen und hat sich in Monas alltägliche Büroarbeit bestens eingearbeitet.

Leo und Leonid sind ein eingespieltes Team. Ihr gegenseitiges Karma ist aufgelöst. Sie sind wie damals unzertrennlich. Leo hat sich für eine ausgeschriebene Stelle beworben. Die Aussichten sind gut, dass er dort mit Leonid angenommen wird. Sie werden dann gemeinsam auf die Suche nach Vermissten gehen. Außerdem wird diese Arbeit noch besser bezahlt.

Es ist kurz vor Weihnachten. Draußen kann man nichts mehr tun, so wird sich Leo im Haus noch vielen Details widmen.

Zurück auf *Stufe weiß und opal (Serapis Bey und Sanat Kumara):*

Er plant insgeheim einen Wintergarten. Damit möchte er Mona überraschen. Ganz unbewusst knüpft er so an sein altes Wissen an. Es ist ein sehr umfangreiches Konzept, das er entwirft, und er möchte ihn ganz alleine bauen.

Stufe pfirsich (Maitreya):

An Silvester kommt Sohn Sylvester zu Hause zur Welt. Die Freude ist übergroß. Franka, seine Patentante, ist bei der Geburt mit dabei. Alles verläuft ohne Probleme. Schon wieder muss Leonid sich die Angelegenheit von oben betrachten. Mops Konrad sieht das alles ganz gelassen, er legt sich sofort zum Baby und schnarcht zufrieden. Das gibt wieder ein geniales Foto.

Zwei Tage vorher hat Leo die Zusage bekommen, dass er mit Leonid im neuen Jahr den interessanten Job antreten kann. Alles wird gebührend gefeiert. Holger und Dieter kommen noch vorbei, um mit anzustoßen.

Stufe rot (Nada):

Alle Hürden sind genommen. Leo und Leonid sind in ihrem neuen Job zu Hause. Mona ist in ihrer Mutterrolle gefordert. Der kleine Mann wächst und gedeiht. Sie kann sich ihre Arbeit einteilen und sie hat genügend zu tun. Im Zeitalter der neuen Technik ist sie über den Computer mit all ihren Kunden perfekt im Kontakt. Sie bestimmt ihr Einkommen, auch die Wertigkeit ihrer Arbeit und ist damit voll zufrieden. Sie hat gelernt, wie wichtig es ist, sich die karmischen Muster anzuschauen und aufzulösen, damit man die Wege erkennt, die noch zu gehen sind. Dadurch konnte sie auch ihre Schwester viel besser in ihrer Phase der Transformation unterstützen. Sie weiß, wann immer neue Probleme auftauchen, wird sie bereit sein, Ursache und Wirkung mit einzubinden. Mona und Leo sind zufrieden mit ihrer Verwandlung, mit ihrem neuen Zuhause, ihrem gesunden Kind und den beiden Vierbeinern, die unterschiedlicher nicht sein könnten.

Dennoch lassen sie los, um sich für immer wieder neue Wege zu öffnen. Wir wissen ja, dass Mona schon das zweite Kind präzipitiert hat, aber erst dann, wenn der richtige Zeitpunkt gekommen ist.

- 13 -
Linda findet nach Hause

(Anmerkung: Dieses Beispiel zeigt uns, wie ein Plan wirklich aussieht und sich dann auch vollziehen muss. Es soll allen Mut machen, ihren Weg zu gehen, auch wenn unsere Schritte im Leben nicht immer verstanden werden.)

Linda ist ein aufgewecktes junges Mädchen. Sie ist ein Einzelkind, stammt aus sehr gutem Haus und besucht das Gymnasium. In der Schule ist sie sehr gut, das Lernen fällt ihr leicht. Sie ist bei ihren Freunden sehr beliebt und leidenschaftliche Schwimmerin. Lindas Eltern Karoline und Justus betreiben ein sehr gut gutgehendes Hotel, das seit drei Generationen im Familienbesitz ist. Das renommierte Haus legt großen Wert auf Stil und Eleganz. So wurde Linda auch erzogen. Für ihre Eltern, die ihr ganzes Leben dem Familienunternehmen gewidmet haben, ist es ein ungeschriebenes Gesetz, dass Linda in ihre Fußstapfen tritt. Sie hoffen auf ihre Loyalität, nachdem sie ihr alles bieten, was sie sich wünscht. Auch die Großeltern haben Linda vergöttert und nach Strich und Faden verwöhnt. Sie bewohnt auf dem großzügigen Parkgelände des Hotels, das über einen eigenen Pool und Tennisplatz verfügt, ein eigenes kleines Penthouse. Linda ist bei den jungen Männern bereits sehr gefragt, immerhin steht ein beträchtliches Erbe im Raum. Sie ist sich all der Dinge sehr bewusst, sie weiß aber auch, dass man für dieses Vermögen sehr viel leisten muss. Ihre Eltern sind ständig im Einsatz, ihre Mutter hatte ihr schon vor längerer Zeit gestanden, dass sie eigentlich ein »Unfall« war, denn Kinder waren nicht geplant. Die Ärzte hätten auch immer wieder gesagt, sie könne sowieso keine Kinder bekommen. Trotz allem wird Linda geliebt und ist das Ein und Alles ihrer Eltern. Linda steht kurz vor dem Abitur. Ihr Vater erwartet, dass sie nach ihrem Schulabschluss mit entsprechenden Ausbildungen im Hotelfach beginnt. Da ist ihm nichts zu teuer, sie soll die besten Schulen im Hotelfach besuchen, gerne auch im Ausland.

Linda ist sich sicher, dass sie ihr Abitur mit Bestnoten abschließen wird. Ihr schwebt eher ein Medizinstudium vor. Sie liebt Kinder sehr und hat sich immer Geschwister gewünscht. Ihre beste Freundin Veronika hat einen Zwillingsbruder, sie hat die beiden immer beneidet. Am liebsten würde sie Kinderärztin werden, aber wie soll sie das ihrem Vater beibringen?

Veronika übernachtet oft bei ihr. Sie liebt dieses Haus und das gesamte Ambiente des Hotels. Ihr Traum ist es, auf einem Kreuzfahrtschiff im Management zu arbeiten. Justus hat ihr angeboten, in seinem Hotel eine Ausbildung zu absolvieren, damit sie alles von der Pike auf lernen kann. Sie weiß nichts von Lindas Träumen.

Das Abitur steht bevor. Justus hat sie bereits gefragt, wie sie sich die Zukunft vorstellt, welche Schule für sie in Frage käme. Linda ist ihm ausgewichen, aber sie weiß, dass sie mit ihm sprechen muss. Veronika erwartet im Grunde genommen, dass sie beide gemeinsam ihren Weg planen, auch wenn sie sich irgendwann trennen müssen.

Dann fasst Linda all ihren Mut zusammen und spricht mit ihren Eltern. Sie will sich jetzt nicht entscheiden müssen, sie braucht Zeit. Deshalb möchte sie nach dem Abitur für ein Jahr als Au-pair nach England gehen. Ihre Patentante, Karolines Schwester Edith, lebt und arbeitet als Designerin in der Nähe von London. Sie wäre sicherlich bereit, Linda bei ihrem Vorhaben zu helfen. Justus und Karoline sind zunächst enttäuscht, aber sie wissen auch, dass man Linda zu nichts zwingen darf. Außerdem kann es nicht schaden, die Englischkenntnisse zu vertiefen, und das Leben in einer Familie mit Kindern würde ihr sicherlich guttun. Es soll ja nur für ein Jahr sein. Sie finden sich damit ab, immerhin ist Veronika wie ein Magnet für Linda.

Sie hat es zunächst geschafft. Ihre Eltern lassen sie in Ruhe die nächsten Schritte unternehmen. Obwohl bis jetzt alles ganz gut gelaufen ist, ist sie sich innerlich bewusst, dass sie eigentlich einen gigantischen Umweg einschlägt. Sie stellt sich selbst die Frage, ob sie einfach nur zu feige ist, ihren Eltern die Wahrheit zu sagen. Trotzdem sagt ihr eine innere Stimme immer wieder, dass es so gut ist.

Stufe blau (El Morya):

Jetzt setzt Linda ihr Ziel:

Ich bin Kinderärztin. Ich gehe jetzt zunächst nach England, um meinen Weg in Ruhe einschlagen zu können. (Wir dürfen nicht vergessen, dass Linda noch eine sehr junge Frau ist, die durch ihr Elternhaus sehr geprägt ist. Es gehört ein starker Wille dazu, diese Schritte zu unternehmen. El Morya hilft ihr dabei so, wie sie es in diesem Moment durchdenken kann. Für ein detailliertes Ziel fehlt ihr die Lebenserfahrung. Deshalb ist es so wichtig, Kinder so früh wie möglich an die Präzipitation heranzuführen.)

Wir würden als Ziel formulieren:

» Ich bin eine erfolgreiche und anerkannte Kinderärztin.
» Meine Eltern haben mich in Liebe losgelassen und eine perfekte
» Lösung für unser Hotel gefunden.
» Meine Arbeit erfüllt mich, die Kinder lieben mich.
» Ich lebe in der absoluten Fülle und im Reichtum.

Stufe aquamarin (Maha Cohan):

Linda hat sich vorgenommen, zu Hause zunächst mit niemandem über ihren Plan zu sprechen. Sie fürchtet, Veronika könnte Angst bekommen, sie zu verlieren. Diese Überlegung sehr gut, denn so bleibt sie geschützt. Sie hat ihre Eltern gebeten, auch den Großeltern noch nichts zu sagen.

Linda ruft ihre Patentante Edith an. In einem Monat ist das Abitur geschafft. Dann möchte sie nach London reisen und ihre Tante besuchen, um alles mit ihr zu besprechen. Edith freut sich sehr, sie wiederzusehen. Sie lebt in einem Cottage, in dem sie auch ihr Atelier hat. Auf dem Grundstück gibt es ein kleines Gästehaus, das sie Linda gerne zur Verfügung stellt. Hauptsächlich entwirft Edith sehr edle Tapetenmuster für ihre Kunden, aber sie gestaltet auch Räume direkt nach deren Wünschen. So kommt sie viel herum. In der Zeit, in der Linda sie besuchen möchte, findet eine große Ausstellung statt, an der sie teilnimmt. Linda freut sich auf diese Zeit. Sie spürt innerlich, dass ihre Tante der richtige Ansprechpartner ist. Sie kennt Land und Leute, außerdem nimmt sie das Leben leicht und steht allem neutral gegenüber. Die Zeit ist für Linda auch wie eine Auszeit, eine Erholung nach dem Prüfungsstress.

Stufe goldgelb (Konfuzius):

Das Abitur ist in vollem Gange. Linda und Veronika lernen viel zusammen, spornen sich gegenseitig an und verbringen viel Zeit miteinander. Veronikas Bruder Thomas geht einen ganz anderen Weg. Er wird Förster, sein Ziel ist es, einmal als Wildhüter zu arbeiten, wenn möglich in Amerika. Die beiden sind sehr unterschiedlich. Trotz allem spricht Linda nicht über ihre Pläne. Veronika fragt auch nicht danach, für sie ist klar, dass Linda im Hotel ihrer Eltern arbeiten wird.

Neben allem Abiturstress hat sich Linda in der Zwischenzeit auch mit diversen Agenturen in Verbindung gesetzt, die Au-pair-

Aufenthalte im Ausland vermitteln. Speziell für England sieht es gut aus. Sie hat ihre Bewerbungsunterlagen eingereicht und wartet auf Angebote.

Stufe magenta (Jesus):

Ihr Vater wird unruhig. Er sieht, dass Linda sehr verbissen arbeitet. Man sieht sie kaum noch, sie erscheint nur noch zum Essen. Morgens in der Frühe, wenn alle Gäste noch schlafen, rackert sie sich im Pool ab, danach rennt sie durch den Park, um dann wieder zu verschwinden. Wenn er sie fragt, wie der Stand der Dinge ist, weicht sie ihm aus. Er weiß nur, dass sie ihre Tante besuchen will, schließlich musste er ja das Ticket bezahlen.

Zurück zu Stufe goldgelb (Konfuzius):

Linda und Veronika haben ihr Abitur geschafft. Veronika fährt jetzt zuerst mit ihren Eltern in Urlaub. Sie ist sehr erschöpft und will nichts mehr hören und sehen. Das kommt Linda gerade recht. Sie hat alles mit Leichtigkeit geschafft, mit ihrer Bestnote überwindet sie problemlos die Hürde des Numerus clausus für das Medizinstudium, das weiß sie. Justus ist mächtig stolz auf seine Tochter. Am liebsten würde er sie gleich zur Teilhaberin machen, aber Karoline bremst ihn. Sie spürt, dass ihre Tochter andere Pläne hat. Sie kann bis heute nicht begreifen, wie dieses Kind zu ihnen gefunden hat. Als Mutter wird ihr klar, dass sie loslassen muss, aber Justus wäre dafür überhaupt nicht ansprechbar. So schweigt sie.

Linda hat bisher nichts Konkretes von den Agenturen erhalten. Obwohl sie mehrmals nachgefragt hat, bekam sie kein adäquates Angebot. So macht sie sich auf den Weg nach London zu ihrer Tante Edith.

Stufe rosa (Rowena):

Linda wird von Edith herzlich empfangen. Obwohl sie schon öfter dort zu Besuch war, auch als Kind, ist es dieses Mal irgendwie anders. Sie fühlt sich erwachsen, als wäre eine neue Zeit für sie angebrochen. Edith ist leicht überanstrengt, da sie viel für die Ausstellung zu tun hat. Linda findet sich sehr gut selbst zurecht. Sie bezieht das Gästehaus im Garten und hilft Edith bei den letzten Vorbereitungen. Sie möchte ihre Tante zur Ausstellung begleiten.

Am nächsten Tag machen sie sich auf den Weg. Edith ist etwas aufgeregt, denn sie weiß, dass viele ihrer Stammkunden da sein werden. Sie hat viele neue Muster entworfen. Linda ist fasziniert von ihrer Arbeit. Auf der Ausstellung angekommen, gibt es viel zu tun, aber die beiden organisieren alles perfekt. Linda ist für Edith eine große Hilfe. Leider konnten sie sich noch gar nicht richtig unterhalten. Dann kommen die Besucher. Edith ist eingespannt in viele Gespräche. Linda übernimmt gerne die Betreuung von Besuchern, die ein wenig warten müssen, bis Edith sich ihnen zuwenden kann. Sie bietet Getränke und kleine Snacks an. Es sind sehr interessante Leute, die sie hier antrifft, Menschen mit einem eigenwilligen Geschmack, die nichts von der Stange suchen. Das macht sie sehr neugierig.

Plötzlich steht ein Ehepaar an Ediths Stand und blättert interessiert in einer ihrer Mappen. Linda kommt mit ihnen ins Gespräch. Die Leute sind sehr nett und möchten wissen, ob sie ebenfalls künstlerisch engagiert ist. Linda erklärt ihnen, dass sie zu Besuch bei ihrer Tante sei, um sich vom Abiturstress zu erholen. Außerdem erwähnt sie, dass sie sich in England nach einer Au-pair-Stelle umsehen möchte, da sie hier ein Jahr verbringen möchte. Die beiden schauen sich an, und die Frau meint, dass sie gerade auf der Suche nach einer Betreuung für ihre Zwillinge wären. Sie seien sehr spät Eltern geworden. Sie seien beide über vierzig und beruflich stark als Ärzte in einer Privatklinik engagiert, und ihre Kinder sollen bestmöglich versorgt werden. Linda schluckt, irgendwie spürt sie, dass hier etwas eingefädelt wird. Sie fühlt sich auch sehr wohl in der Gesellschaft dieser beiden Menschen.

In diesem Moment erscheint Edith. Sie begrüßt die beiden sehr herzlich, sie sind gute Freunde. Bill und Cathy Stuart zählen zu ihren ältesten Kunden. Sie leben in einem herrschaftlichen Haus in Cornwall, in dem es für Edith immer viel zu tun gibt. Sie verabreden sich für übermorgen, da Edith ein paar Räume umgestalten soll. Linda ist mit eingeladen. Dann verschwinden die beiden.

Nach ihrer Rückkehr von der Ausstellung finden Linda und Edith endlich etwas Zeit für einen Tee und ein Plauderstündchen. Linda erzählt Edith von ihrer Situation und ihren Plänen, denn sie weiß, sie kann ihrer Tante vertrauen. Diese hatte sich auch in ihrer Jugend von zu Hause abgesetzt und ihren eigenwilligen Weg eingeschlagen. Edith findet ihr Vorgehen richtig. Eine Zeit im Ausland hat noch niemandem geschadet. Man kann sich orientieren und Luft holen, bevor man sich für viele Jahre festlegt. Sie bietet Linda an, bei ihr zu bleiben, solange sie möchte, um sich zu finden. So kann sie sich direkt im Land nach einer Stelle umschauen und mit den Agenturen in Deutschland in Verbindung bleiben. Es kann nur förderlich sein. Linda freut sich, sie spürt, ihre Entscheidung war richtig. Sie telefoniert mit Justus und Karoline, damit die beiden informiert sind.

Am nächsten Tag machen sie sich auf den Weg nach Cornwall. Linda kommt zum ersten Mal in diese Ecke Englands, aber sie ist begeistert. Alles blüht, es ist Frühling, die Menschen sind freundlich, es ist eine ganz besondere Atmosphäre. Als sie auf das Grundstück der Stuarts gelangen, wird Linda ganz still. Einerseits ist sie überwältigt von der Schönheit dieses Anwesens, andererseits kommt es ihr nicht unbekannt vor. Das macht sie sehr unsicher. Sie werden sehr herzlich begrüßt, man trinkt den Tee im Garten. Eine ältere Dame, die Haushälterin Mabel, bedient sie. Kurze Zeit später erscheint sie wieder mit den Zwillingen. Es sind Mädchen, gerade neun Monate alt. Linda ist von den beiden begeistert und beschäftigt sich sofort mit ihnen. Die Kleinen fassen gleich Vertrauen zu ihr. Bill und Cathy beobachten sie sehr genau. Edith nimmt das alles wahr, sagt aber nichts dazu. Sie spürt, dass hier etwas seinen Lauf nimmt. Sie geht mit dem Ehepaar ins Haus, um sich die Räume anzusehen, die sie farblich neu gestalten soll. Die Räume sollen für die Kinder und ihre künftige Nanny hergerichtet werden. Mabel ist überfordert mit den beiden, sie ist zu alt, um sich dauernd um sie zu kümmern. Cathy möchte zurück in die Klinik, sie wird dort gebraucht. Alles ist im Umbruch. Bill spricht Edith auf Linda an. Er fragt sie, ob sie sich vorstellen könnte, dass Linda ihr Jahr in England in ihrem Haus verbringen könnte. Sie haben einen guten Eindruck von ihr, und dann müssten sie sich nicht weiter bemühen. Edith ist erfreut, sie hätte es nie von sich aus angesprochen. Sie weiß, Linda ist da sehr eigen, sie will selbst überzeugen. Als sie wieder im Garten sind, sprechen die Eheleute mit Linda. Sie bieten ihr an, ein paar Tage zur Probe in das Gästeappartement zu ziehen, um sich ein Bild von der Familie zu machen. Dann kann sie sich entscheiden. Linda ist begeistert, sie sagt zu.

Am Abend sitzt sie mit Edith beim Essen und kann es nicht fassen. Zudem sind beide Eltern Ärzte, sie können ihr bestimmt bei ihrer beruflichen Entscheidung mit Rat zur Seite stehen. Edith ist in keinster Weise verwundert. Sie ist der Meinung, dass alles auf der Welt geführt ist. Seit vielen Jahren ist sie spirituell unterwegs. Ein englischer Heiler hatte ihr vor Jahren sehr geholfen, und eine ihrer besten Freundinnen ist eine erfolgreiche Astrologin.

Stufe weiß (Serapis Bey):

Eine Woche später bezieht Linda das Gästeappartement der Stuarts. Edith beginnt gleichzeitig mit der Neugestaltung der Räume für die Kinder und Linda. Eine ganze Etage im Westflügel des Hauses steht dafür zur Verfügung. Linda bekommt eine eigene kleine Wohnung, zu der auch ein Teil des Gartens gehört.

Schon nach zwei Tagen sagt Linda zu. Sie hat sich mit Mabel gut arrangiert, die Aufgaben sind geklärt, die beiden sind sich sehr sympathisch. Sie braucht sich nur um die Kinder zu kümmern, mit ihnen zu spielen, auszugehen, sie Tag und Nacht zu betreuen. Mit Bill und Cathy bespricht sie die Einzelheiten, auch ihren Lohn, der sehr großzügig ist. So kann sie sich ihre Kleider leisten, gelegentlich den Flug nach Hause, und es bleibt noch genug Taschengeld übrig. Sie ist in allem sehr genau und hatte sich vorher alle Punkte aufgeschrieben, die geklärt werden mussten. Edith ist begeistert von ihrer Nichte. Sie fragt sie auch nach ihren Wünschen bezüglich der Räume, um das mitberücksichtigen zu können. Bill stellt ihr einen kleinen Wagen zur Verfügung, damit sie hier auf dem Land beweglich ist. Das wird sicherlich etwas schwierig wegen des Linksverkehrs, da Linda noch nicht lange den Führerschein besitzt, aber sie hat ja Zeit zum Üben.

Das Konzept steht, würde sich da nicht die Krise mit ihrem Vater Justus anbahnen. Es ist, als würde er intensive Verlustängste kreieren. Er hat sich bei Edith gemeldet und von ihr verlangt, dass sie Linda zur Rückkehr nach Deutschland bewegen solle. Edith denkt nicht daran und hat ihm auch ihre Meinung dazu gesagt. Jetzt ist er beleidigt und eifersüchtig, weil sie ihm erzählt hat, dass Linda bei den Stuarts so gut aufgenommen wurde. Wäre Karoline nicht auf Ediths Seite und eine gute Diplomatin, wäre er schnurstracks in England aufgetaucht, um nach dem Rechten zu sehen.

Zurück zu magenta (Jesus):

Linda ruft ihn auf Ediths Rat hin an und beschwichtigt ihn. Sie spürt, dass er Angst hat, sie zu verlieren. Bisher war er der Hahn im Korb und jetzt befürchtet er einen Nebenbuhler. Linda ahnt nicht, wie recht er mit seinen Emotionen hat.

Stufe grün (Hilarion):

Linda hat sich bestens im Hause Stuart eingelebt. Sie war in der Zwischenzeit auch einmal zu Hause bei den Eltern und hat mit Justus Frieden geschlossen. Er hat sich beruhigt, nachdem er gesehen hat, wie glücklich sie ist. Karoline hat ihn davon überzeugt, dass alles gut ist und dass Edith sich doch auch um ihre Tochter kümmert. Sie hat ihm klargemacht, dass nur das zu ihm zurückkehrt, was er wirklich loslassen kann. Auch sie leidet, aber das würde sie niemals zeigen. Schließlich ist das Ehepaar Stuart in ihrem Alter, und Linda hat dort so etwas wie eine Ersatzmutter. Dafür hat sie Veronika als Ersatztochter bekommen, die sich ausgesprochen gut in der Ausbildung bewährt.

Linda ist jetzt schon ein halbes Jahr in England. Sie hat ihr Englisch erheblich verbessert und kann sich sehr gut ausdrücken. Die Stuarts geben viele Essen und Feste in ihrem Haus. Sie ist immer dabei, wenn die Kinder versorgt sind. Die Zwillinge sind anstrengend, sie laufen inzwischen, aber alles ist gut. Sie hat sich ihre kleine Wohnung sehr gemütlich eingerichtet, und Edith ist immer für sie da. Aber etwas berührt Linda sehr tief im Herzen. Sie fühlt zu Bill und Cathy eine ganz besondere Verbindung. Das hat sich gefestigt, als sie vor einigen Wochen mit den beiden über ihren Wunsch gesprochen hat, Medizin zu studieren. Bill war davon sehr angetan, er kann das gut verstehen. Cathy ist Gynäkologin, in seiner Klinik gibt es auch ein Geburtshaus. Außerdem ist ein guter Freund der Familie Kinderarzt, also sehr gute Voraussetzungen für Linda. Gleichzeitig spürt er ihre familiäre Bindung, und die Ängste ihres Vaters kann er auch verstehen. Er gab Linda in dem Gespräch zu verstehen, dass er immer für sie da ist, dass sie sich aber auch alles gut überlegen solle. Linda spürt, dass Bill anders ist als ihr Vater, offener und verständnisvoller. Cathy wird immer mehr zu einer Freundin. Sie ist froh, dass Linda so gut mit ihren Töchtern zurechtkommt. Sie erzählt Linda, dass sie gar nicht mehr mit ihrer Mutterschaft gerechnet hat. Vor vielen Jahren hatte sie eine Fehlgeburt, ausgelöst durch einen schweren Sturz. Sie war damals noch sehr jung. Bill und auch andere Kollegen meinten, sie könne wohl nie mehr schwanger werden. Dann hat es aber nach vielen Jahren ganz unerwartet doch noch geklappt. Zwischenzeitlich hatte sie sich in ihre Karriere gestürzt und ihre eigene Abteilung in der Klinik aufgebaut. Linda ist von ihrer Erzählung sehr berührt, da sie spürt, dass Cathys Weg irgendwie richtig war.

Kurze Zeit darauf besucht der befreundete Kinderarzt die Familie. Harry ist der Schwarm aller Frauen, Anfang 30, ledig und für alle Kinder wie ein Vater. Auch die Zwillinge stürzen sich auf ihn, zumal er seinen Hund Pepper dabei hat. Der Australian Shepherd sieht wirklich aus, als hätte man eine Pfeffermühle über ihn gehalten. Linda verliebt sich sofort in den Hund. Bei Harry ist sie vorsichtig, er ist ihr viel zu gut aussehend. Dennoch unterhält sie sich sehr angeregt mit ihm, denn er ist der Fachmann für Kindermedizin, ihr absoluter Berufswunsch. Harry macht ihr Mut, er bietet ihr auch an, ihn in seiner Praxis zu besuchen, um ihm über die Schulter zu schauen. Linda nimmt das Angebot gerne an.

Am nächsten Abend ist es dann so weit. Bill und Cathy bitten Linda um ein Gespräch. Linda hat Angst, etwas falsch gemacht zu haben, sie zittert wie Espenlaub. Bill nimmt sie in den Arm und beruhigt sie. Er hat etwas ganz anderes im Sinn. Die beiden geben ihr zu verstehen, dass sie in ihr etwas ganz

Besonderes gefunden haben. Sie möchten, dass sie bei ihnen bleibt und in England Medizin studiert. Sie kann bei ihnen wohnen, sich, soweit es geht, um die Kinder kümmern, und in Ruhe ihr Studium aufnehmen. Wenn es für sie mit den Kleinen zu anstrengend wird, wird eine andere Nanny gesucht. Irgendwann kommen sie ja auch in den Kindergarten. Linda ist begeistert und entsetzt gleichzeitig. Das ist die Stunde der Wahrheit. Damit hat sie nicht gerechnet. Sie beginnt zu weinen. Cathy beruhigt sie und gibt ihr zu verstehen, dass sie für sie beide wie eine Tochter ist. Sie wollen sich aber niemals zwischen sie und ihre Eltern drängen. Linda hat genug Zeit, sich alles zu überlegen und mit ihren Eltern zu sprechen.

Am nächsten Tag besucht Linda ihre Tante Edith, die sich selbst schon ihre Gedanken gemacht hat. Für Edith ist klar, dass es sich hier um besondere Umstände handeln muss. Sie rät Linda zu einer Rückführung in frühere Leben. Ihre Freundin, die Astrologin, kennt sicherlich jemanden, der dafür in Frage kommt. Sie leiht Linda ein Buch über Reinkarnationstherapie. Für sie ist klar, dass man hier in die Tiefe gehen muss, um eine adäquate Lösung für alle zu finden. Linda beschließt, ihren Rat zu befolgen, bevor sie sich entscheidet und mit ihren Eltern spricht. Edith findet eine geeignete Therapeutin.

Stufe violett (St. Germain):

Jane ist eine sehr gute Reinkarnationstherapeutin. Sie arbeitet schon viele Jahre in diesem Bereich. So ist es ihr auch möglich, viele Themen bis in die Tiefe zu untersuchen. Wenn Menschen mit bestimmten Problemen bei ihr erscheinen, nimmt sie sich viel Zeit, um die Dinge auch für die Klienten verständlich zu beleuchten. Linda hat ihren ersten Termin bei Jane und erklärt ihr die Problematik, die eigentlich gar keine ist. Jane versteht sofort, dass Linda karmisch und aktuell zwischen den Stühlen sitzt. Es ist nicht ihr erster Fall mit diesem Thema. Ein Mensch hat urplötzlich zwei Familien und findet sich nicht mehr zurecht. All das wirft große emotionale Probleme auf, die unbedingt gelöst werden müssen. Jane weiß allerdings, dass der Klient die Dinge immer selbst erkennen muss, um den richtigen Weg einschlagen zu können. So führt sie Linda mit großer Geduld an ihre vergangenen Schwierigkeiten heran. All das gelingt nicht sofort, sie müssen mehrmals an der Thematik arbeiten. Das Endresultat sieht folgendermaßen aus: Linda selbst erkennt, dass sie ursprünglich vor vielen Jahren als Tochter bei Bill und Cathy inkarnieren wollte. Der karmische Hintergrund wurde in mehreren Sitzungen erforscht. Linda war in einem früheren Leben als Ärztin mit Harry verheiratet. Sie war sehr erfolgreich und hatte gute Aussichten, in der Forschung Fuß zu fassen. Harry war der älteste Sohn einer angesehenen Familie des englischen Landadels, die ein renommiertes Hotel besaß. Die Familie war nicht ganz mit dieser Ehe einverstanden, da man wusste, Linda würde sich nie für das Erbe einsetzen. Harry sollte das Anwesen übernehmen. Aber Harry liebte seine Frau, und ihre beiden Söhne ließen hoffen, in seine Fußstapfen zu treten. Gewisse Umstände hatten dazu geführt, dass Linda mit ihrer Familie zur Jungfernfahrt der Titanic eingeladen war. Sie wusste, dass sie dort auf Passagiere treffen würde, die in Amerika in der Forschung tätig waren. Insgeheim hoffte sie auf die Kontakte, denn ihr Traum war es, nach Amerika auszuwandern und dort noch mehr Erfolg zu haben. All das ahnte Harry nicht. Nachdem Linda auf dem Schiff schon mit einem amerikanischen Professor zusammengetroffen war, kam es endlich zur Aussprache. Linda redete beim Abendessen zum ersten Mal über ihre Pläne. Harry war entsetzt. Die beiden Söhne (In diesem Leben Bill und Cathy) damals siebzehn und neunzehn Jahre alt, wehrten sich mit Händen und Füßen gegen eine Auswanderung. Beide wollten ebenfalls Mediziner werden, der ältere Chirurg, der jüngere Zahnarzt. Aber sie wollten in England studieren und ihre bequeme Lebensweise keinesfalls aufgeben. Für Harry brach eine Welt zusammen. Er dachte an seine Eltern (In diesem Leben Justus und Karoline) die alles aufgebaut hatten und sich im Grunde genommen nur auf ihn alleine verlassen konnten. Er hatte zwar einen Bruder (In diesem Leben Veronika) und zwei bereits verheiratete Schwestern. (In diesem Leben Edith und Veronikas Bruder Thomas.) Der Bruder war der Chefkoch des Hotels, auf ihn war also wenig Verlass, was die Führung anbetraf. In Harrys Gehirn tobte es. Seine Söhne setzten sich aufgebracht und lautstark mit ihrer Mutter auseinander. Die Gäste an den benachbarten Tischen waren unangenehm berührt und schüttelten nur den Kopf. Er selbst fühlte sich am meisten verraten und Linda war völlig aufgelöst. Sie wurden vom Chefkellner persönlich gebeten, aus Rücksicht auf die anderen Gäste im Speisesaal ihre Unstimmigkeit doch woanders auszutragen. Genau in dem Moment kam es zu dem schrecklichen Schiffsunglück. Alle kamen ums Leben, nichts war geklärt, ganz zu schweigen von den Angehörigen zu Hause, die ebenfalls ins Unglück gestürzt wurden.

Linda erkennt sofort, dass ihr damals etwas völlig fehlte, und zwar der Mut zur Offenheit, der Mut, zu sich und ihren Plänen zu stehen, aber auch die Interessen der anderen wahrzunehmen und zu respektieren. Sie versteht nun die Angst ihres Vaters, seine Maßnahmen, sie festhalten zu wollen. Gleichzeitig ist ihr klar geworden, weshalb sie in diesem Leben bei beiden Ehepaaren als Kind zur Welt kommen wollte und letztlich musste. Zunächst war es für sie wichtiger, den Weg zu Bill und Cathy zu finden. Sie hatte damals in der Vergangenheit beide Söhne gegen ihren Willen entwurzeln wollen, die immerhin auch Ärzte werden wollten. Da Cathy im heutigen Leben aber eine Fehlgeburt hatte, die Linda als ungeborener Fötus auf sich nahm, um mit ihren Schuldgefühlen fertig zu werden, suchte sie später den Weg zu Karoline, die damals ihre Schwiegermutter gewesen war und schon damals akzeptieren musste, dass sie sich nie für das Hotel interessieren würde. Jetzt kann Linda auch verstehen, weshalb ihre Mutter Karoline ihr ganz klar erklärt hatte, dass sie eigentlich auf Kinder verzichten wollte, um sich ganz dem Hotel zu widmen.

Sie versteht nun auch Veronikas Wunsch, auf einem Kreuzfahrtschiff zu arbeiten. Es ist logisch, denn als damaliger Bruder von Harry fehlte ihr jegliches Vorstellungsvermögen, was bei der Katastrophe tatsächlich auf dem Schiff abgelaufen sein musste. Warum Harry sich in diesem Leben für den Beruf des Arztes und speziell des Kinderarztes entschieden hat, wird ihr ebenfalls verständlich. Jane ist zufrieden mit Lindas Fortschritten und bittet sie, alles in Ruhe zu verarbeiten. Sie muss nun ihre Schlüsse daraus ziehen und vor allen Dingen ihre Schlüsselfunktion erkennen.

Zurück zu Stufe opal (Sanat Kumara):

Für Linda ist ganz klar, dass sie durch ihren Berufswunsch, der sich immer mehr festigt, in eine alte Kraft und in ein Wissen eintaucht, das sie zu einer sehr starken Persönlichkeit werden lässt. Das hat sie in dem alten Leben erlebt, sie hat ebenso verstanden, dass Erfolg sehr gefährlich werden kann, wenn man ihn zu seinen eigenen Gunsten manipuliert. Wäre sie damals im Vorfeld ehrlich und offen mit ihren Zukunftsvorstellungen umgegangen, hätte sie die Schiffsreise vielleicht gar nicht erst machen müssen. Sie erkennt, dass sie Harry damals eigentlich gar nicht hätte heiraten dürfen, weil seine Familie ganz andere Ansprüche an ihn und seine Zukunft hatte. Andererseits weiß sie heute, obwohl sie noch sehr jung ist, dass die Liebe entscheidet, wie der Weg aussieht, dass aber auch karmische Gründe dafür verantwortlich sein können. Ihr wird immer klarer, auch in ihrer liebevollen Beschäftigung mit den Zwillingen, dass es so wichtig ist, zu begreifen, warum sich Menschen treffen müssen. Letztlich aber steht für sie fest: Sie wird nicht zum ersten Mal Ärztin, Bill und Cathy haben sie unbewusst als Tochter angenommen, Karoline ist sozusagen eine »Leihmutter«, und ihr Vater muss seine Verlustängste heilen. Was sie mit Harry allerdings anfangen soll, ist ihr noch nicht so ganz klar.

Zurück zu aquamarin (Maha Cohan):

Linda weiß, dass sie Harry im Zuge all ihrer Erkenntnisse nicht übergehen kann. Sie denkt lange darüber nach und beschließt, sein Angebot, ihn in seiner Praxis zu besuchen, in die Tat umzusetzen. Sie ruft ihn an und vereinbart für den nächsten Tag einen Termin in seiner Praxis. Mit Edith möchte sie nicht über ihre Erkenntnisse sprechen, da sie auch involviert ist. Außerdem hat Jane dazu geraten, den Dingen ihren Lauf zu lassen. Sie soll über alles nachdenken und dann gezielte Schritte unternehmen.

Linda weiß, dass eine Entscheidung ansteht, die aber auch ihre Eltern in erheblichem Maße betrifft. Deshalb bucht sie einen Flug nach Hause und meldet sich für ein paar Tage zu Hause an. Sie möchte Klarheit schaffen.

Stufe rosa (Rowena):

Am nächsten Tag besucht sie Harry. Er freut sich wirklich über ihren Besuch. Sie verbringt den ganzen Tag in seiner Praxis. Die Kinder und ihre Eltern denken, sie sei eine Arzthelferin. So kann Linda sich einen guten Eindruck verschaffen. Am Abend begleitet sie Harry nach Hause. Sie möchte gern Pepper sehen. Der Hund erkennt sie sofort und freut sich riesig. Harry kocht für beide ein leckeres Abendessen, und sie kommen intensiv ins Gespräch über den Beruf des Kinderarztes. Linda hat die Arbeit in der Praxis gefallen, und sie hat sich eigentlich längst entschieden. Sie fühlt sich wohl bei Harry, das hätte sie vorher eigentlich nicht gedacht. Als Harry nach ihren Eltern fragt und erfährt, dass sie ein großes Hotel besitzen, wird er nachdenklich und meint, das wäre doch auch sicherlich eine gute berufliche Basis für sie. Linda weiß ja inzwischen, weshalb er das denkt, und macht ihm klar, dass man seine eigenen Wege gehen darf. Bei ihm war das anders. Er hatte die Praxis von seinem Vater übernommen, der inzwischen als Professor an der Universität lehrt. Da gab es gar keine anderen Pläne. Harry bietet ihr auch an, sie mit seinem Vater bekannt zu machen, damit sie es leichter hat, einen Studienplatz zu finden. Linda geht mit einem guten Gefühl nach Hause. Sie spürt, sie hat einen »alten« Freund wiedergefunden.

Stufe goldgelb (Konfuzius):

Bis zu ihrer Reise nach Hause ist noch eine Woche Zeit. Sie hat Bill und Cathy mitgeteilt, dass sie sich für das Medizinstudium in England entschlossen hat. Die beiden freuen sich sehr darüber, und auch sie wollen ihr bei der Wahl des Studienplatzes behilflich sein. Sie kennen Harrys Vater sehr gut. Cathy hat ihn und Harry zum Abendessen eingeladen. Pepper ist mitgekommen, und die Zwillinge sind völlig mit dem Hund beschäftigt, sodass man sich in Ruhe unterhalten kann. Harrys Vater Bruce ist von Linda sehr angetan. Er ist überzeugt, dass sie mit ihrer aller Hilfe sehr schnell mit dem Studium beginnen kann. Sie hat ja auch bereits ein Zuhause, und er merkt, dass sein Sohn ein gesteigertes Interesse an ihr zeigt. Bruce ist seit zwei Jahren Witwer und lebt alleine in einem großen Herrenhaus ganz in der Nähe. Er würde das Anwesen gerne mit Harry und einer Schwiegertochter teilen. Linda mag diesen vornehmen Gentleman. Was sie nicht weiß, ist, dass er damals der Professor auf der Titanic war, mit dem sie sich sehr angeregt unterhalten hatte. Man trennt sich mit dem Plan, dass sich alle in England ans Werk machen, während Linda nach Deutschland fliegt, um sich mit ihren Eltern zu einigen.

Stufe grün (Hilarion):

Eine Woche später ist Linda zu Hause bei ihren Eltern, die sich natürlich über ihren Besuch freuen. Karoline merkt sofort, dass viel passiert sein muss, auch dass es wohl einen jungen Mann geben muss, der es auf Lindas Herz abgesehen hat. Veronika ist ziemlich anhänglich und belagert Linda. Sie hat sich in den Küchenchef des Hotels verliebt, und es sieht ganz danach aus, als stünde hier in Kürze eine Hochzeit bevor. Von Kreuzfahrtschiffen ist keine Rede mehr. André, der Küchenchef aus Frankreich, ist wirklich etwas ganz Besonderes. (Wir wissen, Veronika war damals Harrys Bruder und Chefkoch des Hauses!) Justus mag André sehr, er ist für ihn fast wie ein Sohn, da er von ihm oft um persönlichen Rat gefragt wird. André ist geschieden, er war nicht lange verheiratet, aber es gibt eine kleine Tochter, die er nicht sehen darf. Veronika tut ihm gut, sie lenkt ihn von seinen Sorgen ab. Linda macht sich ihre Gedanken. Sie weiß, dass unsichtbare Fäden karmischer Natur gezogen werden. Veronika ist in absehbarer Zeit mit ihrer Ausbildung fertig und könnte dann an ihrer Stelle im Hotel eine führende Position einnehmen. In Verbindung mit André wäre das eine perfekte Kombination für ihre Eltern. Sie spricht mit ihrer Mutter über diese Idee. Karoline hat sich die gleichen Gedanken auch schon gemacht. Sie spürt, dass Linda eine neue Heimat gefunden hat.

Linda weiß, dass sie die Wahrheit sagen muss. Jede Heimlichtuerei würde es allen nur schwerer machen. Am nächsten Abend setzt sie sich mit ihren Eltern zusammen und spricht ganz offen über ihre Pläne, ihre Kontakte und neuen Freunde. Sie hat sich sehr konzentriert auf dieses Gespräch vorbereitet. Ihr Vater spürt, dass sie es ernst meint. Als sie von Harry erzählt, wirkt er ziemlich unterkühlt, er sieht in ihm eine Konkurrenz. Linda merkt sofort, wie das Karma an ihm nagt, denn wieder muss er loslassen. Karoline macht den Vorschlag, Linda auf der Rückreise nach England zu begleiten. So könnten sie sich vor Ort ein Bild über die Zukunft ihrer Tochter machen, sie würden ihre neuen Freunde und ihre »Gastfamilie« kennenlernen. So kommen sie überein, eine Woche später mit ihr nach England zu reisen. Edith wird sich sicherlich freuen, sie beide wiederzusehen. Man telefoniert gleich am nächsten Tag mit ihr, und Edith sagt ihnen ihr Gästehaus zu. Veronika wird zum ersten Mal alleine im Hotel das Sagen haben. Sie freut sich auf diese Feuerprobe, denn sie will doch gerne nach der Ausbildung im Hotel bleiben.

Zurück zu Stufe blau (El Morya):

Es ist jetzt an der Zeit, das Ziel zu ergänzen, denn Linda ist sich ihrer Sache sicher:

Ich lebe und arbeite in England als erfolgreiche Kinderärztin.

Meine beiden Familien haben mich losgelassen und stehen sich neutral gegenüber. Meine leiblichen Eltern haben meine Veränderung mit Liebe und Freude akzeptiert. Meine karmischen Gasteltern sind meine besten Freunde.

Ich lebe in einer erfüllten und liebevollen Partnerschaft. Mein Partner steht meiner beruflichen Karriere offen und loslassend gegenüber. Wir leben in Fülle und Reichtum in einem eigenen schönen Haus auf dem Land in England.

Stufe rosa (Rowena):

Alle sind in England angekommen. Edith und Karoline freuen sich über ihr Wiedersehen. Justus ist sehr reserviert. Irgendwie hat er Edith in Verdacht, dass sie etwas im Schilde führt. Edith hat sich schon so etwas gedacht, deshalb führt sie gleich ein Gespräch mit Lindas Eltern, um jeden Irrtum auszuschließen. Sie geht dabei sehr vorsichtig vor. Die beiden beziehen ihr Gästehaus im Garten und bereiten sich auf den Besuch bei Bill und Cathy (ihren früheren Enkeln) vor. Da sie nur drei Tage in England bleiben können, steht das Treffen schon am nächsten Nachmittag auf dem Plan. Linda ist sehr aufgeregt, da nur sie die Hintergründe kennt. Sie hat Harry gebeten, auch dabei zu sein, da es ja um ihre Zukunft geht. So treffen sich alle bei Bill und Cathy zum Tee. Karoline ist sehr gelassen und ruhig, sie hat sich mit den Tatsachen bereits abgefunden. Edith hat ihr morgens bei einem Spaziergang im Vertrauen erklärt, dass Linda viel Erkenntnisarbeit geleistet hat. Genaues weiß sie auch nicht, aber sie hat die Veränderung miterlebt. Linda ist sehr gewachsen,und man muss ihr einfach den Weg freimachen.

Justus betritt das schöne Haus der Stuarts mit Herzklopfen. Sofort fällt Pepper über ihn her, was ihn aus der Reserve lockt. Dieser Hund schafft es bei jedem. Alle warten im großen Kaminzimmer auf die Gäste. Die Luft knistert und Linda beginnt zu schwitzen. Sie wird jetzt sehen, wie es ist, wenn sich alte Bekannte begegnen, ohne etwas davon zu wissen. Justus ist von der vornehmen und doch gastfreundlichen Atmosphäre in diesem Haus begeistert. Nach dem Tee macht er mit Bill und Harry, gefolgt von Pepper, einen langen Spaziergang durch den gepflegten Garten. Besser könnte seine Tochter nicht untergekommen sein. Bill erklärt ihm die Lage, dass Linda während ihres Studiums weiter bei ihnen wohnen kann, dass sie bestens versorgt und beheimatet ist. Er gibt Justus das Gefühl, Linda wie eine Tochter zu betrachten, und Justus empfindet seltsamerweise keine Eifersucht. Dieser Mann ist für ihn wie ein neu gewonnener Freund. Auch Harry ist für ihn herzerfrischend. Sie sind beide leidenschaftliche Tennisspieler. Harry lädt ihn am nächsten Tag zu einem Spiel auf dem eigenen Tennisplatz bei sich ein. So lernt Justus auch Bruce, Harrys Vater, kennen.

Karoline und Cathy sind alleine. Linda ist mit den Zwillingen beschäftigt, da Mabel heute ihren freien Tag hat. Die beiden Frauen entdecken viele Gemeinsamkeiten. Sie sprechen sogar über ihre Jugend und auch das Thema der Schwangerschaften. Sie sind beide erfolgreiche Frauen geworden, und doch hat Linda sich dazwischen gedrängt, im wahrsten Sinne des Wortes. Cathy spürt, dass Karoline ihre Tochter längst losgelassen hat, in Liebe und Freude. Das beruhigt sie, denn sie würde Linda sehr vermissen, wenn sie fortgehen müsste. Sie verspricht ihr, sich um Linda zu kümmern und sie immer auf dem Laufenden zu halten. Man vereinbart weitere Besuche, auch in Deutschland. Cathy ist sehr neugierig auf das schöne Hotel.

Der nächste Tag ist für Linda und ihren Vater sehr wichtig. Sie sind mit Harry zu Bruce gefahren, um dort Tennis zu spielen und zu Mittag zu essen. Karoline ist mit Edith nach London zum Shoppen gefahren.

Bruce ist ein sehr einfühlsamer Mensch. Er gibt Justus das Gefühl, für Linda bisher der wichtigste Mann in ihrem Leben gewesen zu sein. Er bestärkt ihn in seinem Erfolg als Hotelier und Vater. Unbemerkt lässt er Justus das Match gewinnen. Beim Mittagessen erzählt er dann, dass Linda definitiv einen Studienplatz in Medizin bekommen hat, und das an seiner Uni. Harry ist überglücklich, so schnell hatte er nicht damit gerechnet. Justus hat keine andere Wahl, er muss sich freuen, denn so glücklich hat er seine Tochter selten gesehen. Insgeheim ist er stolz auf sie. Welche junge Frau hat schon diese Chancen?

Stufe weiß (Serapis Bey):

Der letzte Tag des Besuchs der Eltern ist angebrochen. Man sitzt beim gemütlichen Frühstück in Ediths Küche zusammen. Linda möchte Klarheit, bevor sie abreisen. In ihrem Kopf gibt es ein Konzept, das sie aber nicht ohne Vorwarnung vermitteln möchte. Edith kommt immer wie gerufen. Sie nimmt das Ganze in die Hand und meldet sich zu einem Besuch bei den Eltern in Deutschland an. Karoline hat entschieden, dass einiges zu renovieren ist, und da möchte Edith natürlich mitmachen. Auch das Penthouse, in dem Linda gewohnt hat, soll neu gestaltet werden. Edith schlägt vor, doch darüber nachzudenken, ob nicht Veronika mit ihrem Partner dort einziehen könnte. Dann könnte sie sich gleich mit ihr beraten, immerhin sei sie doch wohl der beste Ersatz für Linda. Ein besseres Gespann könne man sich doch nicht vorstellen in dem Luxusschuppen. Linda muss laut lachen, das ist typisch Edith. Es ist, als hätte sie den Narrenschein in der Familie, sie nimmt kein Blatt vor den Mund. Justus sieht Edith entsetzt an. Darüber hat er noch gar nicht nachgedacht, aber das war genau Lindas Wunsch. Karoline findet die Idee gar nicht schlecht. Sie beäugt Linda von der Seite und sieht deren Erleichterung. Justus fühlt sich von den drei Damen überrollt, aber da klingelt sein Handy, ein wichtiger Anruf. So entspannt sich die Lage wie von selbst. Edith in der Rolle der Diplomatin ist mit sich und der Welt zufrieden.

Stufe violett (St. Germain):

Nun nimmt erst einmal alles seinen Lauf. In der Tat bezieht Veronika mit André das Penthouse. Nach dem Abschluss ihrer Ausbildung übernimmt sie die Funktion der Assistentin der Geschäftsleitung. André macht Nägel mit Köpfen und heiratet sie. So hat das Hotel eine neue Generation in der Führungsetage.

Linda bleibt zunächst bei den Stuarts. Die Kinder sind noch nicht im Kindergarten, und sie möchte mit Cathy zusammen einen guten Ersatz finden. Ihre kleine Wohnung darf sie behalten. Man wird eine Nanny suchen, die in der Nähe wohnt und täglich nach Hause geht. Mabel ist damit auch zufrieden.

Linda und Harry sind ein Paar geworden. Sie weiß, dass es gar nicht anders gehen kann. Die Stuarts sind sehr glücklich mit dieser Lösung. Linda hat sich schon sehr oft mit Bruce getroffen, der sie seinerseits gut auf das Studium vorbereitet. Er hat sie schon einmal gefragt, ob sie sich vorstellen könnte, mit Harry in sein großes Haus zu ziehen. Er fühlt sich einsam, hat keine Tennispartner am frühen Morgen, und er wünscht sich schon lange, dass sein Sohn nach Hause zurückkommt. Linda ist nicht abgeneigt, denn sie spürt, dass ihre Rolle als Nanny Vergangenheit wird. Sie will es sich überlegen.

Stufe goldgelb (Konfuzius):

Es ist so weit, Linda beginnt ihr Studium an der Universität. Nach wie vor ist es die Kindermedizin. Sie hat ja auch das Ziel nicht verändert. Sie lernt sehr gut und schnell, die Sprache ist längst keine Barriere mehr. Außerdem ist sie sehr beliebt bei den Kommilitonen. Niemand weiß, dass Bruce ein guter Freund von ihr ist, das war ihre Bedingung. Sie möchte nicht als bevorzugt angesehen werden.

Auch Veronika hat sich weiterentwickelt, indem sie ein Studium im Fach Hotelmanagement aufgenommen hat. Justus ist begeistert von ihrem Engagement und bietet ihr sogar eine Teilhaberschaft am Hotel an, denn er möchte einen großen Wellnessbereich integrieren. Das wird er jedoch nur angehen, wenn er sicher sein kann, dass alles später gewürdigt wird. Das bedeutet auch eine Herausforderung für André, denn im Wellnessbereich soll es ein Bistro geben, das zusätzlich vegane Kost anbietet. Er ist bereits dabei, sich weiterzubilden.

Stufe grün (Hilarion):

Bruce erleidet einen leichten Schlaganfall. Harry ist sehr besorgt um seinen Vater. Auch Bill kümmert sich um ihn. Alle müssen einsehen, dass er in dem Zustand nicht alleine bleiben kann. Er hat zwar eine Haushälterin, aber die ist mit einem kranken Mann völlig überfordert. Das Haus ist so groß, dass sie damit ausgelastet ist. Bruce ist zwar sehr schnell auf dem Weg der Besserung, er wird auch wieder laufen und arbeiten können, aber es war eine Warnung. Er ist noch in der Kur, als Harry und Linda beschließen, in das große Haus zu ziehen. Sie haben lange nachgedacht und der Wahrheit ins Auge geblickt. Harry weiß, dass Linda zunächst nicht unbedingt heiraten möchte (Was aus karmischen Gründen wohl verständlich ist) und hat sich damit arrangiert. Er lässt das Dachgeschoss des Herrenhauses vollständig renovieren, das jahrelang nur für gelegentliche Gäste genutzt wurde. Als Bruce nach Hause kommt, sichtlich erholt, teilen sie ihm die Neuigkeit mit. Er ist angenehm überrascht und freut sich auf die gemeinsame Zukunft. Linda weiß, dass dieser vornehme Mann ihre private Sphäre niemals verletzen wird. Man lebt zusammen und doch jeder für sich. So verlässt Linda kurz darauf das Haus ihrer Gasteltern. Die Zwillinge sind längst im Kindergarten, sie haben eine neue Nanny, die aus der näheren Umgebung stammt, und so kann sie getrost umziehen. Aber Linda weiß, Bill und Cathy werden immer ihre Freunde bleiben, das versichern sie ihr auch. Sie ist überzeugt, dass sie jederzeit zu ihnen zurückkehren könnte, wenn es sein müsste. Das gibt ihr eine gewisse Sicherheit.

Stufe violett (St. Germain):

So sind die Jahre vergangen. Linda und Harry leben nach wie vor in seinem Elternhaus mit Bruce zusammen, der sich rührend um Lindas Fortschritte kümmert. Sie hat in ihm den besten Mentor gefunden. Harry ist stolz auf seine beiden. Pepper hat in der Nachbarschaft eine Freundin gefunden, eine Labradordame namens Lilly. Auf seine alten Tage wird er tatsächlich noch stolzer Vater. Die Mischung ist köstlich. Linda bekommt zwei der Hundebabys. Eins schenkt sie den Zwillingen der Stuarts, die vor Freude in die Luft springen, das andere behält sie selbst.

Linda schließt ihr Studium mit Auszeichnung ab. Bill und Cathy hätten sie gerne in ihrer Klinik als Kinderärztin, denn im Geburtshaus gibt es viel zu tun, doch Linda möchte nicht nur mit Neugeborenen, sondern auch mit größeren Kindern arbeiten. Die Zwillinge der Stuarts haben sie darin bestärkt, denn sie konnte mit und an ihnen »üben«. Sie entscheidet sie sich für eine eigene Praxis, aber in Zusammenarbeit mit Harry. Der ist mächtig stolz darauf (Das haben beide auch karmisch verdient) und sie suchen gemeinsam größere Räumlichkeiten, da jeder seine Aufgaben alleine und doch in Gemeinschaft ausüben will.

Stufe goldgelb (Konfuzius):

Linda hat nie mit allen Beteiligten über das Karma gesprochen. Viele Gespräche mit Jane haben sie darin bestärkt. Jane war immer für sie da, wenn sie eine Bestätigung suchte, und das war gut so. Alle konnten sich so durch Lindas Mut zur Transformation in ihre neue Rolle einfinden und loslassen. Deshalb ist sie überzeugt davon, dass die Reinkarnationstherapie für sie ein wichtiger Baustein ist. Jane bildet sie zur Therapeutin aus. So wird Linda vielen Kindern und Eltern helfen können, ob früher oder später, zu erkennen, wohin sie gehören. Sie weiß selbst, dass sie es ohne all diese Erkenntnisse wohl kaum geschafft hätte, ein neues Leben in einem anderen Land aufzubauen, ohne ihre leiblichen Eltern zu verletzen oder zu verlieren.

Zurück zu *Stufe blau (El Morya):*

Linda erweitert ihr Ziel:

Ich bin eine erfolgreiche Reinkarnationstherapeutin.

Stufe violett (St. Germain):

Sie integriert ihr Wissen erfolgreich in ihre medizinische Arbeit. Das spricht sich sehr schnell herum. Aus der ganzen Umgebung hat sie Nachfragen, und so erkennt sie, wie viele Menschen auf diesem Weg der Erkenntnis sind. Es macht ihr große Freude, diesen Baustein zu nutzen. Bruce hat ihr schon angeboten, dafür zu sorgen, dass sie an der Universität darüber Vorträge halten kann.

Vor Kurzem hat sie mit Veronika zusammen eine Reise nach Amerika gemacht. Sie haben Thomas besucht, der dort sehr glücklich als Ranger arbeitet. Als sie wieder in England war, verstand sie den Sinn der Reise. Sie musste dorthin, um zu sehen, wie gut es ihr in England geht. In diesem Leben würde sie niemals dorthin auswandern wollen. Es bestätigt ihren Transformationsprozess.

Stufe gold (Kuthumi):

Die Gemeinschaftspraxis läuft bestens. Linda verlagert ihre Energie immer stärker auf das spirituelle Gebiet. Sie integriert auch homöopathisches Wissen, das sie sich nebenbei angeeignet hat. Sie leben sehr gut von ihrer Arbeit. Auch die Zusammenarbeit mit den Stuarts ist bestens. Linda geht mehrere Tage im Monat in die Klinik, um dort Neugeborene zu betreuen. Für die Zwillinge der Stuarts ist sie wie eine große Schwester. Die Mädchen haben jetzt schon ganz andere Themen und Fragen. Sie kommen oft übers Wochenende zu ihnen nach Hause. Bill und Cathy sind dann einmal für sich und können ausspannen. Linda genießt die Zeit mit den beiden, sie sind wie ein Kinderersatz für sie. Harry hat es aufgegeben, selbst an Kinder zu denken. (Karmisch gesehen ja kein Wunder.)

Stufe pfirsich (Maitreya):

Linda erhält tatsächlich den Auftrag, an der Uni Vorlesungen zu halten.

Zurück zu *Stufe blau (El Morya):*

Sie ergänzt ihr Ziel:

Ich lehre im Rahmen meiner Arbeit als Ärztin und Reinkarnationstherapeutin an der Universität.

Stufe pfirsich (Maitreya):

Voller Enthusiasmus geht sie an diese neue Aufgabe heran. Einmal in der Woche hält sie Vorlesungen. Die Studenten sind begeistert. Sie kann viele von ihnen auf diesen neuen Weg begleiten. Bruce ermuntert sie dazu, ein Lehrbuch über dieses Thema zu schreiben, was sie auch tun möchte.

Und dann schafft es Harry doch noch, den Kreis zu schließen. Er hält um ihre Hand an. Als Linda den Ring sieht, den er in der Hand hält, kann sie nicht Nein sagen. Er sieht genauso aus wie damals ihr Ring, den sie mit in den Tod genommen hatte. Es ist ein großer Smaragd, umgeben von kleinen Diamanten, ein uraltes Erbstück seiner Mutter. Sie hatte ihn vor Jahren ihrem Sohn gegeben und gesagt: »Dieser Ring hat immer die Frauen in unserer Familie im Herzen gefesselt. Gib ihn nur an die Frau weiter, deren Herz du behalten willst, alles andere ist immer frei. Nur was du loslässt, kommt freiwillig zu dir zurück.«

Stufe rot (Nada):

Linda und Harry haben geheiratet. Alle waren da und haben mitgefeiert, sogar Thomas kam aus Amerika. Als er Harry gegenüberstand, hätte man denken können, sie wären Brüder. Linda ist zufrieden. Sie hat ihre Ziele erreicht. Thomas ist fasziniert von ihrem Mut, auch in der Medizin neue Wege zu gehen. Ein guter Freund von ihm lehrt ähnlich an der Universität in Boston. Er hat bereits ein Buch geschrieben. Linda macht sich ihre Gedanken. Wäre vielleicht doch nicht verkehrt, mal über den Teich zu blicken, was die da so machen!

Aber zunächst ist sie am Ziel, sie manifestiert ihren Erfolg und lässt los. Wer weiß, wohin ihr Weg sie noch führt.

- 14 -
Einsatz der atlantischen Priester

Stufe:	Atlanter/in/Strahl:	Aufgabe:
Blau	Pira (12)	Wahrnehmung des ersten Impulses
	Bigenes (1)	Umsetzen des ersten Impulses
	Kiara (1)	Zielsetzung
Aquamarin	Tetena (8)	Entscheidungen
Goldgelb	Rudanes (9)	Neutralität
	Tunere (3)	Kreativität
	Sankturum (4)	Standhaftigkeit und Disziplin
	Yocara (3)	Verständnis und Toleranz
	Selestes (2)	Alte Künste
Magenta	Selestes (2)	Alte Künste
	Rudanes (9)	Neutralität
	Sankturum (4)	Standhaftigkeit und Disziplin
	Jehre (11)	Selbstsicherheit
Rosa	Kiara (1)	Zielsetzung
	Micale (4)	Erkennen alter Muster
	Gidenes (7)	Konfliktbearbeitung
	Thasos (12)	Reinkarnationsarbeit
	Anedra (12)	Erkenntnis
Weiß	Ramos (11)	Zielsichere Planung

	Sankturum (4)	Standhaftigkeit und Disziplin
	Gawine (7)	Kombination vieler Wege zur Transformation
	Benedicus (8)	Erkennen der Lebensauf gabe und des Potenzials
	Bigenes (1)	Umsetzen des ersten Impulses
	Josira (1)	Kreative Kommunikation
	Yocara (3)	Verständnis und Toleranz
Grün	Laris (5)	Spirituelle Medizin
	Vanane (5)	Hilfsmittel in der Heilung
	Yocara (3)	Verständnis und Toleranz
	Rudanes (9)	Neutralität
	Devane (9)	Integration der Natur
	Selestes (2)	Alte Künste
	Benedicus (8)	Erkennen der Lebensaufgabe und des Potenzials
	Gidenes (7)	Konfliktbearbeitung
	Bigenes (1)	Umsetzen des ersten Impulses
	Micale (4)	Erkennen alter Muster
Opal	Selestes (2)	Alte Künste
	Anedra (12)	Erkenntnis
	Lara (12)	Atlantiswissen
	Tetena (8)	Entscheidungen
	Gawine (7)	Kombination vieler Wege zur Transformation
	Hellenis (3)	Menschenführung
	Benedicus (8)	Erkennen der Lebensauf gabe und des Potenzials
	Pira (12)	Wahrnehmung des ersten Impulses

Violett	Lemura (7)	Friedliche Kommunikation
	Diondras (8)	Loslassen
	Ramos (11)	Zielsichere Planung
	Morahs (11)	Netzwerke
	Hellenis (3)	Menschenführung
	Jehre (11)	Selbstsicherheit
	Soana (10)	Fülle und Reichtum
	Selestes (2)	Alte Künste
	Diandra (6)	Sprache der Liebe
	Kiara (1)	Zielsetzung
	Tunere (3)	Kreativität
	Samuele (1)	Selbstvertrauen
Gold	Sankturum (4)	Standhaftigkeit und Disziplin
	Bigenes (1)	Umsetzen des ersten Impulses
	Soana (10)	Fülle und Reichtum
	Salina (10)	Geborgenheit im großen Ganzen
	Astrana (6)	Liebe und Sexualität
	Zedana (10)	Geben und Nehmen
Pfirsich	Jehre (11)	Selbstsicherheit
	Herames (11)	Enthusiasmus
	Anedra (12)	Erkenntnis
Rot	Pira (12)	Wahrnehmung des ersten Impulses
	Diandra (6)	Sprache der Liebe
	Lara (12)	Atlantiswissen
	Selestes (2)	Alte Künste
	Kitho (6)	Manifestation
	Diondras (8)	Loslassen

Beispiel Mona

Stufe:	Atlanter/in/Strahl:	Aufgabe:
Blau	Kiara (1)	Zielsetzung
	Mafese (1)	Mut und Kraft
Aquamarin	Tetena (8)	Entscheidungen
	Benedicus (8)	Erkennen der Lebensaufgabe und des Potenzials
	Josira (1)	Kreative Kommunikation
	Kiara (1)	Zielsetzung
	Lemura (7)	Friedliche Kommunikation
	Rudanes (9)	Neutralität
Goldgelb	Tiamos (10)	Präzipitation
	Jehre (11)	Selbstsicherheit
	Pira (12)	Wahrnehmung des ersten Impulses
	Bigenes (1)	Umsetzen des ersten Impulses
	Kiara (1)	Zielsetzung
Magenta	Rudanes (9)	Neutralität
Rosa	Josira (1)	Kreative Kommunikation
	Zahsira (1)	Vertrauen in Schutz und Führung
	Gidenes (7)	Konfliktbearbeitung
Violett	Thasos (12)	Reinkarnationsarbeit
dazwischen	Jehre (11)	Selbstsicherheit
gelagert	Chanti (7)	Vergebung
	Micale (4)	Erkennen alter Muster
	Samuele (1)	Selbstvertrauen

Wieder rosa	Desdena (1)	Positive Nutzung der Macht
	Soana (10)	Fülle und Reichtum
	Lestras (11)	Freude
	Herames (11)	Enthusiasmus
	Tetena (8)	Entscheidungen
	Benedicus (8)	Erkennen der Lebensaufgabe und des Potenzials
Weiß	Zedana (10)	Geben und Nehmen
	Bigenes (1)	Umsetzen des ersten Impulses
	Sankturum (4)	Standhaftigkeit und Disziplin
Wieder rosa	Ramos (11)	Zielsichere Planung
	Lemura (7)	Friedliche Kommunikation
	Tetena (8)	Entscheidungen
Wieder weiß	Mirane (9)	Schönheit/Ästhetik/Harmonie
	Aragena (9)	Farben
	Devane (9)	Integration der Natur
	Xaros (10)	Visualisation
	Selestes (2)	Alte Künste
	Bellana (2)	Schutz der Tiere
	Menedes (2)	Schutz der Umwelt
Wieder magenta	Rudanes (9)	Neutralität
	Gawine (7)	Kombination vieler Wege zur Transformation
	Lemura (7)	Friedliche Kommunikation
	Pira (12)	Wahrnehmung des ersten Impulses
	Diandra (6)	Sprache der Liebe
	Micale (4)	Erkennen alter Muster
	Danina (3)	Nächstenliebe

Grün	Micale (4)	Erkennen alter Muster
	Josira (1)	Kreative Kommunikation
	Joseres (8)	Innere Stimme
Opal	Herames (11)	Enthusiasmus
	Benedicus (8)	Erkennen der Lebensaufgabe und des Potenzials
	Jehre (11)	Selbstsicherheit
	Pelez (5)	Schulung des Dritten Auges
	Zeroh (7)	Transformation des Egos
	Micale (4)	Erkennen alter Muster
	Eglaia (3)	Ablegen der Eifersucht
	Selestes (2)	Alte Künste
	Thasos (12)	Reinkarnationsarbeit
Violett	Rudanes (9)	Neutraltiät
	Pira (12)	Wahrnehmung des ersten Impulses
	Gawine (7)	Kombination vieler Wege zur Transformation
	Joseres (8)	Innere Stimme
	Yocara (3)	Verständnis und Toleranz
	Mafese (1)	Mut und Kraft
Wieder rosa und blau	Wellina (3)	Kinder des neuen Zeitalters
	Desdena (1)	Positive Nutzung der Macht
	Samuele (1)	Selbstvertrauen
	Diondras (8)	Loslassen
	Soana (10)	Fülle und Reichtum
	Jehre (11)	Selbstsicherheit
	Lestras (11)	Freude

	Ramos (11)	Zielsichere Planung
Gold	Ramos (11)	Zielsichere Planung
	Salina (10)	Geborgenheit im großen Ganzen
	Herames (11)	Enthusiasmus
	Samuele (1)	Selbstvertrauen
Pfirsich	Lestras (11)	Freude
	Herames (11)	Enthusiasmus
	Salina (10)	Geborgenheit im großen Ganzen
	Jehre (11)	Selbstsicherheit
Rot	Kitho (6)	Manifestation
	Agythane (6)	Frieden
	Soana (10)	Fülle und Reichtum
	Herames (11)	Enthusiasmus

Beispiel Linda

Stufe:	Atlanter/in/Strahl:	Aufgabe:
Blau	Kiara (1)	Zielsetzung
	Samuele (1)	Selbstvertrauen
	Zahsira (1)	Vertrauen in Schutz und Führung
	Yocara (3)	Verständnis und Toleranz
Aquamarin	Joseres (8)	Innere Stimme
	Tetena (8)	Entscheidungen
	Lestras (11)	Freude
	Mafese (1)	Mut und Kraft
Goldgelb	Josira (1)	Kreative Kommunikation

	Lemura (7)	Friedliche Kommunikation
	Sankturum (4)	Standhaftigkeit und Disziplin
Magenta	Rudanes (9)	Neutralität
	Jehre (11)	Selbstsicherheit
Goldgelb	Zahsira (1)	Vertrauen in Schutz und Führung
	Samuele (1)	Selbstvertrauen
Rosa	Tunere (3)	Kreativität
	Yocara (3)	Verständnis und Toleranz
	Josira (1)	Kreative Kommunikation
	Tetena (8)	Entscheidungen
	Joseres (8)	Innere Stimme
	Rudanes (9)	Neutralität
Weiß	Sankturum (4)	Standhaftigkeit und Disziplin
	Eglaia (3)	Ablegen der Eifersucht
	Hannane (2)	Lehrer/Erzieher
	Bigenes (1)	Umsetzen des ersten Impulses
	Diondras (8)	Loslassen
Magenta	Rudanes (9)	Neutralität
	Jehre (11)	Selbstsicherheit
	Diandra (6)	Sprache der Liebe
Grün	Pelez (5)	Schulung des Dritten Auges
	Lemura (7)	Friedliche Kommunikation
	Benedicus (8)	Lebensaufgabe und Potenzial erkennen
	Micale (4)	Erkennen alter Muster

	Bigenes (1)	Umsetzen des ersten Impulses
Violett	Gawine (7)	Kombination vieler Wege zur Transformation
	Gidenes (7)	Konfliktbearbeitung
	Benedicus (8)	Lebensaufgabe und Potenzial erkennen
	Thasos (12)	Reinkarnationsarbeit
	Anedra (12)	Erkenntnis
	Micale (4)	Erkennen alter Muster
	Mafese (1)	Mut und Kraft
Opal	Anedra (12)	Erkenntnis
	Jehre (11)	Selbstsicherheit
	Benedicus (8)	Lebensaufgabe und Potenzial erkennen
	Usale (8)	Erkennen des falschen Weges
	Yocara (3)	Verständnis und Toleranz
Aquamarin	Joseres (8)	Innere Stimme
	Tetena (8)	Entscheidungen
	Pira (12)	Wahrnehmung des ersten Impulses
	Desdena (1)	Positive Nutzung der Macht
Rosa	Danina (3)	Nächstenliebe
	Micale (4)	Erkennen alter Muster
	Bigenes (1)	Umsetzen des ersten Impulses
	Lemura (7)	Friedliche Kommunikation
	Benedicus (4)	Lebensaufgabe und Potenzial erkennen
Goldgelb	Ramos (11)	Zielsichere Planung
	Jehre (11)	Selbstsicherheit
	Herames (11)	Enthusiasmus

Grün	Benedicus (4)	Lebensaufgabe und Potenzial erkennen
	Rudanes (9)	Neutralität
	Salina (10)	Geborgenheit im großen Ganzen
	Gawine (7)	Kombination vieler Wege zur Transformation
	Sankturum (4)	Standhaftigkeit und Disziplin
	Micale (4)	Erkennen alter Muster
	Eglaia (3)	Ablegen der Eifersucht
	Pelez (5)	Schulung des Dritten Auges
Blau	Kiara (1)	Zielsetzung
	Samuele (1)	Selbstvertrauen
	Jehre (11)	Selbstsicherheit
	Diondras (8)	Loslassen
Rosa	Eglaia (3)	Ablegen der Eifersucht
	Yocara (3)	Verständnis und Toleranz
	Josira (1)	Kreative Kommunikation
	Lestras (11)	Freude
	Anedra (12)	Erkenntnis
	Diondras (8)	Loslassen
	Rudanes (9)	Neutralität
	Agythane (6)	Frieden
Weiß	Benedicus (8)	Lebensaufgabe und Potenzial erkennen
	Tetena (8)	Entscheidungen
	Ramos (11)	Zielsichere Planung
	Pira (12)	Wahrnehmung des ersten Impulses
	Josira (1)	Kreative Kommunikation
	Hellenis (3)	Menschenführung

	Bigenes (1)	Umsetzen des ersten Impulses
Violett	Gawine (7)	Kombination vieler Wege zur Transformation
	Josira (1)	Kreative Kommunikation
	Desdena (1)	Positive Nutzung der Macht
Goldgelb	Selestes (2)	Alte Künste
	Hellenis (3)	Menschenführung
	Lara (12)	Atlantiswissen
	Watena (12)	Wissen der Venus
	Ramos (11)	Zielsichere Planung
	Morahs (11)	Netzwerke
	Tiamos (10)	Präzipitation
	Zedana (10)	Geben und Nehmen
Grün	Jehre (11)	Selbstsicherheit
	Benedicus (8)	Lebensaufgabe und Potenzial erkennen
	Diondras (8)	Loslassen
	Salina (10)	Geborgenheit im großen Ganzen
	Anedra (12)	Erkenntnis
	Pira (12)	Wahrnehmung des ersten Impulses
	Bigenes (1)	Umsetzen des ersten Impulses
	Gidenes (7)	Konfliktbearbeitung
	Tetena (8)	Entscheidungen
Violett	Benedicus (8)	Lebensaufgabe und Potenzial erkennen
	Gawine (7)	Kombination vieler Wege zur Transformation
	Morahs (11)	Netzwerke

	Usale (8)	Erkennen des falschen Weges
	Tetena (8)	Entscheidungen
	Samuele (1)	Selbstvertrauen
	Wellina (3)	Kinder des neuen Zeitalters
	Sankturum (4)	Standhaftigkeit und Disziplin
Goldgelb	Anedra (12)	Erkenntnis
	Gawine (7)	Kombination vieler Wege zur Transformation
	Zeroh (7)	Transformation des Egos
	Tetena (8)	Entscheidungen
	Thasos (12)	Reinkarnationsarbeit
	Micale (4)	Erkennen alter Muster
	Samuele (1)	Selbstvertrauen
Blau	Kiara (1)	Zielsetzung
	Thasos (12)	Reinkarnationsarbeit
Violett	Anedra (12)	Erkenntnis
	Salina (10)	Geborgenheit im großen Ganzen
	Soana (10)	Fülle und Reichtum
	Lestras (11)	Freude
	Gawine (7)	Kombination vieler Wege zur Transformation
	Laris (5)	Spirituelle Medizin
	Vanane (5)	Hilfsmittel in der Heilung
	Pelez (5)	Schulung des Dritten Auges
	Zeroh (7)	Transformation des Egos
Gold	Soana (10)	Fülle und Reichtum

	Laris (5)	Spirituelle Medizin
	Vanane (5)	Hilfsmittel in der Heilung
	Fahrine (7)	Psychologie
	Selestes (2)	Alte Künste
	Wellina (3)	Kinder des neuen Zeitalters
Pfirsich	Sulana (11)	Spirituelle Bildung
	Ramos (11)	Zielsichere Planung
	Lara (12)	Atlantiswissen
	Thasos (12)	Reinkarnationsarbeit
	Fahrine (7)	Psychologie
	Sokane (6)	Geistheilung
	Laris (5)	Spirituelle Medizin
Blau	Kiara (1)	Zielsetzung
	Sankturum (4)	Standhaftigkeit und Disziplin
	Samuele (1)	Selbstvertrauen
	Mafese (1)	Mut und Kraft
Pfirsich	Anedra (12)	Erkenntnis
	Salina (10)	Geborgenheit im großen Ganzen
	Herames (11)	Enthusiasmus
	Lestras (11)	Freude
	Finastes (9)	Demut
	Diandra (6)	Sprache der Liebe
	Tetena (8)	Entscheidungen
	Joseres (8)	Innere Stimme
Rot	Diondras (8)	Loslassen
	Kitho (6)	Manifestation
	Zudiones (10)	Ruhe und Stille
	Josira (1)	Kreative Kommunikation
	Zahsira (1)	Vertrauen in Schutz und Führung

Die Grundstrahlen der Schöpfung

1. Strahl: Blau
Wille Gottes, Mut, Kraft, Schutz, positive Macht, Zielsetzung
Lenker: El Morya
Erzengel: Michael

2. Strahl: Goldgelb
Weisheit, Künste, Erleuchtung, Lehren, Geduld, Gelassenheit
Lenker: Konfuzius
Erzengel: Jophiel

3. Strahl: Rosa
Aktive Intelligenz, Toleranz, Freiheit, Kreativität, Herzensebene
Lenker: Rowena
Erzengel: Chamuel

Attributstrahlen der aktiven Intelligenz

4. Strahl: Weiß
Disziplin, Diplomatie, makelloses Konzept, Harmonie, Schönheit
Lenker: Serapis Bey
Erzengel: Gabriel

5. Strahl: Smaragdgrün
Konzentration, Wahrheit, Heilung
Lenker: Hilarion
Erzengel: Raphael

6. Strahl: Rubinrot
Frieden, geistige Heilung Manifestation, Loslassen, Idealismus
Lenker: Nada
Erzengel: Uriel

7. Strahl: Violett
Transformation, Vergebung, Ordnung schaffen, Umwandlung
Lenker: St. Germain
Erzengel: Zadkiel

Die fünf weiteren Strahlen im Sinne des Lichtkörperprozesses

8. Strahl: Aquarium
Klarheit,
Unterscheidungsvermögen
Lenker: Maha Cohan
Erzengel: Aquariel

9. Strahl: Magenta
Harmonie, neutral
Gleichgewicht,
die innere Mitte, Demut
Lenker: Jesus
Erzengel: Anthriel

10. Strahl: Gold
Ruhe, Stille, Sicherheit,
Fülle, Reichtum innen
und außen Geborgenheit
Lenker: Kuthumi
Erzengel: Valeoel

11. Strahl: Pfirsich
Freude, Enthusiasmus,
selbstsicher, in der
göttlichen Aufgabe sein
Lenker: Maitreya
Erzengel: Perpetiel

12. Strahl: Opal
Wiedergeburt geistiger Art,
Transformation des Egos in
die erfüllte atlantische
Lebensart
Lenker: Sanat Kumara
Erzengel: Omniel

Präzipitationsschritte und die zu aktivierenden zwölf Strahlen

4. Strahl: Weiß
Disziplin, makelloses Konzept,
Diplomatie Harmonie, Schönheit
Lenker: Serapis Bey – Erzengel: Gabriel

Stufe 4
Treppenstufe 6

3. Strahl: Rosa
aktive Intelligenz,
Wirtschaftlichkeit Toleranz, Freiheit
Lenker: Rowena – Erzengel: Chamuel

Stufe 3
Treppenstufe 5

Stufe 2
Treppenstufe 4

9. Strahl: Magenta
Harmonie, in der Mitte bleiben,
Gleichgewicht, Demut
Lenker: Jesus – Erzengel: Anthriel

2. Strahl: Goldgelb
Weisheit, Erleuchtung,
Lehren, altes Wissen, Künste
Lenker: Konfuzius – Erzengel: Jophiel

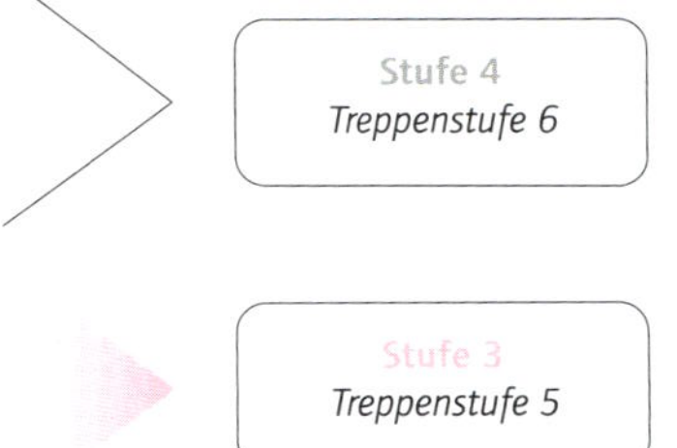

Stufe 2
Treppenstufe 3

Stufe 1
Treppenstufe 2

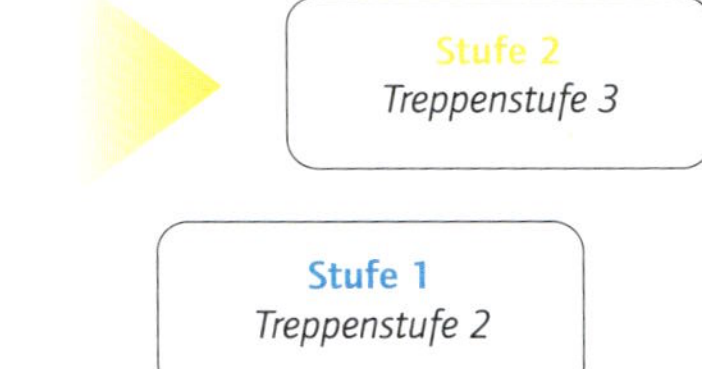

8. Strahl: Aquamarin
Klarheit, Unterscheidungsvermögen,
Konfliktbereitschaft
Lenker: Maha Cohan – Erzengel: Aquariel

1. Strahl: Blau
Wille Gottes, Mut, Kraft,
Schutz, Zielsetzung, positive Macht
Lenker: El Morya – Erzengel: Michael

Stufe 1
Treppenstufe 1

Darstellung als Treppe der Präzipitation

Stufe	Treppenstufe	Eigenschaften
Stufe 7, rubinrot	*Treppenstufe 12, rubinrot*	Frieden, Manifestation, Loslassen, geistige Heilung
Stufe 6, violett	*Treppenstufe 11, pfirsich*	Freude, Enthusiasmus, göttliche Aufgabe gefunden
Stufe 6, violett	*Treppenstufe 10, gold*	Ruhe, Fülle, Geborgenheit, Reichtum innen und außen
Stufe 6, violett	*Treppenstufe 9, violett*	Transformation, Vergebung, Umwandlung, Karmabearbeitung
Stufe 5, smaragdgrün	*Treppenstufe 8, opal*	geist. Wiedergeburt, endgült. Transformation des Egos
Stufe 5, smaragdgrün	*Treppenstufe 7, smaragdgrün*	Konzentration, Wahrheit, Heilung, Gerechtigkeit, Wissenschaft
Stufe 4, weiß	*Treppenstufe 6, weiß*	Disziplin, makelloses Konzept, Diplomatie Harmonie, Schönheit
Stufe 3, rosa	*Treppenstufe 5, rosa*	Aktive Intelligenz, Wirtschaftlichkeit, Toleranz, Freiheit, Herzebene
Stufe 2, goldgelb	*Treppenstufe 4, magenta*	Harmonie, in der Mitte bleiben, Gleichgewicht, Demut, Neutralität
Stufe 2, goldgelb	*Treppenstufe 3, goldgelb*	Weisheit, Erleuchtung, Lehren, altes Wissen, Künste, Natur
Stufe 1, blau	*Treppenstufe 2, aquamarin*	Klarheit, Unterscheidungsvermögen, Konfliktbereitschaftund Lösung
Stufe 1, blau	*Treppenstufe 1, blau*	Wille Gottes, Mut, Kraft, Schutz, Zielsetzung, positive Macht

Über die Autorin

Claire Avalon beschäftigt sich seit vielen Jahren mit dem spirituellen Wachstum der Seele, die einen Menschen erst einzigartig macht.

Vor etwa 20 Jahren begann bei ihr eine spirituelle Entwicklung, die ihr immer wieder zeigte, dass sich hinter allem Geschehen eine unvorstellbare Intelligenz und höhere Ordnung verbergen muss, die man weder als Zufall bezeichnen noch jemals ganz begreifen kann. Die Ausbildung zur psychologischen Beraterin unterstützte zusätzlich ihr Verständnis für die vielen Facetten der Seele.

Sie wurde immer wieder liebevoll an die Arbeit im Dienste der Menschen herangeführt, um sich dann freiwillig für ihr Wirken als Medium der Großen Weißen Bruderschaft zu entscheiden.

Heute arbeitet sie in Einzelsitzungen mit Menschen, um ihnen auf ihrem Weg der Transformation behilflich zu sein, indem sie all ihre Fähigkeiten, Unvollkommenheiten und Schönheit akzeptieren. In Seminaren unterstützt sie diese Menschen dabei, selbst in eine seriöse und eigenverantwortliche Kommunikation mit der Großen Weißen Bruderschaft zu gelangen und das Gesetz der Präzipitation erfolgreich anzuwenden. Als wichtigstes Ziel bezeichnet sie die Unabhängigkeit eines jeden Menschen und die Übernahme der eigenen Verantwortung für das SEIN, denn nur so kann das "SCHAFFEN AUS DER URMATERIE" von Erfolg gekrönt sein.

www.claireavalon.de

Das umfassende Werk zu den Atlantischen Priestern

Die Bestsellerautorin Claire Avalon legt mit ihren 4 Bänden zu den 12 Strahlen der Atlantischen Priester ein neues Standardwerk vor.

In jedem Band melden sich drei atlantischen Priester zu Wort, führen in das jeweilige Thema ein und begleiten den Leser in einer tiefgehenden Meditation zurück nach Atlantis. Dort kann er frühere Aufgaben, Talente oder Tätigkeiten betrachten, um neue Erkenntnisse zu gewinnen und diese in seinen Alltag zu integrieren.

Die Atlantischen Priester richten sich dabei – und das macht diese Bücher so besonders – nicht nur an Erwachsene, sondern auch an Kinder.

Begegnung mit den Atlantischen Priestern Band 1

296 Seiten, broschiert · € [D] 16,95

ISBN 978-3-89845-488-9

Begegnung mit den Atlantischen Priestern Band 2

312 Seiten, broschiert · € [D] 16,95

ISBN 978-3-89845-489-6

Begegnung mit den Atlantischen Priestern Band 3

328 Seiten, broschiert · € [D] 16,95

ISBN 978-3-89845-490-2

Begegnung mit den Atlantischen Priestern Band 4

312 Seiten, broschiert · € [D] 16,95

ISBN 978-3-89845-491-9

Im Schuber: Begegnung mit den atlantischen Priestern Band 1 – 4

4 Bücher in Schuber, broschiert · € [D] 59,95 ISBN 978-3-89845-492-6

248 Seiten, broschiert
ISBN 978-3-89845-418-6
€ [D] 14,95

Claire Avalon

Was ihr sät das erntet ihr

El Morya und die Weiße Bruderschaft

Ist alles, was mir geschieht, die Konsequenz meines Handelns und meiner Beziehungen früherer Leben? Kann ich mich von den Fesseln meines Karmas befreien?
El Morya macht uns bewusst, wie Karma auf unser Leben wirkt und dass jeder Mensch die Möglichkeit hat, sein Karma positiv zu beeinflussen. Er erklärt, wie wir karmische Wunden heilen und zur Karmaerlösung sowohl auf irdischer als auch auf geistiger Ebene gelangen. Einfühlsam zeigt er uns, dass Gott in Güte und Liebe auf die Rückkehr jeder Seele wartet.

256 Seiten, Klappenbr.
ISBN 978-3-89845-373-8
€ [D] 16,95

Claire Avalon

Sanat Kumara und die Weiße Bruderschaft

Die Heimkehr der neuen Erde

Sanat Kumara, die Aufgestiegenen Meister und die atlantischen Priester sind in diesem Buch vereint, um uns zu erklären, dass die Zeit der Wandlung und der Augenblick für eine grundlegende Revision unseres Tuns gekommen ist. Sie geben die Anleitung, wie sich unser ursprüngliches Potenzial wieder in unserem Bewusstsein zeigen kann und wie wir neue Wege finden, die uns auf eine höhere Stufe führen.
Dieses Buch zeigt uns Entwicklungschancen, von denen wir bisher nichts ahnten. Ein Buch, das den Zugang zum höheren Bewusstsein öffnet und so unser wahres Potenzial aufzeigt.

176 Seiten, broschiert
ISBN 978-3-89845-468-1
€ [D] 14,95

Claire Avalon

Channeling – Der Eingebung des Augenblicks folgen

Verbindung zu den Lenkern der 12 göttlichen Strahlen

Claire Avalon erklärt in diesem Buch anschaulich und verständlich was Channeling ist, wie es funktioniert und warum und wie jeder Mensch Zugang zur geistigen Welt erlangen kann. Sie geleitet uns mithilfe der Aufgestiegenen Meister der Weißen Bruderschaft und der Lenker der zwölf Strahlen zu unserem ganz eigenen Zugang zur geistigen Welt.
Eine wunderbare Einführung in die praktische Kontaktnahme mit den Geistwesen!

212 Seiten, mit farbigen Abbildungen, broschiert
ISBN 978-3-89845-308-0
€ [D] 6,95

Claire Avalon

Die Lichtstrahlen der Aufgestiegenen Meister

Eine praktische Einführung

Jedes lebendige Wesen und alles, was in der irdischen Materie erschaffen wird, folgt den gleichen Gesetzen. Wir alle haben einen Lebensplan. Die kosmischen Lichtstrahlen sind dabei wie Energiebahnen, denen wir folgen, und Geist und Materie treffen sich immer wieder, um die Weichen neu zu stellen. Doch wer hütet unseren Plan? Die Aufgestiegenen Meister helfen uns, die Ziele unserer Seele zu erreichen. Dieses Buch zeigt uns, wie wir unser Leben – auch im Sinne von Ursache und Wirkung – geerdet und spirituell ausrichten können.

192 Seiten, Klappenbr.
ISBN 978-3-89845-410-0
€ [D] 16,95

Sandra Müller

Metatron – Der Erzengel neben Gottes Thron

Ein Arbeitsbuch zur Selbsttransformation – durchgegeben vom Erzengel, der Gott am nächsten sitzt. Metatron hilft dem Suchenden mit seinen liebevollen Botschaften, das universelle Wissen in sich zu integrieren und heil zu werden – heil an Körper und Seele. Er zeigt Möglichkeiten auf, wie wir unser Leben verändern, wie wir Verständnis und Liebe für uns selbst und andere finden und wie wir uns aus karmischen Mustern lösen können. In diesem Buch werden Wege aufgezeigt, die ureigenen Kräfte in uns zu erwecken, um negative Gedankengänge oder Blockaden zu meistern und endlich zum Meister unseres Lebens zu werden.

296 Seiten, broschiert
ISBN 978-3-89845-445-2
€ [D] 14,95

Vadim Zeland

TransSurfing – Lenker der Realität

Die Antworten

TransSurfing fasziniert seit Jahren Tausende begeisterter Leser. Lenker der Realität ist auf Grundlage von Leserbriefen entstanden. Jegliche Fragen, die noch offen sind, klärt Vadim Zeland in diesem Buch. Warum funktionieren die bekannten Visualisierungsmethoden manchmal sehr gut und in anderen Fällen nicht? Der Grund dafür ist ein fehlendes Teil in der Kette, ohne das alle spirituellen Praktiken Zeitverschwendung sind. Dieses Buch verrät Ihnen, was das fehlende Teil ist. Wenn Sie den Schlüssel zur Steuerung der Realität erhalten haben, entdecken Sie eine Welt, in der das Unmögliche möglich wird.

192 Seiten, broschiert
ISBN 978-3-89845-392-9
€ [D] 14,95

Ines Witte

Lebe aus der Kraft deiner Mitte

Aufgestiegene Meister zeigen dir den Weg

Der Aufgestiegene Meister Konfuzius führt dich auf den Weg zu einem intensiven Kontakt mit dir selbst und zu einer inneren Balance, die dir Harmonie, Gelassenheit und Zufriedenheit schenkt. Seine Channelings und Meditationen unterstützen dich darin, die Verbindung zur Kraft deiner Mitte wiederherzustellen und zu pflegen. So wirst du schon bald das Höhere Selbst als wissenden Ratgeber in dein alltägliches Leben und in anstehende Entscheidungen einbeziehen.

384 Seiten, Klappenbr.
ISBN 978-3-89845-409-4
€ [D] 18,95

Myra

Saint Germains Vermächtnis

Das geheime Wissen über die Welt und das Leben

Saint Germain spricht Klartext über neuzeitesoterische Weltanschauungen und teilt uns seine Weisheiten über vielfältige Themenbereiche mit. Er klärt uns sowohl über Sinn und Unsinn der Astrologie, über Channeling, über die Schöpfung, über Kabbala, über Christentum und sogar über Kornkreise, wie über Politiker und Politik sowie über Verschwörungstheorien auf. Saint Germain räumt recht eindrucksvoll mit vielen »neuzeitesoterischen« Meinungen auf und stößt Personen und Dinge von einem Sockel herab, auf dem sie seiner Meinung nach nicht stehen dürften.

224 Seiten, Klappenbr.
ISBN 978-3-89845-372-1
€ [D] 16,95

Myra

Kundalini – Die Lebenskraft des göttlichen Feuers

Die jahrtausendealte Kundalini-Lehre bietet ein vielschichtiges und durchdachtes System der Persönlichkeitsentfaltung, was sie ungeheuer wertvoll macht. Ihr Ziel ist der harmonisierte, gelassene, angstfreie und weise Mensch. Saint Germain beschreibt in diesem Buch verschiedene Wege und Übungen, um sich der alten Lehre von der Kundalini-Energie zu nähern. Ist sie wieder in das Leben integriert, wird die Gesamtpersönlichkeit des Menschen geweckt, dank derer er in der Lage ist, die höheren Seinszustände zu erreichen und die Christus-Buddha-Natur in sich zu verwirklichen.
Mit praktischen Übungen für den Alltag.

Weiterführende Informationen zu
Büchern, Autoren und den Aktivitäten
des Silberschnur Verlages erhalten Sie unter:
www.silberschnur.de

Natürlich können Sie uns auch gerne den
Antwort-Coupon aus dem beiliegenden
Lesezeichenflyer zusenden.

Ihr Interesse wird belohnt!